［改訂版］
流通と小売経営

坪井晋也・河田賢一［編著］

創 成 社

はしがき

　本書はタイトルどおり，主に，これから流通，そしてその流通過程の最終段階に位置する，小売業の経営的側面に関することを学ぼうとする，大学生を対象として企画，作成されたものです。

　本書の構成，目次としては，第1章「流通と商業」，第2章「小売業の基本」，第3章「卸売業の基本」，第4章「流通政策」，第5章「物流の基本」，第6章「流通業界における情報化の現在と今後」，第7章「百貨店」，第8章「GMS」，第9章「コンビニエンスストア」，第10章「カテゴリーキラー」，第11章「通信販売」となっています。

　これらの構成，目次からもわかりますように，前半の第1部，第1章から第6章までは，流通を理解するうえで必要な基礎的知識が網羅されていて，それらについて，体系的に学べるように編集，工夫されています。また後半の第2部，第7章から第11章までは小売業の業態別に，できるだけ具体的で理解しやすいように，小売経営の視点，さらに歴史的視点も交えて，事例を中心に論じた内容となっています。

　つまり本書の前半部分（第1部）で，流通そのものについて概観すると同時に，その基礎的な知識を理解，身につけることが期待されます。

　そのうえで，本書の後半部分（第2部）においては，流通過程の最終段階に位置し，かつ我々消費者にとって最も身近な存在である，小売業の経営的側面について具体的に学ぶことで，流通，小売経営についてより深く理解できることが期待されると考えます。

　本書はこのように基礎的な知識の解説にくわえて，事例を多く紹介，解説しているという特徴をもっていることから，流通，小売経営に関する，大学でのテキストにとどまらず，多くの方々において，こうした分野に興味をもっていただくきっかけとなることを願っています。

　最後に，本書の執筆においては，著者 10 人の共同作業から生まれましたが，その過程において，さまざまな支援をしていただいた，創成社，西田徹氏に感謝いたします。

　2020 年 3 月

編著者を代表して
坪井晋也

改訂版の刊行にあたって

　本書は主に，これから流通そしてその流通過程の最終段階に位置する，小売業の経営的側面に関することを学ぼうとする，大学生を対象として企画，作成されましたが，幸いにも大学生をはじめとする多くの方々にお読みいただきました。今回，改訂版の刊行にあたっては，新しいデータに基づいた図表の更新や，第一版ではふれられなかった事項の加筆，また文章の見直し等，おこなうことで，より適切な内容とすることができました。今後とも，本書がさらに多くの方々に活用していただけるよう願っています。

　2021 年 3 月

編著者を代表して
坪井晋也

目　　次

第 1 部　流　通

第2部　小売経営

《著者紹介》（執筆順）※は編著者

※**河田賢一**（かわだ・けんいち）担当：第1章
　　常葉大学経営学部教授

　池田真志（いけだ・まさし）担当：第2章
　　拓殖大学商学部教授

　木島豊希（きじま・とよき）担当：第3章
　　関東学院大学経営学部専任講師

　岡野純司（おかの・じゅんじ）担当：第4章
　　愛知学院大学商学部准教授

　魏　鍾振（うぃ・じょんじん）担当：第5章，第11章
　　九州産業大学商学部准教授

　白鳥和生（しろとり・かずお）担当：第6章
　　日本経済新聞社編集局総合編集センター調査グループ次長

※**坪井晋也**（つぼい・しんや）担当：第7章
　　常葉大学経営学部特任教授

　圓丸哲麻（えんまる・てつま）担当：第8章
　　大阪市立大学経営学研究科准教授

　深澤琢也（ふかざわ・たくや）担当：第9章
　　東京富士大学経営学部准教授

　大崎恒次（おおさき・こうじ）担当：第10章
　　専修大学商学部准教授

第1部

流　通

第 *1* 章

流通と商業

1 ── 生産と消費の懸隔を架橋する流通

1－1　市場経済の特徴

　市場を通じて財（商品）やサービスの取引が行われている社会のことを市場経済という。私たち消費者はこの市場経済のなかで消費生活を営んでいる。例えば今朝の朝食で食べたパンやコーヒー，といった食品は，私たち消費者が自分自身で作ったものではなく，顔も名前も知らない他人が作った商品（モノ）である（大野 2016, p.10)。

　パンは自宅のホームベーカリーで作ることがあるかもしれない。またコーヒーは自宅で豆から挽いていれるかもしれないが，コーヒー豆自体は他人が生産したコーヒー豆を購入したはずである。たとえ自宅のホームベーカリーで作ったパンであっても，その原材料の小麦粉や塩は他人が作った商品を購入したはずである。

　すなわち，私たち消費者が食べたり使っている商品のほとんどは，他人が作った商品である。私たちは他人が作った商品を入手するために，市場，より詳しくいうと通常どこかの小売店舗で買物をしている。朝のパンとコーヒーは自宅で食べるだけでなく，大学や会社に行く途中のコンビニエンスストア（以下，CVS）で買って食べることもできる。

　市場経済は，私たち消費者が生活に必要な商品のほとんどを，市場における

商品の売買によって賄う社会であることにある。このように私たちの消費生活は顔も名前も知らない他人が生産した商品によって成り立っている。すなわち，市場経済では，ある商品の生産者と消費者は別人であることから，その商品の生産と消費の間に懸隔（隔たり・ギャップ）が生ずることになる。懸隔とは生産と消費が接続しておらず分離している（生産と消費の間に隙間（空間）がある）状態のことをいう。

　生産と消費の懸隔は，自給自足社会では存在しない。なぜなら，自給自足社会では，1つの集落内で生産と消費が完結するからである。他方で，社会的分業が発展した市場経済では，生産と消費が顔も名前も知らない別人であるからこそ，生産と消費の懸隔が発生する。

図表 1 － 1　生産と消費の懸隔

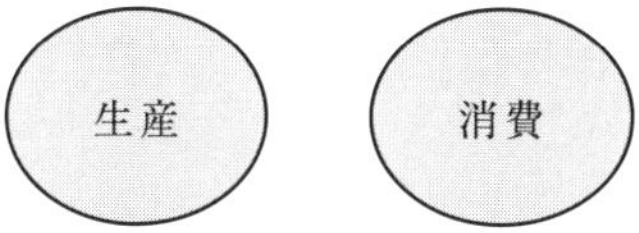

出所：筆者作成。

1 － 2　流通による生産と消費の架橋

　生産と消費の間に懸隔があるということは，それを架橋する（埋めるための）何らかの活動がなければ，生産と消費が接続されないことを意味している。この生産と消費の懸隔を，架橋する役割を果たしているのが流通である。流通が機能することにより，私たち消費者の消費生活が成り立っている。

図表 1 － 2　生産と消費の懸隔と架橋する流通

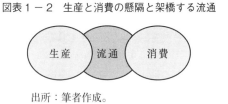

出所：筆者作成。

2──── 生産と消費の懸隔

　流通は生産と消費の懸隔を架橋している。ここでは，所有の懸隔，空間の懸隔，時間の懸隔，品揃えの懸隔，情報の懸隔の5つに分類してみていく。

2−1　所有の懸隔

　所有の懸隔は，ある商品の生産者とその消費者が別人であることから生ずる懸隔である。所有の懸隔は人的懸隔ということもある。

　ある商品の生産者は，その生産を自らが所有し消費するためではなく，その所有権を譲渡するために生産を行う。他方で，消費者も必要とする商品を自ら生産するのではなく，他の生産者が作った商品を購入することにより消費生活を営んでいる。すなわち，生産者はある商品の所有権を手放す代わりにお金を得る。他方で，消費者は自分がもつお金を生産者に支払う代わりに，ある商品の所有権を入手することを意味する（西島 2008，pp.22-23）。

　消費者はすべての商品において消費者になるわけではなく，働いたりアルバイトしたりしている人たちは何らかの商品の生産者になることがある。

2−2　空間の懸隔

　空間の懸隔は，生産する場所と消費する場所が同じではなく，異なることから生ずる懸隔である。空間の懸隔は場所の懸隔ということもある。

　日本という1つの国で考えた場合，消費者は47都道府県に住んでいることから，消費する場所は広く分散している。それに対し生産する場所は特定の場所で集中的に生産されることがある（矢作 1999，p.11）。例えば，清涼飲料水メーカーの工場は，47都道府県すべてに立地しているわけではなく，原料の1つとなる水が豊富に確保することができる場所に立地していたり，人口が多い首都圏近郊や関西圏近郊に立地していることがある。農産物を生産する農家は47都道府県すべてにあるが，鉄道の駅近くにあることは少ない。農産物は生産された（収穫した）その場所で食べるということがなければ，生産と消費の

間に空間の懸隔が発生する。工場で生産される食品も，その工場内で食べない限り空間の懸隔が発生する。

　日本は高度経済成長期ころまでは繊維産業が強く，日本国内に多くの工場が立地していた。しかしながら，地価と人件費の上昇により日本国内で生産すると割高になり価格競争力が低下することから，国外での生産にシフトしていった。またファーストリテイリングが展開するカジュアル衣料専門店のユニクロは，そこで販売する衣料品の多くが中国で生産されている。最近では中国の人件費が上昇してきていることから生産地を東南アジアにも広げている。すなわち日本でその衣料品を購入し着用する私たち消費者が居住する場所と生産する場所はますます離れ，その結果として空間の懸隔も広がる。

2−3　時間の懸隔

　時間の懸隔は，ある商品の生産時期とその消費時期の間に時間的な差が発生することから生ずる懸隔である。

　私たち日本人の主食であるお米は主に秋に収穫される。秋に収穫されたお米は，その後に続く冬・春・夏に時間をかけて食べることから，生産時期と消費時期に時間的な差が発生する。たとえ，工場で生産された食品を工場内ですぐに食べたとしても，生産が完了した時間と食べる時間との間にわずかな時間差が生ずる。CVSで購入した食品は即時消費することが多いが，スーパーマーケット（以下，SM）で購入した食品などは何日分かをまとめて購入することから，各家庭で保管されることがある。消費者が家庭で食品などを保存する場合には，わたしたち消費者が時間の懸隔の一部分を埋めていることになる（高嶋2012，pp.63-67）。

2−4　品揃えの懸隔

　品揃えの懸隔は，生産者が特定の商品の生産に集中することや農水産物のように自然の影響を受けることにより品質が安定しないことから生ずる懸隔である。

　例えば，総合酒類・飲料メーカーのサントリーは，ビールやウイスキーそし

てワインなどの酒類，緑茶飲料やコーラ飲料やコーヒー飲料そしてミネラルウォーターなどの清涼飲料水，健康食品，花や野菜を生産しているが，家電製品や家具などは生産していない。また筆記用具や衣類洗剤といった日用品も生産していない。すなわち1つの生産者だけで私たち消費者が消費するすべての商品を供給することはできない。私たち消費者の消費生活は1つの生産者が生産する商品だけで営むことができないということは，多数の生産者と多数の消費者の間を結びつける役割を果たすものが必要になることを意味している（原田2002, pp.10-13）。

　また生産者は社会的分業により，得意とする特定の商品の生産に集中し大量生産することから，ある生産者が生産した商品の全量を1人の消費者が購入して消費することも不可能である。

　したがって後述（5-1　商業の役割）するように，生産と消費の懸隔を架橋する流通を担う商業者が，消費者が求める商品をあらかじめ品揃えしておくことが必要となる。

2-5　情報の懸隔

　情報の懸隔は，生産者と消費者がお互いに関する情報を充分にもたないことから生ずる懸隔である。

　生産者は消費者が何を欲しているか，そして自分が生産した商品の需要がどの場所にどれくらいの量があるかを正確に把握することができていない。他方で，消費者も，どの生産者がどの場所でどのような商品を生産しているか，そしてその商品をどこで購入できるかを正確に把握することができていない（西島 2008, pp.23-24）。

　この5つの懸隔である所有の懸隔，空間の懸隔，時間の懸隔，品揃えの懸隔，情報の懸隔は，お互いに密接に関連しあっているだけでなく，お互いに影響を及ぼしあっている。例えば，生産する場所と消費する場所である空間の懸隔が広がれば，輸送時間が長くなることから時間の懸隔がより広がる。国外で生産された商品を国内で消費するというように，空間の懸隔が広がれば，生産する

場所と消費する場所がより離れることから，情報の懸隔もさらに広がるからである。

3──── 流通の基本的な機能

3−1　4つの流通フロー

　生産と消費の間に生ずる5つの懸隔が，流通過程でどのように架橋されているかをみていく。流通は商流，物流，資金流，情報流という4つのフロー（流れ）によって構成されている（橋本 2006, p.13）。

　商流（商的流通）は，ある商品の所有権が生産者から消費者へと移転するフローをいう。

　物流（物的流通）は，商流に伴って発生する物理的な商品の移動のフローをいう。

図表1−3　生産と消費の懸隔と流通フロー

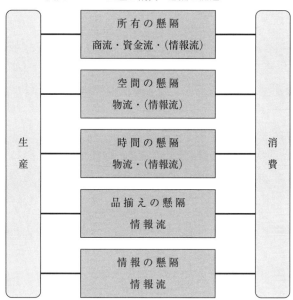

出所：大野（2016, p.12）を一部修正。

　資金流は，商流や物流に伴って発生するフローであり，商流や物流のフローとは逆に消費者から生産者に流れる資金のフローをいう。

　情報流は，生産者と消費者の間で双方向に流れる情報のフローをいう。商流や物流そして資金流が一方向へ（一方通行）のフローであるのに対し，情報流は双方向のフローである点に特徴がある。また情報流は，生産者と消費者の間の情報交換により商流や物流そして資金流を円滑にする役割を果たしている。

　今日においては，国際的な分業の進展や市場のグローバル化により，情報流の重要性がより一層高まってきている。

3－2　流通の機能

　生産と消費の懸隔は，上記の４つの流通フローによって架橋される。流通フローによる生産と消費の懸隔は，主に商業者とよばれる卸売業者や小売業者という専門の事業者が遂行するさまざまな流通活動を通じて架橋される。

　専門の事業者が遂行する流通活動が果たす役割のことを流通機能という。流通の基本的な機能は，所有権移転機能，物流機能，情報伝達機能，補助的機能の４つに分類できる。

（1）流通における所有権移転機能

　所有権移転機能は，４つのフローのなかの商流と資金流に対応するものであり，生産者が生産した商品の供給と消費者の需要を結びつけて，商品の所有権を移転するための売買に関係する機能である。売買は商品の売り手による販売と，その商品の買い手の購入という一組の行為により行われる（鈴木 2010, pp.19-20）。所有権移転機能は需給結合機能や需給接合機能ということもある。

　所有権移転機能は，卸売業者や小売業者といった商業者，商品の生産を行う生産者（特に大量生産するメーカー）により遂行されている。

（2）流通における物流機能

　物流機能は，物流フローに対応するものであり，商品が生産された場所から消費される場所へと空間的に移動する輸送活動と，消費者が商品を購入する時

点まで商品を保持するための保管活動などがある（住谷 2014, pp.11-12）。

　物流機能は主に運輸業者や倉庫業者により遂行されている。

（3）流通における情報伝達機能

　情報伝達機能は情報流に対応するものであり，生産者と消費者双方の情報不足を解消する活動である。

　情報伝達機能は，消費者の需要ニーズを調査する市場調査会社や生産者の商品を広告する広告代理店などによって主に遂行されている。現在は多くの小売業者が POS システムを導入していることから，消費者の購買情報（POS データ）を分析する専門業者も担っている（橋本 2006, pp.23-25）。

　情報伝達機能は，商流や物流に伴って遂行されることから，すべての流通機関により担われているといってよい。近年はインターネットの普及により，情報伝達をより迅速そして確実に行えるようになってきている。

（4）流通における補助的機能

　上記の 3 つの機能を支援する補助的な機能として，金融機能と危険負担機能の 2 つがある（大野 2016, p.16）。

　金融機能は生産者，特にメーカーと卸売業者間，または卸売業者と小売業者間における取引において行われている掛け売りなどがある。掛け売りとは，広辞苑によると「信用のある買手に対して，即金でなく，一定の期日に代金を受け取る約束で品物を売ること。」（新村 2018, p.530）とある。メーカーと卸売業者間，卸売業者と小売業者間の取引は 1 ヵ月の間で繰り返し行われる。取引の都度，代金精算を行うとすればそのたびに時間と費用がかかるし，仕入のたびに仕入代金を準備しなければならない。また商品を仕入れる卸売業者や小売業者は仕入れた商品すべてがすぐに売れてしまうわけではなく，翌日以降に販売するための商品も仕入れている。商品を仕入れるたびに仕入代金を支払わなくてはならない場合，仕入代金を少なくするために仕入れる商品を少なくしなければならないことがあるかもしれない。仕入れる商品が少なくなると，それを販売する側のメーカーや卸売業者の販売数量や販売金額が少なくなってしまう

可能性がある。また小売業者が仕入れる商品を少なくすると，消費者が買いに
きた際に商品が売り切れてしまっていて買えない状態（品切れ，販売機会ロス）
が発生する可能性もある。

　金融機能はメーカーと卸売業者間，卸売業者と小売業者間の取引を円滑に遂
行するだけでなく，小売業者の商品仕入れを支援することにもつながることか
ら消費者にとってもメリットがある。また消費者がクレジットカード等で商品
代金を支払う場合も金融機能の支援を受けていることになる。

　危険負担機能は商品の所有権を保有したり，取引先に信用を供与することか
ら生ずる危険（リスク）を負担する機能である。卸売業者や小売業者は売れる
と思った商品を仕入れるが，それがすべて売れるとは限らない。売れ残った商
品のリスクは商業者自らが負担しなければならないし，仕入れた商品を保管し
たり店頭に陳列していた際に破損や腐敗といったリスクが発生する可能性もあ
る。また事業者間における金融機能による掛け売りにより取引先が倒産した場
合には，掛け売りした商品代金を回収することができなくなるリスクもある。

4── 流通機構

　流通機構とは，広辞苑によると「生産物が生産者から，さまざまな経路をへ
て消費者にわたる社会全体の仕組み。」（新村 2018，p.3089）とある。流通機構
は直接流通チャネルと間接流通チャネルの大きく2つに分類することができる
（河田 2006，pp.54-56）（河田 2019，p.142）。間接流通チャネルはさらに3つに分類
することができる。

　aは生産者が直接消費者に商品を販売する直接流通チャネルである。農家が
野菜をトラックなどに積んで売りに歩くという方式がこれに該当する。また街
なかにある焼き立てパンの小売店，製造機能をもつ豆腐小売店やケーキ小売
店，そして和菓子小売店が消費者に直接販売するのもこれに該当する。さらに
インターネットの普及・発展に伴い，生産者が消費者に直接販売することが増
えてきている。生産者が自社ホームページ上で消費者に直接販売する場合，そ
れは直接流通チャネルであるが，例えばアマゾンのようなオンラインモールが

図表 1 － 4　流通機構

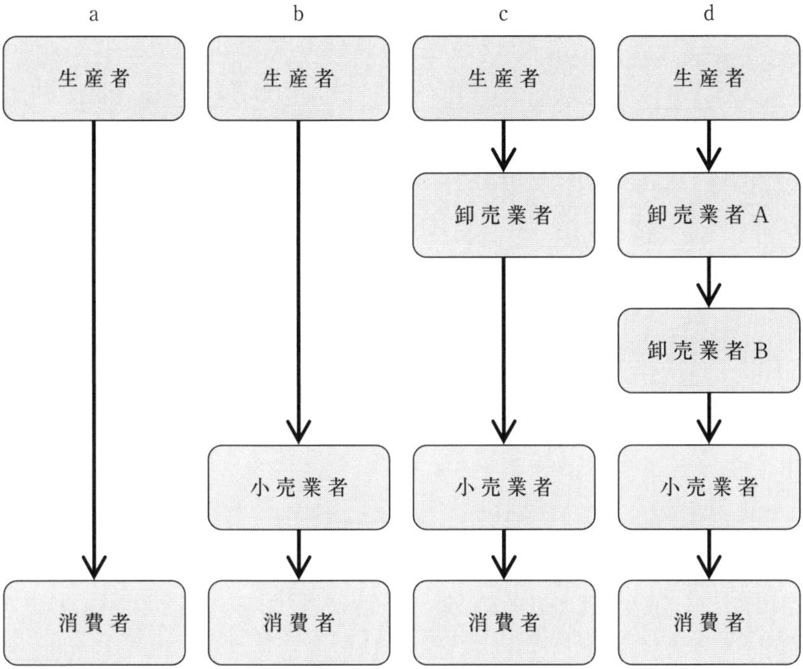

a	b	c	d
生 産 者	生 産 者	生 産 者	生 産 者
		卸 売 業 者	卸 売 業 者 A
			卸 売 業 者 B
	小 売 業 者	小 売 業 者	小 売 業 者
消 費 者	消 費 者	消 費 者	消 費 者

出所：筆者作成。

消費者に販売する場合は直接流通チャネルではない。なぜならアマゾンは他の生産者から商品を仕入れて販売しているわけであり，生産者でないからである。すなわちインターネットによる消費者への販売すべてが直接流通チャネルなのではなく，間接流通チャネルである場合もある。

　bからdは間接流通チャネルで，生産者と消費者の間に第三者である商業者が介在して販売するものである。bは商業者が1段階で小売業者のみが介在する流通チャネルである。トヨタ，日産自動車，ホンダ，マツダなどの新車を販売する自動車の流通において利用されている。小売業者であるイオンや平和堂などの総合スーパーが仕入れる商品の一部を生産者（メーカー）から直接仕入れる場合もこれに該当する。

　cは商業者が卸売業者と小売業者の2段階介在する流通チャネルである。

dは卸売業者が2段階そして小売業者が1段階介在する流通である。主に地方の中小小売業者への流通に多く利用されている。卸売業者が3段階以上介在する流通チャネルもある。

流通チャネルは同じ業界内の企業であっても異なることがある。それは個別企業の戦略や経営資源により決定されるからである。個別企業が戦略として採用する流通チャネルをマーケティング・チャネルということがある。

5—— 商業の役割と商業者の存立根拠

5-1　商業の役割

流通チャネルには商業者が介在する間接流通チャネルがある。商業者は他者から仕入れた商品を他者に販売するという再販売活動を行っていることから，利益の源泉は仕入れた商品の価格（仕入価格）と販売する商品の価格（販売価格）の差額である売買差益となる（福田 2016，pp.20-21）。すなわち商業者は仕入価格に利益を上乗せして他者に販売するわけであり，生産者のように直接生産活動に従事することなく，より単純にいうと商品を右から左に流すだけで利益を得ていると思われるかもしれない。もし，この認識が正しいならば，商業者が介在しない直接流通チャネルの方が消費者の支払う代金は少なく済むと考えられなくもない。また商業者が介在することなく生産者と消費者が直接取引した方が価格が安くなるなら，消費者だけが得するのでなく，安くなった分だけ消費者がより多くの商品（種類と量）を購入できるようになることから，生産者にとってもその方がよいのではないかとも考えられる。

しかし私たち消費者は日頃そうした疑問をもつことなく，CVS や SM といった小売業者で買物をしている。そこで商業者の存立根拠について考えてみる。

例えば夏に海や川でバーベキューする場面を考えてみる。材料として，牛肉，フランクフルト，エビ，ホタテ，キャベツ，タマネギ，パプリカ，とうもろこし，かぼちゃ，しいたけ，エリンギ，焼きそば，ジュース，焼肉のたれ，塩，紙皿，はし，紙コップ等が必要になると思われる。これらを揃えるのに私たちは SM や食料品店に買物に行く。仮に SM がなく，それぞれの食材を個別の生産者か

ら直接流通チャネルで購入するとすればどうなるであろう。少なくとも肉類，
魚貝類，野菜類，きのこ類，焼きそば，ジュース，調味料，容器，を生産して
いる 8 つの生産者から直接購入しなければならない。これらの生産者は自宅も
しくはバーベキューする場所の近くにあるとは限らない。インターネットで注
文して宅配便で配送してもらえばよいと考えるかもしれないが，8 つの生産者
から別々に材料が届くのを待たなければならない。さらに個別に配送してもら
うと配送料金の方が高くなることも予想できる。配送料金を考えるなら，多く
の数量を買わなければならないこともある。それに対し近くの SM に買物に行
けば，一度の買物ですべての材料を買い揃えることができるし，必要な数量の
み購入することができる。さらにバーベキューの途中に材料が足りなくなった
場合にも近くに SM 等があれば買い足すこともできる。前述（2 - 4　品揃えの
懸隔）した通り，1 つの生産者だけで私たち消費者が消費するすべての商品を
供給することはできない。私たち消費者の消費生活は 1 つの生産者が生産する
商品だけで営むことができないからこそ，多数の生産者と多数の消費者の間を
結びつける役割を果たす商業者が必要となる。

　商業者の主な役割が品揃え形成だとすると，生産者と消費者の間に商業者が
介在して，売買取引を集中することにより，消費者が求める商品を品揃えする
活動が商業者の存立根拠の 1 つになる。消費者は多種多様な商品を購入するた
めに，離れた場所にある個別の生産者と取引することなく，近くにある小売業
者のところに買物に行くことで個別の生産者と取引したのと同じ効用を得るこ
とができる。他方で，生産者も，商業者に商品を販売することで消費者に対す
る販売活動を代わりに行ってもらうことができる。すなわち，商業者は生産者
と消費者が負担する流通費用を削減するメリットをもつがゆえに両者の間に介
在する根拠がある。

5－2　商業者の存立根拠

　生産者と消費者の間に商業者が介在することにより，生産者と消費者の双方
にとってメリットがあることを確認した。ここでは商業者の存立根拠を理論的
にみてみる。

（1）商業者介在の総取引数極小の原理

　生産者数を P，消費者数を C とした場合に，生産者と消費者が直接流通（直接取引）を行うと，総取引数は P × C となる。

　他方で，生産者と消費者の間に商業者が介在した間接流通（間接取引）を行うと，商業者数を M とした場合に，総取引数は最大でも M（P + C）となる。図表 1 − 5 の間接流通では商業者数をひとつにしているが，商業者が複数存在しているとしても，複数の商業者が同じ商品を取り扱っていることから，消費者はわざわざ複数の商業者から購入する必要はない。この点を強調するなら総

図表 1 − 5　総取引数極小の原理

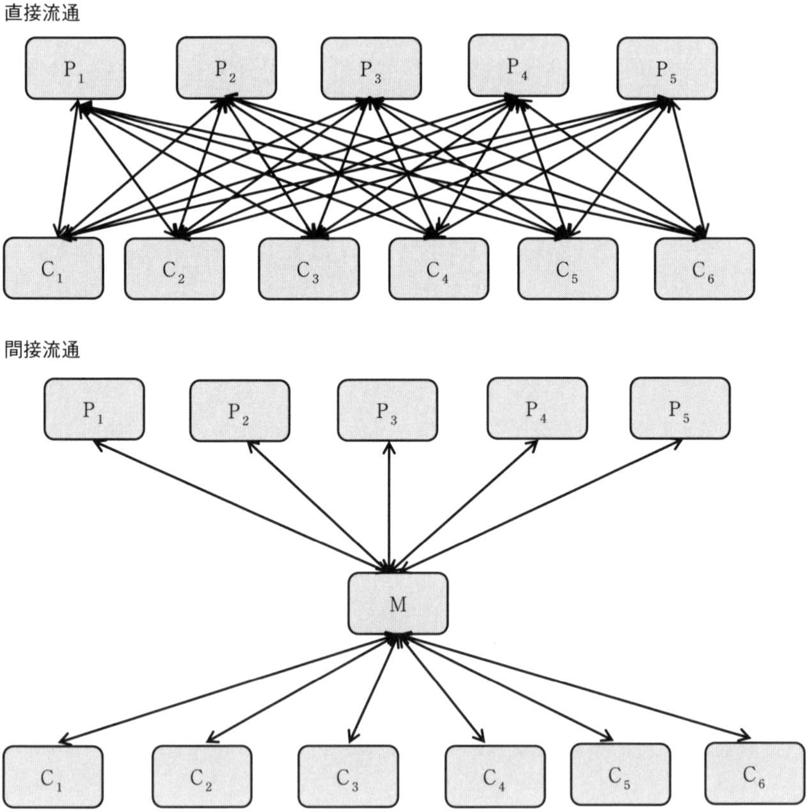

直接流通

間接流通

出所：筆者作成。

取引数は P × M ＋ C となる（石原 1997, pp.40-42）。

　すなわち，生産者と消費者の間に商業者が介在することにより，総取引数が削減されることがわかる。総取引数削減の効果は，生産者数と消費者数が増加すればするほど大きくなる。この原理は，取引総数最小化の原理ということもある。

（2）商業者介在の情報縮約・整合の原理

　商業者は多数の生産者が生産した商品を取り扱うことから，商業者のもとには多数の生産者や多数の商品の供給情報が集中する。他方で，商業者は多数の消費者に商品を販売することから，商業者のもとには多数の消費者の情報や多数の商品の販売情報も集中する。すなわち，商業者のもとには自ずから生産（供給）情報と消費（需要）情報が一手に集まることにより，他の事業者よりもそれらの情報を収集し分析しやすく，情報収集コストも最小限に抑えることができる。それにより商業者の品揃えは生産者と消費者双方の情報を反映したものになりやすいという特徴がある。こうした情報を収集し分析するコストは，縮約される双方の情報量が多ければ多いほど大きくなる（鈴木 2010, pp.129-130）。

図表 1 － 6　情報縮約・整合の原理

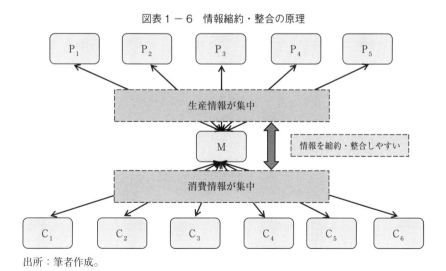

出所：筆者作成。

（3）商業者介在の集中貯蔵の原理

　消費者の需要動向は競合他社の新商品やプロモーション，気候そして流行などにより安定することがなく不確実性が高いという特徴がある。

　直接流通チャネルの場合には，需要の増加に備えるために生産者がある程度の在庫を保有する必要性が生ずる。他方で，間接流通チャネルの場合には，商業者が在庫を保有することにより市場全体の在庫数量を削減することができる。

　例えば，ある商品が小売業者に週に1回配送されるとするならば，1週間の平均販売数量に，販売数量のバラツキに対応するための安全在庫数量を加えた在庫を保有しなければならない。しかしながら，小売業者の上流に卸売業者が介在し，小売業者が商品を必要としたときに，すぐに卸売業者から小売業者に商品が納品されるとすれば，各小売業者の安全在庫は卸売業者が集中して保管することが可能となる。

　すなわち直接流通チャネルの場合，小売業者1店舗分の必要在庫数量をS個と仮定すれば，総在庫数量はS×小売業者数（R）となる。しかし間接流通の場合，総在庫数量は $1/\sqrt{R}$ に圧縮することができる。この原理を不確実性プールの原理ということもある（橋本 2006, p.27）。

6── 商業の分化

　商業者は，商品を自ら消費する目的ではなく，他者に再販売することを目的として購入する（川野 2016, pp.39-40）。商業者は再販売を専門に行うことから消費者よりも大量に購入することができる。しかしながら生産者の生産規模が拡大することにより，1つの商業者だけでそのすべての数量を購入し再販売できない時点が発生する。その理由は商業者自身の仕入れや販売そして在庫管理に必要な資金や人材（質と量）に限りがあるからである。その結果として商業活動が複数の商業者によって担われることになるが，これを商業の分化という。

6−1　商業の水平分化

　はじめのころの商業の分化は，商品の種類や販売地域によって商業者が分担

しあうことになる。同じ流通段階（横段階）において商業者が役割分担するために分かれていくことを商業の水平分化という。

　例えば取扱商品ごとに小売段階が水平分化するものとして，昔からある八百屋，魚屋，酒屋，靴屋，薬屋とよばれる業種小売業がある。これを部門（業種）分化ということもある。部門分化は，生産段階における分化と密接に結びついていることから，販売する商品種類で分化する。また，百貨店，SM，CVS，ドラッグストア，ホームセンター，のような分化を，形態（業態）分化ということもある（鈴木 2010, pp.74-79）。

6－2　商業の垂直分化

　生産者の生産規模がさらに拡大すると商業は垂直方向に分化することになる。なぜなら生産者の生産規模の拡大により商品の商圏を拡大しなければ販売しきれなくなると，1つの商業者が遠い地域まで自ら商品を運んで販売することが難しくなるとともに効率が低下するからである。そこで遠くの地域の商業者（小売業者）に再販売する商業者としての卸売業者が誕生する（川野 2016, pp.40-41）。

　卸売業者は当初遠い地域の小売業者に商品を再販売するために誕生したが，生産者は近い地域の小売業者であっても，個別の小売業者と取引するよりも卸売業者と取引した方が一度に多くの数量の取引につながること（効率的な販売が可能となること）から，小売業者への販売を卸売業者に委ねることになる。こうして商業は垂直分化する。

　小売業者が販売対象とするのは最終消費者であることから，小売段階は水平分化しかしない。他方で，卸売業者が販売対象とするのは小売業者や他の卸売業者そして産業用・業務用使用者であることから，卸売段階は水平分化だけでなく垂直分化もする。

7 ── 商業者の社会・中立性と外部性

7－1 商業者の社会・中立性と流通系列化

　生産者は，特定の商品の生産に集中することにより一定程度の規模の経済性を得ようとする。他方で，私たち消費者の消費生活は1つの生産者が生産する商品だけでは営むことができず，個別の生産者と直接取引することには限界があることから，商業者が必要であることを確認してきた。

　商業者，なかでも小売業者はその販売対象が最終消費者であることから，商業者の品揃えは消費需要に合わせたものにならざるを得ない。商業者のなかの卸売業者であっても，売上金額を大きく（売上数量を多く）したいと考えることから，その品揃えは取引先企業である小売業者の需要に合わせたものにならざるを得ない。したがって，商業者の品揃えは，理論上は特定の生産者の商品を優遇することなく，あらゆる生産者に対して中立であると考えられる（福田 2016, p.24）。消費者が多種多様な商品が品揃えされた小売業者で買物をしたいというニーズに応えるためにも商業者の品揃えは中立でなければならない。すなわち商業者は特定の生産者や特定の消費者のために事業活動を行うわけではなく，売れると思う商品ならどこからでも仕入れ，それを購入してくれるならどこ（誰）にでも販売する。これを商業者の社会性（中立性）という。

　他方で，生産者は商業者に対して自社商品を優先して取り扱ってもらいたいと考える。なぜなら自社商品を優先して取り扱ってもらえれば，自社商品の売上が増えるからである。そこで生産者は商業者に自社商品を優先的に取り扱ってもらうためのマーケティング活動を行うことがある。これを流通系列化という。

　流通系列化は卸売段階まで行う場合もあれば，小売段階まで行う場合もある。卸売段階における流通系列化は，特定の生産者の商品のみを取り扱うという形をとり，その卸売業者は通常，販売会社（販社）ということがある。家電製品や化粧品などの生産者によって採用されている。小売段階における流通系列化は，家電製品や化粧品そして自動車などの生産者によって採用されている。こうした小売業者は専売店，自動車の場合にはディーラーということがあ

図表 1 － 7　競争関係と補完関係

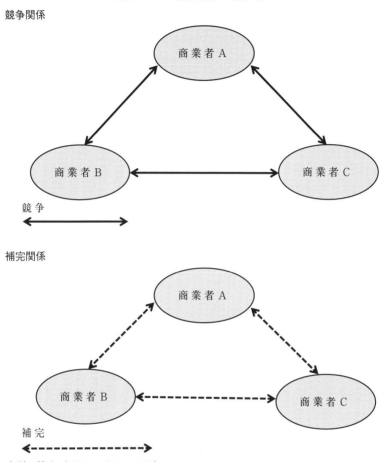

競争関係

補完関係

出所：横山（2008, p.211, p.213）。

る（川野 2016, pp.42-43）。

7－2　商業者の外部性

　特定の場所に店舗をもって（立地して）経営している小売業者は，店舗の売場面積による制約があることから，たとえ東京の都心にある百貨店であっても，その品揃えには限界がある。ましてや中小規模の小売業者では，自店舗だ

けで消費者が必要とするすべての商品を品揃えすることは到底できない。商業
の分化が行われるのは，こうした理由によるものである。

　個別の商業者の品揃えだけで消費者が求める品揃えを達成できない場合に，
どのような方法があるか。それは他の商業者に足りない品揃えを補完してもら
らうという方法がある。これを商業者の外部性ということがある（横山 2008,
pp.207-214）。商店街とショッピングセンターという商業集積は，この商業者に
よる外部性を実現したものである。

　1つの商業集積内には，同じような商品を取り扱っている小売業者があるこ
とから，そうした小売業者同士では消費者を奪い合う競争関係がある。しかし
ながら自店舗だけでは満たすことができない品揃えを他の小売業者に補っても
らうという補完関係も併せもつことになる。

　ここでの競争関係は，衣料品や服飾雑貨のような同業種の小売業者間で発生
するばかりではなく，食料品でも肉料理（肉屋さんで購入）にするか，魚料理（魚
屋さんで購入）にするかにより，業種の小売業者間で競争関係となることがあ
る。さらに総菜の小売業者が同じ商業集積内にあれば，肉屋さんや魚屋さんと
競争関係になることがある。すなわち同じ商品を取り扱っている小売業者だけ
が競争関係にあるわけではなく，代替商品となりうる商品を取り扱う小売業者
も競争関係になりうる。

参考文献

石原武政（1997）「流通とは」田島義博・原田英生編『ゼミナール流通入門』日本経
　済新聞社.

大野哲明（2016）「経済的懸隔と流通機能」番場博之編『基礎から学ぶ流通の理論と
　政策（新版）』八千代出版.

河田賢一（2006）「流通機構」中田信哉・橋本雅隆編『基本流通論』実教出版.

河田賢一（2019）「流通チャネル戦略」西田安慶・城田吉孝編『マーケティング戦略
　論（第2版）』学文社.

川野訓志（2016）「商業の発生と発展の歴史」番場博之編『基礎から学ぶ流通の理論
　と政策（新版）』八千代出版.

新村　出編（2018）『広辞苑（第7版）』岩波書店.

鈴木安昭（2010）『新・流通と商業（第5版）』有斐閣.

住谷　宏（2014）『流通論の基礎（第2版）』中央経済社.

高嶋克義（2012）『現代商業学（新版）』有斐閣.

西島博樹（2008）「流通と商業」岩永忠康・佐々木保幸編『入門　消費経済学　第 6
　　巻　流通と消費者』慶應義塾大学出版会.

橋本雅隆（2006）「流通の機能」中田信哉・橋本雅隆編『基本流通論』実教出版.

原田英生（2002）「流通と商業のはたらき」原田英生・向山雅夫・渡辺達郎『ベーシ
　　ック　流通と商業：現実から学ぶ理論と仕組み』有斐閣.

福田　敦（2016）「流通の役割と流通システム」番場博之編『基礎から学ぶ流通の理
　　論と政策（新版）』八千代出版.

矢作敏行（1999）『現代流通　理論とケースで学ぶ』有斐閣.

横山斉理（2008）「商業の外部性と商業集積」石原正武・竹村正明編『1 からの流通論』
　　碩学舎（発行）中央経済社（発売）.

第**2**章

小売業の基本

1──── 小売業とは何か？

1－1　小売業の定義

　我々生活者は，日々の生活のなかでさまざまな商品を購入している。その商品の購入先の多くはいわゆる小売業者である。

　小売業と聞くと，何をイメージするだろうか。例えば，コンビニエンスストア（以下，CVS）やスーパーマーケット（以下，SM）などは小売業である。では，小売業とは何であろうか。まず，小売とは，本来大きな単位のものを小さく切り取り，分けて販売する「小口」販売を意味する。そして小売業とは，消費者に有形の商品を直接販売する事業である（青木 2014, pp.71-72）。また，日本における商業に関する公的な統計である『商業統計調査』は小売業を図表2－1のように定義している。小売は生産者やメーカーなどによっても行われることもあるが，小売を主に行う事業者が小売業者である。例えば，CVS や SM 以外にも，小売業者には家電量販店やドラッグストア（以下，DgS），100 円ショップや個人経営の八百屋なども該当する。

　以上を踏まえると，小売業とは，わかりやすくいえば，最終消費者に商品を販売する事業である。主に小売業を行う事業者は，小売業者や小売商などとよばれる。流通チャネルにおいては，消費者に最も近いところに位置するのが小売業者である。

図表２－１　『商業統計調査』における小売業の定義

主として次の業務を行う事業所をいう。
① 個人（個人経営の農林漁家への販売を含む）又は家庭用消費者のために商品を
　 販売する事業所
② 産業用使用者に少量又は少額に商品を販売する事業所
③ 商品を販売し，かつ，同種商品の修理を行う事業所
④ 製造小売事業所（自店で製造した商品をその場所で個人又は家庭用消費者に販
　 売する事業所）
⑤ ガソリンスタンド
⑥ 主として無店舗販売を行う事業所（販売する場所そのものは無店舗であっても，
　 商品の販売活動を行うための拠点となる事務所などがある訪問販売又は通信・
　 カタログ・インターネット販売の事業所）で，主として個人又は家庭用消費者
　 に販売する事業所
⑦ 別経営の事業所

(注)「⑦別経営の事業所」は，官公庁，会社，工場，団体，遊園地などのなかにある
　　 売店等で他の事業者によって経営されている事業所である。
資料：『商業統計調査』により作成。

　小売業に関連する言葉に商業という言葉がある。商業と小売業の違いは何で
あろうか。商業は，自分で消費するためではなく，第三者に販売するために商
品を仕入れて販売する行為を意味する。そのため，商業者には小売業者のみな
らず卸売業者（第３章参照）も含まれる。卸売は，小売業者や卸売業者，加工
業者などの最終消費者以外に商品を販売することを意味する。ただし，小売業
を営む企業は必ずしも小売のみを行っているわけではなく，卸売を併用してい
るケースもある。小売と卸売を併用している業者であっても，主な事業が小売
の場合は，小売業者に分類される。

１－２　小売業の役割と機能

　最終消費者に商品を販売する事業が小売業であるが，小売業の役割は商品を
販売するだけではない。ここでは，流通の諸機能における小売業の機能と役割
について整理する。
　まず，商的流通機能における小売業の役割は，メーカーや生産者，あるいは
卸売業者から商品を仕入れ，それを最終消費者に販売することである。これに

より，小売業者は，商品の所有権をメーカーや生産者，卸売業者等から消費者に移転し，消費者が商品を消費できるようにしている。

　こうした所有権の移転が行われるためには，品揃え機能が小売業の重要な機能となる。世の中には莫大な数の商品がある。消費者が，全世界，全国のすべての商品のなかから自ら必要な商品を探すことは困難である。小売業者が，さまざまなメーカーや卸売業者などから消費者ニーズに合わせた商品を品揃えすることによって，消費者が必要な商品を探す手間，すなわち消費者の商品の探索コストを削減している。もし小売業者が存在しなければ，消費者は自ら必要な商品を生産しているメーカーや生産者などを探して，そこまで買いに行く必要がある。この場合，メーカーや生産者は消費者の近くに存在するとは限らないため，消費者には，取引相手を探したり，取引相手のところまで移動するためのコストがかかる。このコストには移動時間も含まれる。さらに消費者は複数の商品を購入しようとすると複数の取引先で，商品を購入し代金決済をすることとなる。小売業者が品揃えをすることによって，消費者が買い物にかかるコストを削減することとなる（高嶋 2002，pp.31-32）。

　この結果として，消費者が小売業者に買い物のために集まることとなるため，メーカーや生産者は，小売業者に商品を取り扱ってもらうことによって，自社の商品の需要者をより見つけやすくなる（高嶋 2002，p.32）。つまり，メーカーや生産者は小売業者を介して商品を消費者に販売することによって，効率的に自社の商品を販売することができる。

　次に，流通の物的流通機能における小売業者の役割は，まず，各店舗に商品を届けることである。商取引において，納入者が販売先に商品を納品することが日本の商慣行となっているため，配送センターを所有している小売業者には配送センターまで商品が納品される。その後，小売業者の配送センターから各店舗に商品が納品される。また，小売業者による宅配事業や通信販売の場合は，小売業者が消費者のところまで商品を届ける役割を果たしている。これらは，小売業者による空間の懸隔をつなぐ機能である。次に，物的流通機能のなかの時間の懸隔をつなぐ小売業者の役割は，商品を物流センターや店舗のバックヤード，売り場にて適切に保管することである。例えば食品の場合は，冷凍や

冷蔵などの温度管理も商品を保管するうえで重要となる。さらに小売業者は，在庫を保管することによって，在庫調整機能を担っている。メーカーや生産者の生産量と消費者の購入量は必ずしも一致しない。小売業者が店舗にある程度の在庫を置くことによって，消費者は必要なものをすぐに購入することができる。

　次に，流通の助成機能における小売業者の役割は，川上側に対する情報の伝達機能である。小売業者は消費者に直接商品を販売するため，POS（Point of Sales）データ（第 6 章参照）やポイントカードなどから消費者の購買行動に関するデータを収集したり，店舗で消費者からの要望を受けたり，消費者の反応を見たりすることができる。一方，メーカーや生産者，卸売業者などの川上側の企業は，消費者の情報を直接得ることが難しく，小売業者等からの発注情報に基づいて生産計画や販売計画を立てなければならない。そのため，小売業者は川上側の生産者や卸売業者に対して，消費者の需要やニーズなどの情報を提供する役割を担っている（河田 2016，p.48）。

2 ── 小売業の分類

　一言で小売業といっても，さまざまな形態の小売業が存在する。本節では，小売業をさまざまな角度から分類することによって，小売業の多様性について整理する。

2 - 1　販売方法による分類

　まず，小売業は店舗の有無によって分類できる。店舗を有する小売業は店舗小売業（または有店舗小売業。以下，店舗小売業と表現する）とよび，店舗を有しない小売業は無店舗小売業とよばれる（中田 2007，p.52）。店舗小売業の分類はさまざまであるため，ここではまず無店舗小売業についてその種類を整理する。無店舗小売業は，『商業統計調査』における業種分類では，「その他の業種」の「611 通信販売・訪問販売小売業」「612 自動販売機による小売業」「619 その他の無店舗小売業」に分類される（図表 2 - 3）。

図表２－２　商品販売形態別の延事業所数と年間商品販売額（2014 年）

商品販売形態	延事業所数	年間商品販売額 （億円）	年間商品販売額 構成比（％）
店頭販売	715,334	1,020,720	84.5
訪問販売	93,473	66,599	5.5
通信・カタログ販売	19,732	31,620	2.6
インターネット販売	37,833	24,973	2.1
自動販売機による販売	51,537	11,918	1.0
その他	81,315	51,727	4.3
計	999,224	1,207,556	100

（注）商品販売形態は複数回答可であるため，延事業所数としている。
資料：『商業統計調査』により作成。

　これらの無店舗小売業の販売方法を『商業統計調査』の定義を元に説明する。通信・カタログ販売は，カタログ，テレビ・ラジオ等の媒体を用いて PR を行い，消費者から郵便，電話，FAX，銀行振込などの通信手段による購入の申込を受けて商品を販売する方法である。近年市場が拡大しているインターネット販売は，インターネットにより購入の申し込みを受けて商品を販売する方法である。また，インターネット販売は，一般的にはインターネット通信販売（以下，ネット通販）と称され，本章においてもその表記とする。訪問販売は，訪問販売員等が家庭などを訪問して商品を販売する方法であり，仮設会場での展示販売も含まれる。自動販売機は，商業事業所が管理している自動販売機で商品を販売する方法である。また，その他の販売方法として，生活協同組合の「共同購入方式」，新聞，牛乳などの月極販売などの方法がある。

　図表２－２は，商品販売形態別の延事業所数と年間商品販売額（2014 年）を示したものである。年間商品販売額は，店頭販売が 84.5％で最も割合が高く，訪問販売が 5.5％と次ぐ。2000 年以降，ネット通販の市場規模が拡大してきているものの，その割合は全体の 2.1％である。

２－２　業種と業態

　次に店舗販売の分類について整理する。

　小売業は，販売方法による分類の他に，販売している商品や運営形態によって分類される。これらは業種と業態という分類方法である。

図表2－3　『商業統計調査』における業種分類

業種分類	産業分類	
買回品業種	571	呉服・服地・寝具小売業
	572	男子服小売業
	573	婦人・子供服小売業
	574	靴・履き物小売業
	579	その他の織物・衣服・身の回り小売業
	592	自転車小売業
	593	機械器具小売業（自動車，自転車を除く）
	601	家具・建具・畳小売業
	602	じゅう器小売業
	604	農耕用品小売業
	606	書籍・文房具小売業
	607	スポーツ用品・がん具・娯楽用品・楽器小売業
	608	写真機・時計・眼鏡小売業
	609	他に分類されない小売業
最寄品業種	581	各種食料品小売業
	582	野菜・果実小売業
	583	食肉小売業
	584	鮮魚小売業
	585	酒小売業
	586	菓子・パン小売業
	589	その他の飲食料品小売業
	603	医薬品・化粧品小売業
各種商品小売業	561	百貨店，総合スーパー
	569	その他の各種商品小売業
その他の業種	591	自動車小売業
	605	燃料小売業
	611	通信販売・訪問販売小売業
	612	自動販売機による小売業
	619	その他の無店舗小売業

資料：『商業統計調査』により作成。

　業種分類は，販売している商品によって小売業を分ける分類方法である。例えば，一般的な表現としての八百屋や魚屋，本屋などは，販売商品で小売業を表現している。これらは商業統計においては，野菜・果実小売業，鮮魚小売業，書籍・文房具小売業に分類される（図表2－3）。

　SM が登場する前の小売業界では，百貨店以外の小売業は，基本的に販売している商品の種類ごとに店舗が展開されていた。販売している商品ごとに小売業が構成されている理由は，業界ごとの取引の商慣行が異なっていたり，商品の種類ごとに必要な専門知識や必要とされる設備や什器（例えば，冷蔵庫や陳列棚など），が異なるためである。規模の小さな小売業では，それぞれの商品に特化した小売業が展開されていたため，業種分類が適当であった。

　平成 26 年『商業統計調査』では，業種分類をまず，「買回品業種」と「最寄品業種」「各種商品小売業」「その他の業種」に分けている。買回品は，高価格で購買頻度が低く，価格や品質，デザインについて複数の店舗で比較検討したうえで購買の意思決定を行う商品を指す（鳥羽 2013，p.63）。すなわち，買回品は消費者がその商品を購入するためにわざわざ遠くまで買い物に行くような商品であり，衣服や家具，家電製品などが当てはまる。一方，最寄品は，低価格で購買頻度が高く，購入に時間や費用をかけない商品を指す（鳥羽 2013，p.63）。すなわち，最寄品は，消費者が近所で購入するような商品であり，野菜や肉などの食料品や医薬品などが該当する。買回品業種と最寄品業種に該当する業種は，図表 2 － 3 のとおりである。

　他方で，1950 年代以降の SM の誕生と成長により，業種分類では分類できない小売業が登場した。つまり，SM や CVS は，食肉，鮮魚，野菜・果物，などの業種分類におけるさまざまな取扱品目を扱っているため，業種分類では分類することができない。そのため，小売業をその運営方法によって分類する業態分類が誕生した。

　『商業統計調査』における業態分類の区分は図表 2 － 4 のとおりである。これらの分類は，取扱商品の割合や，セルフサービス方式[1]を売場面積の 50％以上で導入しているかどうか，売場面積の基準，営業時間の基準などが分類基準となる。

　例えば，百貨店と総合スーパーは，産業分類の「561 百貨店，総合スーパー」に格付けされた事業所のなかで，セルフサービス方式を売場面積の 50％以上で導入していない場合は百貨店に分類され，導入している場合は総合スーパーに分類される。専門スーパーは，売場面積が 250m^2 以上で，セルフサービス

図表 2 − 4 『商業統計調査』における業態分類

区分		区分	
百貨店	大型百貨店	専門店	衣料品専門店
	その他の百貨店		食料品専門店
総合スーパー	大型総合スーパー		住関連専門店
	中型総合スーパー	家電大型専門店	
専門スーパー	衣料品スーパー	中心店	衣料品中心店
	食料品スーパー		食料品中心店
	住関連スーパー		住関連中心店
コンビニエンスストア		その他の小売店	
広義ドラッグストア		無店舗販売	
その他のスーパー			

（注）それぞれの区分基準は『商業統計調査』を参照のこと。
資料：『商業統計調査』により作成。

方式を売場面積の 50 ％以上で導入している場合で，衣，食，住のいずれかが 70 ％以上の場合にそれぞれの区分に分類される。一方，セルフサービス方式が売場の 50 ％以上ではない場合は，それぞれの専門店に分類される。また，CVS は，セルフサービス方式を売場面積の 50 ％以上で導入し，飲食料品を扱い，売場面積が 30m^2 以上 250m^2 未満，営業時間が 14 時間以上の店舗が該当する。

2 − 3　経営形態（経営方式）による分類

　小売企業は，1 つの企業が 1 つの店舗だけを運営しているとは限らない。ここでは，経営形態（経営方式）による分類を整理する（大野 2007，p.86；久保村 2016，p.67；中田 2007，pp.54-57）。

　まず，小売企業は単独店舗によって運営されている単一店舗経営と，複数店舗によって運営されている複数店舗経営に分けられる。さらに，複数店舗で運営されている小売企業は，チェーンストア（Chain Store）とよばれる。

　チェーンストアは，複数の店舗を同一ブランドによって運営している小売企業を意味する。例えば，SM や CVS，家電量販店などの同一のブランド名，同

一看板で運営されている小売企業がチェーンストアに該当する。チェーンストアの経営方法をチェーンオペレーションとよぶ。チェーンオペレーションの特徴は，本部機能と店舗機能を分離していることである。本部は管理機能や仕入機能などを担当し，店舗は販売機能に特化することによって，店舗の適正な規模を維持しながら，企業の規模を拡大し，規模の経済を獲得する経営方法である。つまり，小売企業は単独店舗で規模を拡大しようとしても限界があるが，チェーンオペレーションによって企業の規模を拡大することが可能となる。小売企業は，企業規模を拡大することによって，大量仕入によるバイイングパワーを獲得できたり，プライベートブランド（以下，PB）商品の生産が可能となったりする。

　チェーンオペレーションには，レギュラーチェーン（Regular Chain；以下RC），フランチャイズチェーン（Franchise Chain；以下 FC），ボランタリーチェーン（Voluntary Chain；以下 VC）の3つの形態がある。それぞれの違いについて整理しよう。

　RC は，本部と店舗が同一資本によって運営されるチェーンストアである。言い換えれば，本部企業の直営店によって運営されるチェーンオペレーションの形態が RC である。例えば，大手 SM は RC である。

　FC は，本部と店舗が別の資本によって運営されるチェーンストアである。すなわち，本部と加盟店は契約関係にあり，本部は加盟店に対して，商標の使用を認めたり，経営指導をしたり，商品供給をしたりする。その対価として，加盟店は，本部に対して加盟金やロイヤリティなどを支払う。ロイヤリティは，定額の場合や加盟店の売上や利益に応じて本部に支払う場合などがある。フランチャイズの本部はフランチャイザーとよばれ加盟店はフランチャイジーとよばれる。

　VC は，任意連鎖店ともよばれ，卸売業者や複数の小売業者が共同で立ち上げるチェーンストアである。VC には，卸売業者主宰の VC と小売業者主宰のVC がある。卸売業者主宰の VC は，卸売業者が本部の役割を果たし，取引のある小売業者を中心にチェーン化するものである。小売業者主宰の VC は，複数の小売業者が共同で本部を立ち上げてチェーン化するものである。VC の立

ち上げの目的は，共同で仕入をしたり，共同で物流をしたり，共同でPB商品開発したりするなど，様々な事業を共同で実施することによって規模の経済を獲得することなどである。すなわち，VCは規模では勝てない大手チェーンストアに対抗するため立ち上げられたものである。VCは，食品スーパー，CVS，DgS，家電店などで見られる。VCの特徴は，本部から加盟店への強制力がFCほど強くなく，加盟店の自由度が高い点にある。

　さて，小売店舗のうち，どれくらいの割合がFCやVCに加盟しているのであろうか。図表2－5は平成26年の『商業統計調査』による主な業態別のFC比率とVC比率である。まず，小売業全体においてFC比率とVC比率はそれぞれ約6.4％と2.0％であり，全体に占める割合は高くない。FCやVCはどのような業種で多いのだろうか。CVSは約87.1％がFCとなっており，FCの比率が高いことがわかる。一方，VCに関しては，その比率がCVSほど高い業種はないが，広義のDgSが約18.3％，食料品スーパーが約16.8％であり，相対的に高くなっている。DgSにおいては，卸売業者主宰のVCが広まっており，食料品スーパーにおいては小売業者主宰のVCが広まっている。

図表2－5　主な業態別のFC比率とVC比率（2014年）

業態	FC比率(%)	VC比率(%)	業態	FC比率(%)	VC比率(%)
百貨店	—	—	家電大型専門店	2.9	0.0
総合スーパー	—	4.2	中心店	2.4	1.6
専門スーパー	6.4	8.6	衣料品中心店	2.1	0.6
衣料品スーパー	2.8	0.9	食料品中心店	2.9	1.4
食料品スーパー	3.7	16.8	住関連中心店	2.2	2.2
住関連スーパー	14.5	2.5	その他の小売店	15.7	3.6
コンビニエンスストア	87.1	1.1	無店舗販売	4.6	0.6
広義ドラッグストア	2.5	18.3	合計	6.4	2.0
その他のスーパー	4.6	3.3			
専門店	2.1	1.1			
衣料品専門店	1.7	1.0			
食料品専門店	1.9	0.3			
住関連専門店	2.2	1.4			

資料：『商業統計調査≪業態別統計編（小売業）≫』により作成。

3── 日本の小売構造の変容

　『商業統計調査』から日本の小売業構造の変容をみていこう。まず，平成26
年『商業統計調査』によると，日本の小売業の事業所数は約102万4千（1,024,881）
である[2]。ただし，『商業統計調査』のデータの取り方から，この数値にはい
わゆる小売店舗だけではなく，「管理，補助的経済活動を行う事業所」も含ま
れる。一方，小売業の年間商品販売額は約122兆円である。

　図表2−6は，『商業統計調査』による小売業の商店数と年間商品販売額の
推移を示したものである。これによると，小売業の商店数は1982年まで増加
し続けたが，それ以降は減少傾向にある。他方，小売業の年間商品販売額は
1997年まで増加し続けたが，その後，減少傾向にある。このように商店数と
年間商品販売額のピークは異なる。1972年から1991年のように商店数が減少
しているのにもかかわらず，年間商品販売額が増えることは，1店舗あたりの

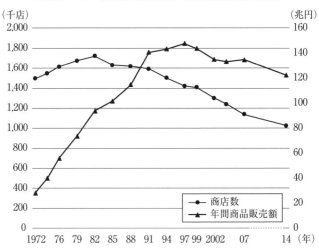

図表2−6　小売業の商店数と年間商品販売額の推移

（注）2007年のデータと2014年のデータは母集団が異なるため単純
　　　な経年比較はできない。
資料：『商業統計表調査』により作成。

売上高が増えていることを意味する。すなわち，小規模な小売商店が減少し，大規模な小売商店が増えていることを意味している。1商店あたりの売場面積は，1972年以降，増加し続けている（図表2-7）。さらに，従業者規模別の商店数の割合の推移（図表2-8）を見ると，1964年時点では従業者数が1～2人の商店の割合が約70.3％であったが，年々その割合は減少し2014年時点では約40.8％となっている。3～4人の商店の割合は1964年の約19.2％から2014年の約21.8％とほぼ横ばいであるが，それより大きい規模の小売商店の割合が増加している。すなわち，個人商店のような零細店舗の割合が減少し，SMのような大規模小売店の割合が増えている。

図表2-7　1店舗あたりの売り場面積年間商品販売額の推移

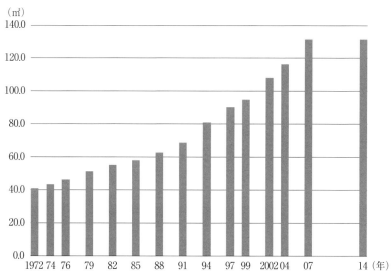

（注）2007年のデータと2014年のデータは母集団が異なるため単純な経年比較はできない。
資料：『商業統計調査』により作成。

図表 2 － 8　小売業における従業者規模別商店数割合の推移

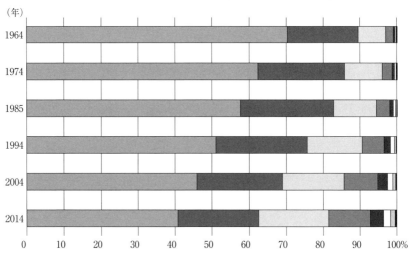

（注）2004 年のデータと 2014 年のデータは母集団が異なるため単純な経年比較は
　　　できない。
　　資料：『商業統計調査』により作成。

4── 商業集積

　ここまで小売業の分類やマクロな動向を扱ってきた。次に，小売業の外部環
境について扱う。具体的には，小売業者の立地の結果として生じる，商業集積
について整理する。

4－1　商業集積の種類

　商業者が集積している状態を商業集積とよぶ。商業集積には，小売業者の商
業集積のみならず卸売業者の商業集積もみられる。本章では，商業集積のなか
でも小売業者の集積について扱う。

　まず，商業集積の定義については，平成 26 年『商業統計調査』において次
のように定義されている。

　「主に都市計画法 8 条に定める「用途地域」のうち，商業地域及び近隣
商業地域であって，商店街を形成している地区をいう。概ね一つの商店街
を一つの商業集積地区とする。一つの商店街とは，小売店，飲食店及び
サービス業を営む事業所が近接して 30 店舗以上あるものをいう。また，
「一つの商店街」の定義に該当するショッピングセンターや多事業所ビル
（駅ビル，寄合百貨店等）は，原則として一つの商業集積地区とする。」

　このように，商店街，ショッピングセンター（以下，SC）や駅ビルなどは 1 つ
の商業集積地区とみなされ，商業集積は必ずしも小売店のみで形成されるもの
ではなく，飲食店やサービス業も含めて 30 店舗以上ある地区が商業集積地区
と定義される。
　さらに，商業集積地区は，形成される場所によって，「駅周辺型商業集積地
区」「市街地型商業集積地区」「住宅地背景型商業集積地区」「ロードサイド型
商業集積地区」「その他の商業集積地区」に分類される。図表 2 − 9 は，平成
26 年の『商業統計調査』の立地環境特性別の店舗数と年間商品販売額を示し

図表 2 − 9　立地環境特性別の店舗数と年間商品販売額（2014 年）

	事業所数		年間商品販売額		1 店舗あたりの年間商品販売額（百万円）
	事業数	構成比（％）	年間商品販売額（百万円）	構成比（％）	
小売業計	1,419,696	100	122,176,725	100	86.1
商業集積地区	619,983	43.7	44,935,565	36.8	72.5
駅周辺型商業集積地区	209,861	14.8	17,795,883	14.6	84.8
市街地型商業集積地区	149,002	10.5	8,898,073	7.3	59.7
住宅地背景型商業集積地区	204,369	14.4	9,584,714	7.8	46.9
ロードサイド型商業集積地区	36,047	2.5	7,788,663	6.4	216.1
その他の商業集積地区	20,704	1.5	868,231	0.7	41.9
オフィス街地区	69,247	4.9	14,757,246	12.1	213.1
住宅地区	408,477	28.8	27,097,731	22.2	66.3
工業地区	63,491	4.5	17,930,097	14.7	282.4
その他地区	258,498	18.2	17,456,086	14.3	67.5

資料：『商業統計調査』により作成。

たものである。これによると，商業集積地区に立地している小売商店は全体の
約43.7%であり，半数弱の小売商店が商業集積地区に立地していることがわか
る。分類ごとに見ると，商業集積地区の中では，駅周辺型商業集積地区が店舗
数も年間商品販売額も最も大きいことがわかる。駅周辺の人が集まりやすい場
所に商業集積地区は形成されやすいことが伺える。また，近隣の住民を主な顧
客とする住宅地背景型商業集積地区は，事業所数の比率は高いものの，年間商
品販売額の割合が小さい。ロードサイド型商業集積地区は1店舗あたりの年間
商品販売額が大きく，大型店がロードサイドに集積していることがわかる。一
方，市街地型商業集積地区や住宅地背景型商業集積地区は，1店舗あたりの規
模が小さいことがわかる。

　さらに商業集積は，発生の形態から，大きく2種類に分けられる。1つは，
商店街や問屋街のように，零細な商業者などが自然発生的に集まった集積であ
る。これは，計画的に作られた商業集積ではなく，道路沿いなどの人が多く通
る通り沿いなどに形成される商業集積である。もう1つは，SCやファッショ
ンビル，駅ナカ商業集積のような計画的につくられた集積である（川端 2013）。
計画的な集積は，開発業者（デベロッパーなど）が，商業施設を建設し，入居す
る店舗を集めて形成される。

4－2　集積の利益

　商業者はなぜ集積するのであろうか。商業が集積する理由の1つは，集積の
利益があるからである。

　商業における集積の利益は次のとおりである（川端 2013, pp.196-198）。1つ目
は，集積全体としての品揃えの充実である。個々の小売店舗や業種店では，と
りわけ中小小売業の場合は，品揃えの幅に限界がある。さまざまな業種の店舗
が集積することによって，商業集積地区は全体として，幅広い品揃えを形成す
ることが可能となる。つまり，商店街のなかに，八百屋，肉屋，魚屋，洋菓子
店，本屋，文房具屋，のような多様な業種の小売店舗が立地すると，商業集積
全体としての品揃えの幅が広がる。品揃えの幅が広がり，さらにクリーニング
や美容室や飲食店などの他のサービス業や飲食業なども立地すると，商業集積

地区の魅力が高まり，より多くの消費者を引きつけ，広い範囲から集客することが可能となる。その結果，個々の店舗に来店する消費者が増えることにつながる。このように，小売店にとっては商業集積地に立地するメリットがある。

2つ目は，小売業者が集積することによって共同事業が実施できることである。例えば，共同で駐車場を設けたり，アーケードを設置したり，イベントを実施したり，共通のポイントカードを作成したりするなど，単独の店舗では実施が難しいことが，商業集積地内に立地する複数の小売業者等の共同により実施することが可能となる。これらの共同事業は，個々の店舗が実施するよりも共同で実施する方が1店舗あたりの費用負担が小さくなる。

他方，消費者にも集積の利益が存在する（川端 2013，pp.198-199）。さまざまな業種の小売店が集積することによって，消費者はさまざまな商品を1カ所で購入することができる「ワンストップショッピング」が可能となる。あるいは，同じ業種の商業集積であれば，他の店舗との比較購買が容易になる。消費者に対する集積の利益は，買い物の効率がよくなったり，店舗間を移動するコストが削減できたりする効果である。

さらに，商業集積地には集客力があるため，それに応じた小売以外のサービス業が立地することが可能となる。例えば，飲食店や映画館，金融機関やクリニックなどが立地する場合がある。これらの買い物以外のサービスを商業集積地で利用できることも消費者にとっての集積の利益の1つである。

しかし，商業は単に集積していれば良いということではない。集客力が低下し，衰退する商店街もみられる。商店街の衰退の要因には，SMの成長やロードサイド型店舗の増加などによる外的な要因もあるが，商店街では集積のマネジメントがなされていないという内的な要因もある（川端 2013，pp.200-205）。例えば，仮に商店街から八百屋などの業種店が1店舗撤退すると，消費者にとっての集積の利益であるワンストップショッピングによる利便性が失われる。その結果，商店街への来店客数が減り，その影響で撤退する店舗が増える。するとさらに，集積としての品揃えが悪化し来客数が減るという悪循環に陥る。商業者と消費者が集積の利益を享受するためには，集積のマネジメント（川端 2013，pp.202-216）が重要となる。

5── 人口減少，少子高齢化社会の小売業

　日本は少子高齢化社会に突入しており，今後も人口減少と高齢化が進むと推計されている（国立・社会保障人口問題研究所 2017）。人口減少や高齢化のような人口構造の変化は小売業にも大きな影響を及ぼす。

　例えば，人口が減少すると，小売店舗が成立するために必要な商圏人口が満たせなくなる店舗が撤退する。小売店舗が撤退すると，周辺地域の買い物環境が悪化する。車が運転できるなど移動手段を持つ消費者は遠くの他の店舗に買い物に行くことができるが，遠くまで移動することが困難な消費者は，特に買い物環境が悪化する。すなわち，食料品へのアクセスが悪化する。こうした状況の人々は買い物弱者とよばれる。食料品へのアクセスが悪化した地域で，食生活がレトルト食品やインスタント食品などの保存ができるものが中心となる人は，栄養が偏り，低栄養状態となる可能性もある。このような状態が発生している地域をフードデザート（食の砂漠）とよぶ。少子高齢化が進む日本では，「①社会的弱者（おもに高齢者）が集住し，かつ②買い物利便性の悪化（買い物先の減少：食料品アクセスの低下）と，家族・地域住民とのつながりの希薄化（社会関係資本：いわゆるソーシャル・キャピタルの低下）のいずれか，あるいは両方が生じたエリア」で，フードデザートが発生していると考えられる（岩間 2017, p.5）。

　このような状況もあり，小売業は店舗で顧客を待つだけでなく，消費者のところに商品を運ぶことの重要性が増してきている。例えば，食品業界においては，食品宅配市場規模が年々拡大している（図表2－10）。この宅配市場規模には，配食サービス，食材（総菜）宅配，宅配ピザ，宅配寿司，外食チェーン・ファストフード宅配，牛乳宅配，生協の共同購入，個配，ネットスーパーが含まれている。すなわち，食品宅配はさまざまな業種や業態の企業によって実施されている。

　一方，通信販売においては，インターネットの普及に伴いネット通販の市場規模が年々拡大してきている（第11章参照）。企業対消費者の電子商取引の市

図表2 - 10　食品宅配市場規模の推移

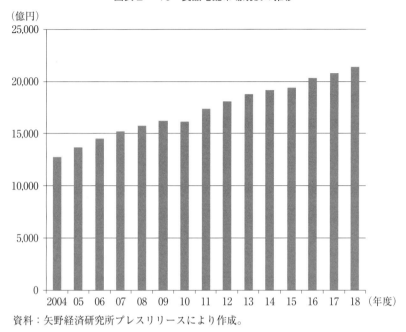

資料：矢野経済研究所プレスリリースにより作成。

場規模[3] は，2006年の約4.4兆円から2019年の19.4兆円へと約4.4倍に成長
している（この市場規模には財だけではなくサービスの取引も含まれる）。全体の商
取引に占める電子商取引の割合であるEC化率も年々増加しており，2019年
には約7.6％の企業対消費者の商取引がインターネットを介して行われている。

　小売業におけるネット通販による宅配事業の一例として，いわゆるネット
スーパーがある。ネットスーパーは，SMの店舗で販売されている商品をイン
ターネットから注文し，当日あるいは翌日という短いリードタイムで宅配する
サービスである（図表2 - 11）（池田 2013, pp.41-44）。2000年代後半に大手SM
各社がネットスーパーに本格参入を始めてから，ネットスーパーを導入する
SMが増えている。

　また，先ほど述べた買い物弱者への支援として，移動スーパーを導入する小
売業者も増えている。移動スーパーとは，SMの店舗で販売している商品を，
専用のトラックに積んで，販売地点を巡回しながら販売する事業である。移動

図表2－11　ネットスーパーの仕組み

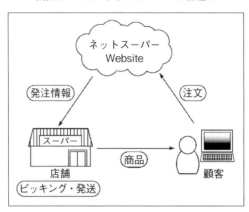

資料：池田（2013：42）より転載。

スーパーには，軽トラックで実施されるもの（写真2－1）や，2t トラック（写真2－2）や4t トラックで実施されるものなど，さまざまな規模の移動スーパーが実施されている。軽トラックの場合は，個人宅を中心に1日30カ所程度の地点で販売し，2t トラックや4t トラックの移動スーパーは，公園や駐車場などの広い場所に30分程度停車して，1日に数地点で販売を行う（池田 2016，pp.473-477）。移動スーパーは，消費者にとっては，近くに小売店舗がない場合に，インターネットが使えなくても，SM の店舗で販売されている生鮮食品や総菜，加工食品や日用品など，さまざまな商品を購入することができる小売事業である。

　ネットスーパーや移動スーパーのような商品を運ぶ小売業は，消費者にとっては便利な事業であるが，小売業者にとっては，採算を取ることが難しいという課題がある。両方の事業においては，一部の企業をのぞき，多くの企業が基本的に店舗と同じ価格で販売している。しかしながら，ネットスーパーは店舗でのピッキングや消費者への宅配にコストがかかり，移動スーパーはトラックの購入と改造の費用や，運転手（販売員）の人件費などのコストがかかる。SM は大規模化と効率化を進めて低価格化を実現し，さらに，消費者が店舗まで行き，店舗で商品を選び，自ら購入した商品を自ら持ち帰ることが前提で誕生した業態である。ネットスーパーや移動スーパーは，SM が店舗で商品をピッキ

写真２−１　軽トラックによる移動スーパー

資料：筆者撮影（2015年）。

写真２−２　2tトラックによる移動スーパー

資料：筆者撮影（2015年）。

ングしたり，消費者のところまで商品を届けたりするため，店舗と同じ価格で商品を販売すると，消費者のところまで商品を届けるコストがまかなえない。すなわち，これらの事業は，店舗販売より効率が悪く，コストもかかるため，店舗と同じ価格で商品を販売すると採算を取ることが難しい。

　今後の日本の小売業は，このような採算性の問題を解決し，人口減少に伴う市場縮小や高齢化などの環境変化への対応が重要となる。

【注】

1）『商業統計調査』における「セルフサービス方式」とは，①客が値札等により各商品の値段が判るような表示方式をとっていること，②店に備え付けられている買物カゴ，ショッピングカート，トレーなどにより，客が自由に商品を選び取れるようなシステムをとっていること，③売場の出口などに設置されている精算所（レ

ジ）において，客が一括して代金の支払いを行うシステムになっていること，の3
つの条件を兼ねている場合をいう。『商業統計調査』でいう「セルフサービス方式
採用」の事業所とは上記条件による販売を売場面積の50％以上で行っている事業
所をいう。セルフサービス方式に該当する事業所の例として，総合スーパー，専門
スーパー，ホームセンター，ドラッグストア，コンビニエンスストア，ワンプライ
スショップ，大型カー用品店などがある（https://www.meti.go.jp/statistics/tyo/
syougyo/result-2/h26/pdf/gyotai/gyotairiyou1.pdf より）。
2）　この数値は，年間商品販売額等があり，産業細分類格付けに必要な事項の数値が得
られた事業所を対象として集計した事業所数であるため，全数ではない。
3）　経済産業省の電子商取引実態調査（https://www.meti.go.jp/policy/it.policy/statistics/
outlook/ie_outlook.html）より。

参考文献

青木　均（2014）「小売業者と流通」青木　均・石川和男・尾碕　眞・濱　満久『[改
訂版] 新流通論』創成社.
池田真志（2013）「食品宅配事業の多様化とネットスーパー」土屋　純・兼子　純編
『小商圏時代の流通システム』古今書院.
池田真志（2016）「移動スーパーの業態特性：効率性の観点から」『拓殖大学経営経理
研究』106号，pp.471-494.
岩間信之（2017）『都市のフードデザート問題―ソーシャル・キャピタルの低下が招
く街なかの「食の砂漠」』農林統計協会.
大野哲明（2007）「小売業の機能と諸類型」加藤義忠・齋藤雅通・佐々木保幸編『現
代流通入門』有斐閣.
河田賢一（2016）「小売業の機能と諸形態」番場博之編『基礎から学ぶ 流通の理論と
政策（新版）』八千代出版.
川端基夫（2013）『改訂版　立地ウォーズ』新評論.
久保村　隆（2016）『商学通論（九訂版）』同文舘.
国立・社会保障人口問題研究所（2017）『日本の将来推計人口（平成29年推計）』
http://www.ipss.go.jp/pp-zenkoku/j/zenkoku2017/pp29_gaiyou.pdf（2019年11月
19日閲覧）
高嶋克義（2002）『現代商業学』有斐閣.
鳥羽達郎（2013）「小売商業」岩永忠康監修『現代流通の基礎理論』五絃舎.
中田信哉（2007）『流通論の講義』白桃書房.

第**3**章

卸売業の基本

1 ── 卸売業の特徴

　卸売業は製造業や小売業などと並ぶ産業分類の1つであり，主に卸売業を営む事業者を卸売業者という。卸売業者は，小売業者（主に小売業を営む事業者）とともに，生産者（農林漁業者や製造業者など）と消費者の間に介在する商業者である。商業者というのは，事業所など一定の場所で商品を仕入れて販売する事業者である（経済産業省 2015, p.6）。卸売業者は，生産者から消費者までの流通において，小売業者とは異なる活動に専門化し，小売業者と分業している商業者である（原 2008, pp.47-49）。

　卸売業者が専門的に行う活動は卸売である。卸売は，商品を消費者以外に販売する活動のことである。卸売業者の販売先は，小売業者や他の卸売業者，産業用使用者（製造業や飲食業，宿泊業，病院など）などである。同じ商業者である小売業者は主に個人用または家庭用消費のために商品を販売する事業者であることから，小売業者とは販売先が異なる（経済産業省 2015, p.6）。卸売業者が担っている役割は小売業者の役割とは異なるのである。

　また，生産者から小売業者までの流通において，複数の卸売業者が介在することがある。生産者から商品を仕入れる卸売業者を一次卸，他の卸売業者から商品を仕入れる卸売業者を二次卸といい，一次卸の役割の一部を二次卸が担う。例えば，一次卸が各生産者から商品を仕入れて各小売業者等に販売する場

合，ある特定の地域の小売業者等との取引はその地域の二次卸が行うことがある。卸売業者は，生産者から消費者までの流通において小売業者と分業しており，さらに卸売業者の間でも分業することがあるのである。この点は小売業者にはない特徴である。

　最後に，改めてどういったものが卸売業に該当するのかを，商業の統計である『商業統計調査』における卸売業の定義を見て確認して欲しい（図表3－1）。

図表3－1　経済産業省『商業統計調査』における卸売業の定義

・小売業者又は他の卸売業者に商品を販売する事業所
・産業用使用者（建設業，製造業，運輸業，飲食店，宿泊業，病院，学校，官公庁等）に業務用として商品を大量又は多額に販売する事業所
・主として業務用に使用される商品｜事務用機械及び家具，病院・美容院・レストラン・ホテルなどの設備，産業用機械（農業用器具を除く）など｜を販売する事業所
・製造業の会社が，別の場所で経営している自己製品の卸売事業所（主として管理事務のみを行っている事業所を除く）
　例えば，家電メーカーの支店，営業所が自己製品を問屋などに販売している場合，その支店，営業所は卸売事業所となる。
・商品を卸売し，かつ，同種商品の修理を行う事業所
　修理料収入の方が多くても同種商品を販売している場合は修理業とせず卸売業とする。
・主として手数料を得て他の事業所のために商品の売買の代理又は仲立を行う事業所（代理商，仲立業）。代理商，仲立業には，一般的に，買継商，仲買人，農産物集荷業と呼ばれている事業所が含まれる。

出所：経済産業省『平成26年商業統計調査』。

2ーー卸売業の存立根拠

　卸売業者が生産者と小売業者との間になぜ介在するのかという卸売業の存立根拠は，卸売業者が介在することで実現される流通費用の節約，すなわち流通の効率化にある。

　ここでは，卸売業者の存立根拠のいくつかある側面について，商業者の存立根拠を参考に考えてみたい。商業者の存立根拠を説明する原理である，総取引数極小の原理（Hall 1948, 和訳 pp.108-109），集中貯蔵の原理または不確実

性プールの原理（Hall 1948, 和訳 pp.109-110），情報縮約・整合の原理（田村 1980, pp.66-74），規模の経済と範囲の経済（田村 2001, pp.71-76）の４つを取り上げる。

２－１　卸売業介在の総取引数極小の原理

　卸売業者が介在することを説明する総取引数極小の原理は，生産者から小売業者に対する商品の供給に必要な総取引数を生産者と小売業者の間に卸売業者が介在することによって少なくし，流通費用を節約するというものである。

　まず，総取引数について，各生産者と各小売業者のそれぞれが直接取引する場合と，生産者と小売業者の間に卸売業者が介在して取引する場合を比較して，その違いを確認する。例えば，図表３－２のように，生産者が３者，小売業者が５者あって，各々が直接取引する場合，総取引数は 15 になる。一方，生産者と小売業者の間に卸売業者が１者介在し，生産者と小売業者のすべての取引がこの卸売業者を通じて行われると仮定すれば，総取引数は８になる。つまり，総取引数は，卸売業者が介在する場合の方が介在しない場合よりも少ない。

　各々の取引には取引相手の探索，取引条件の交渉，取引契約の履行などさまざまな活動が伴うことから，これらの活動にかかる流通費用は取引数が多いほど一般的に高くなる（田村 2001, pp.87-89）。つまり，卸売業者は，生産者と小売業者の間に介在することにより，生産者と小売業者の総取引数を少なくし，流通費用を節約しているのである。

図表３－２　卸売業介在の総取引数極小の原理の考え方

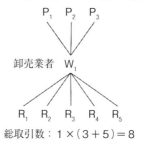

生産者と小売業者が
直接取引する場合

生産者と小売業者の間に
卸売業者が介在して取引する場合

生産者　P_1　P_2　P_3　　　　　　　P_1　P_2　P_3

卸売業者　W_1

小売業者　R_1　R_2　R_3　R_4　R_5　　　　R_1　R_2　R_3　R_4　R_5

総取引数：３×５＝15　　　　　　　総取引数：１×（３＋５）＝８

出所：筆者作成。

　ただし，流通費用の節約効果が十分に発揮されるにはいくつかの前提条件が必要である。例えば，小売業者が小規模で分散的に多数存在していることや，生産者も数多く存在して各小売業者がすべての生産者の製品を介在する卸売業者を通じて取り揃えることなどである（田村 2001, pp.87-89；西村 2009, pp.17-22）。言い換えれば，生産者と小売業者が大規模で者数が少ない場合，あるいはその少数の大規模小売業者が多店舗展開しながらも取引を集中させている場合などは，生産者と小売業者が直接取引したときの取引数がもともと少ないため，卸売業者が介在することによる流通費用の節約効果は小さい可能性がある。このように，生産者と小売業者の者数や取引数などが少ないときには，総取引数極小の原理を卸売業者の存立根拠として説明するには困難であることがある。卸売業者には，より多くの生産者と小売業者の取引を実現させ，その総取引数を少なくすることが必要である。

2－2　卸売業介在の集中貯蔵の原理

　卸売業者が介在することを説明する集中貯蔵の原理（または不確実性プールの原理）は，各小売業者が不確実な消費需要を充たすために貯蔵する商品の在庫量を卸売業者が集中的に貯蔵することによって少なくし，社会全体に必要な総在庫量を少なくすることから，流通費用を節約するというものである。

　消費需要は日々変動するものであり，正確に予測することは難しい。消費者1人ひとりの需要は小さいためその変動も小さいが，特定の地域や商品等についてある程度まとまった需要を想定すると，その量は多くなり変動が大きくなる可能性がある。

　各小売業者は，それぞれ個別にこうした不確実な消費需要に備える必要がある。小売業者にとっては，消費需要が突然増えて品切れ（欠品）が発生すれば，販売機会を逃すことになるからである。このため，各小売業者は，一般的に，品切れ（欠品）を発生させないように，消費需要の不確実性を吸収するために必要とされる在庫（安全在庫）を用意して対応する。

　ここで，卸売業者が生産者と小売業者の間に介在して，各小売業者がそれぞれ貯蔵する同一商品の在庫を集中的に貯蔵する場合について考えてみよう。卸

売業者は，商品を生産者から調達すると，在庫として貯蔵し，各小売業者からの注文に応じてすぐに供給する。卸売業者が在庫を貯蔵する場所を１カ所とすると，不確実な消費需要に備える在庫（安全在庫）もこの１カ所で集中的に貯蔵することになる。この１カ所に貯蔵する当該商品の在庫量は，小売業者において品切れ（欠品）が発生するほどの突発的な消費需要の増加に伴う小売業者からの注文に対しても商品を供給できるくらいの量が必要である。それは各小売業者が本来貯蔵する在庫量の合計と同じ量だけ必要であるかのように思われる。しかし，すべての小売業者において品切れ（欠品）が同時期に発生する可能性は低いため，各小売業者が本来貯蔵する在庫量の合計よりも少なくて済む。各小売業者がそれぞれ用意する安全在庫の重複がある程度解消されるということである。このため，卸売業者が介在せずに集中貯蔵しないときの各小売業者の合計在庫量よりも，卸売業者が介在して集中貯蔵するときの各小売業者の合計在庫量と卸売業者の在庫量を合わせた総在庫量の方が少ないのである。

　在庫の貯蔵には貯蔵場所としての倉庫や在庫管理などが必要であり，在庫量が多いほど倉庫費用や管理費用などの流通費用は一般的に高くなる。つまり，卸売業者は，生産者と小売業者の間に介在することにより，社会全体に必要な総在庫量を少なくし，在庫の貯蔵にかかる流通費用を節約しているのである。

　ただし，ここでも流通費用の節約効果が十分に発揮されるにはいくつかの前提条件が必要である。まず，商品の供給先である小売業者（店舗）の数が多いことである。小売業者（店舗）の数が多いほど，品切れ（欠品）が同時期に発生する可能性は低いため，流通費用の節約効果は高い。また，介在する卸売業者（貯蔵場所）の数が少ないことである。卸売業者（貯蔵場所）の数が少ないほど，各貯蔵場所に必要な安全在庫の合計は少なくて済むため，流通費用の節約効果は高い。

　それから，小売業者（店舗）に対する納品までの時間を短くすることが重要である。納品に長い時間がかかるのであれば，小売業者は品切れ（欠品）を発生させないように安全在庫をある程度用意することになるため，いくら卸売業者が集中的に在庫を貯蔵しても，総在庫量は少なくならない可能性があるからである。集中貯蔵の原理を卸売業者の存立根拠として説明するには，小売業者

との取引において各店舗に納品する役割を卸売業者が担うことを前提として，卸売業者と小売業者とがあたかも一体であるかのように各小売業者（店舗）に対して短時間で納品し，小売業者の在庫を過剰に増やさないようにすることが必要である。

２－３　卸売業介在の情報縮約・整合の原理

　卸売業者が介在することを説明する情報縮約・整合の原理は，流通の品揃え形成過程において，卸売業者が生産者と小売業者・消費者の情報を縮約し，それらを整合させることにより取引を促進して，流通費用を節約するというものである。

　品揃え形成というのは，一般的に，生産活動によって生み出された単なる集塊物を，消費者にとって意味のあるように，仕分け，集積，配分，取揃えの遂行を通じて，2種類以上の異なる商品の集合である品揃え物（アソートメント）へと変換する活動である（Alderson 1957, 和訳 pp.228-242）。

　卸売業者は，品揃え形成を遂行するなかで複数の生産者の商品を取り扱うことから，複数の生産者の供給に関する情報を縮約しており，それらを比較可能なものにしている。他方，品揃え物を形成する各商品は小売業者に再販売することを前提に取り扱うため，品揃え物は小売業者やその販売先の消費者などの需要に関する情報が縮約され，それらが反映されたものになっている。

　さらに，生産者が供給したい商品やその数量，価格などと，小売業者・消費者が求めるそれらはさまざまである。卸売業者は，生産者の販売代理人，また小売業者の購買代理人として，生産者と小売業者・消費者から縮約したさまざまな情報を整合させ，両者が対になるように品揃え形成を遂行している。その結果，取引が促進され，生産者と小売業者との取引にかかる取引相手の探索，取引条件の交渉，取引契約の履行などにかかる流通費用が節約されるのである（田村 2001, pp.47, 80-86）。この情報縮約・整合による効果は，生産者と小売業者・消費者の情報量が多いほど大きくなる可能性がある。

　ただし，情報縮約・整合による効果を十分に発揮するには，より多くの情報を縮約することが求められる。このため，多数の生産者と小売業者，あるいは

市場占有率が高い大規模な生産者と小売業者との取引が必要になる。しかし，大規模小売業者などの場合，本部が各地の各店舗の情報を縮約しているため，少なくとも組織内においては小売業者自ら情報縮約・整合を遂行できる環境にある（上原 1999, pp.233-236）。卸売業者には個々の生産者・小売業者の組織の枠を超えた情報縮約・整合の遂行が必要である。

２－４　卸売業介在の規模の経済と範囲の経済

規模の経済は，一般的に，ある一種の経済活動を大規模に遂行すると，それに伴う固定費が経済活動量の多寡にかかわらず一定であるため，経済活動の産出物に配賦される固定費が低くなり，単位あたりの費用が低下するというものである。範囲の経済は，一般的に，複数の経済活動を同時に遂行するとき，追加投資を行わなくても既存の経営資源の共通利用や未利用資源の有効活用などを行うことによって，既存の経営資源にかかる費用の配賦先が多くなるため，単位あたりの費用が低下するというものである。

卸売業者は，一般的に，流通の品揃え形成過程において，多数の生産者と小売業者と取引しており，その取引量は個々の生産者と小売業者よりも多い。各生産者の取引量は自らの製品の供給能力に伴う供給量である一方で，卸売業者は複数の生産者と取引しており，品揃え形成過程において同種の商品だけではなく異種の商品を含めた多くの取引量をもっている。他方，各小売業者の取引量は自らの店舗に対する消費需要に応じた需要量である一方で，卸売業者は複数の小売業者と取引しており，複数の小売業者に供給するためのまとまった取引量をもっている。なお，卸売業者の取引量は，取引先数やその規模，品揃えの範囲などによって異なる。

卸売業者は，同種の商品の取引を大規模に遂行することによる規模の経済と，異種の商品の取引において一定の経営資源を共用することによる範囲の経済を合成して働かせることにより，単位あたりの流通費用を低下させている。この規模の経済と範囲の経済の効果は，取引量が多いほど大きいが，取引量が多くなるにつれて逓減する可能性がある。

ただし，規模の経済と範囲の経済の効果は取引量の多寡に関係するため，例

えば多数の店舗を展開する大規模小売業者でも，品揃え形成過程において取引量が多くなり，規模の経済と範囲の経済を働かせて流通費用を節約できる環境にあるといえる。卸売業者には個々の生産者・小売業者を超える大規模な経済活動や経営資源の共通利用などが必要である。

　以上の４つの側面で，卸売業者の存立根拠をまとめると，卸売業者は，①多くの生産者と小売業者の総取引数を少なくすること，②不確実な消費需要に直面する小売業者と一体となって小売業者を含む総在庫量を少なくすること，③個々の生産者・小売業者の組織の枠を超えた情報の縮約・整合による品揃え形成を遂行して取引を促進すること，④個々の生産者・小売業者を超える大規模な経済活動や経営資源の共通利用などによって規模の経済と範囲の経済を働かせることを通じて，流通費用を節約しているからであると考える。

3── 卸売業の機能

　流通の社会的な役割は，生産と消費との間の懸隔を流通フローによって架橋することである。基本的な流通フローは，商流，物流，資金流，情報流であり，これらの流通フローを生み出す流通活動の基本類型を流通機能という（田村 2001, pp.9, 18-19）。卸売業者は，流通機能を小売業者と分業しその一部を遂行している。

　以下では，卸売業者が果たす機能を，需給接合機能，物流機能，危険負担機能，情報伝達機能の４つに分けてみていくことにする。

3−1　卸売業における需給接合機能

　卸売業者が果たす需給接合機能は，生産者の供給と小売業者の需要を商品売買の取引過程を通じて接なぎ合わせ，商品の所有権を生産者から小売業者へ移動させる機能である。

　取引には，一般的に，取引先を探索することから始まり，取引候補者と取引条件を交渉し，双方の合意によって契約を締結して，その後に契約の履行を

監視したり，履行結果を評価したりするという一連の過程がある（渡辺 2008a, pp.15-16）。卸売業者は，生産者と小売業者の間に介在し，こうした取引過程を通じて，商品の所有権を生産者から小売業者へ移動させているのである。

　生産者は，自らの商品を消費者に届けるために，多数の小売業者と取引して，各小売業者に適切に販売してもらいたいと考えている。他方の小売業者は，消費需要への対応や需要の創造などのための品揃えを形成するために，多数の生産者の多種多様な商品から必要な商品を選択し調達しなければならない。そこで卸売業者は，多数の生産者と多数の小売業者の間で，こうした多種多様な商品の供給と需要を接なぎ合わせているのである。

　具体的に，卸売業者は，生産者が自ら取引できない販売先を開拓したり，小売業者に合わせた商品や売場づくり，販売促進などを提案したりする。特に，地方の中小生産者にとっては，販売先を自ら開拓するのが困難な場合があり，当該商品を取り扱う小売業者も限定されていることがあるため，卸売業者の販売活動そのものが重要な役割を果たしている。

　また，卸売業者は，既存の売場にないような商品あるいは同種商品を括った商品分類（カテゴリー）を開発，発掘している。例えば，新しい消費需要の特性に対応した新商品あるいはカテゴリーというのは，1つの売場として確立されていないことがあるため，複数の商品を集めて開発，育成していくことが必要になる。また，地域産品や輸入商品などを発掘したり，卸売業者自ら企画開発したオリジナルブランドを販売したりしている。特に，最寄品を取り扱う小売業者にとって，既存の売場にない商品は，商品特性上，競合他店にもないことが多い。卸売業者は，消費需要の活性化，生産者の販路開拓，小売業者の品揃えの強化などにつながる役割を果たしている。

3－2　卸売業における物流機能

　卸売業者が果たす物流機能は，生産者から小売業者までの物流全体が効率化するように諸々の物流活動を遂行し，商品そのものを生産者から小売業者へ移動させる機能である。

　卸売業者の物流活動は，卸売業者だけにとどまらず，生産者から小売業者ま

での物流活動全体にかかわる。卸売業者の物流センターにおける入出荷をみると，入荷には生産者への発注，車両からの商品の取卸，検品，庫内への格納など，出荷には小売業者からの受注，商品のピッキング，配送別店や方面別などの仕分・荷揃，検品，車両への商品の積込などの活動がある。他方，生産者への発注はその頻度や量，納品先などによって生産者の物流活動に影響を与えるし，小売業者への出荷はその納品形態や納品時間，納品精度などによって店舗等における物流活動に影響を与える。

　卸売業者の物流機能は，総じて生産者から小売業者までの物流全体の効率化を推進するために遂行される。例えば，卸売業者は，物流ロットを変換する小分けと取揃えという活動を行っている。生産者の出荷ロットは基本的に自社の商品しかないため少品種多量になるが，小売業者の入荷ロットは幅広い商品で構成されるため多品種少量になることが多い。物流効率の観点でいえば，生産者は多量の商品をできるだけ1回で出荷したいが，小売業者は多種の商品をできるだけ1回で入荷したいのである。卸売業者は，複数の生産者から複数の小売業者が必要とする合計数量を調達，保管しておき，各商品の合計数量を小売業者の納品先ごとに細かく配分（小分け）し，各商品を取り揃えて出荷している。これにより，生産者の出荷ロットと小売業者の入荷ロットの量的・質的な差異が調整されるとともに，双方の効率化を支援することになる。さらに，卸売業者は，多数の生産者と小売業者との取引にかかる多種多量の物流を集中的に処理していることから，生産者から小売業者までの総物流費用を，生産者と小売業者がそれぞれ個別に行うよりも低減させているといえる。

　また，卸売業者は特定小売業者専用の物流センターの運営を受託することがある。小売業者にとって，自社専用物流センターを設置する主な目的は，一括納品，検品レス納品，カテゴリー納品，定時・定配などによる店頭作業の効率化にある（臼井 2001, pp.89-90）。卸売業者は，専用物流センターの運営を受託することにより，特定の小売業者の事情に適合した物流機能を果たし，店舗運営の効率化を推進するなど，小売業者を物流の側面から支援している。

３－３　卸売業における危険負担機能

　卸売業者が果たす危険負担機能は，商品を投機的に保有し，それに伴う生産者の販売代金の回収と小売業者の仕入代金の支払にかかる時間の隔たりから生じる危険を負担しながら，商品の対価としての資金を小売業者から生産者へ移動させる機能である。

　生産者，卸売業者，小売業者はいずれも，少なくとも投機的な経済活動を行っている。例えば，最寄品の流通においては，消費者の購入という実需要が発生する前に，製造業者は大量生産を行うなど効率的な生産を行って在庫を保有しており，卸売業者と小売業者も商品を事前に仕入れて在庫を保有し販売に備えている。ただし，消費者の購入時点に近い小売業者は在庫投資を実需要にできるだけ近づけるように延期化している（矢作 1996, pp.151-154, 157-166）。

　卸売業者は，投機的な在庫の保有により，生産者と小売業者の両者と在庫の保有に関する危険を分担している。生産者は，投機的な生産活動を通じて生産の効率化という便益を享受する反面，保有する在庫には売れ残りや品質の劣化などの危険が伴う。その在庫の一部を，卸売業者は実需要が発生する前に生産者から仕入れて保有している。このため，卸売業者は生産者の在庫の保有に関する危険の一部を負担していることになる。また，小売業者に対しては，小売業者の延期化に対応することにより，結果として在庫の保有に関する危険の一部を負担しているといえる。

　在庫の保有に伴う仕入と販売には，その後の商品代金の回収と支払が必要である。卸売業者は，小売業者から商品の販売代金を回収するとともに，生産者に対して商品の仕入代金を支払う。卸売業者が小売業者と生産者の間に介在することにより，複数の小売業者，生産者の決済業務を集約して，両者の業務負担を軽減させている。

　こうした商品代金の回収と支払の時期（時点）には金額の多寡を含めた時間の隔たりが生じる。卸売業者は，商品を投機的に保有するにあたり，消費者が商品を購入し代金を支払う時期よりも前に，生産者に対してその仕入代金を支払うことがある。これにより，生産者は，資金繰りが窮屈にならずに生産活動を継続することができたり，流通過程における貸し倒れによる損失の危険を軽

減することができたりする。他方，小売業者からの販売代金の回収については，小売業者が延期的に仕入れ続ければ，卸売業者にとって投機的な在庫をすべて販売しその代金をすべて回収するまでにはある程度の時間がかかる可能性がある。さらに，決済というのは，その都度現金取引するというよりも掛取引が一般的であるため，仕入・販売日の後に商品代金の締め日があり，さらに締め日から実際の回収・支払までにも一定の期間が存在するものである。このような商品代金の回収と支払の時間の隔たりを，卸売業者は運転資金として自己資金や借入金などで賄うことにより埋めている。すなわち，卸売業者は，生産者の販売代金の回収にかかる危険と小売業者の仕入代金の支払にかかる危険を幾分か負担しているのである。これを金融機能ということもある。

3－4　卸売業における情報伝達機能

　卸売業者が果たす情報伝達機能は，生産者と小売業者の間で複数の事業者と取引することによって得られるさまざまな情報を生産者と小売業者に対して双方向に移動させる機能である。

　卸売業者は，生産者と小売業者よりも多くの情報を収集し比較することができる。基本的に，各生産者のもつ情報は自社の製品に関する情報であり，各小売業者は自社で販売する商品や自社の店舗に対する需要などに関する情報に限られる。他方，卸売業者は，複数の生産者の商品を取り扱っており，それらの販売等の情報を収集し比較することができる。同様に，複数の小売業者に商品を販売しているため，小売業者各々の企業，店舗，地域などの枠を超えて販売等の情報を収集し比較することができる。

　卸売業者は，生産者の情報を小売業者に提供し，また小売業者の情報を生産者に提供することにより，生産者と小売業者の事業活動を推進している。小売業者に対しては，生産者の製品の内容や新製品の情報を提供するとともに，市場や商圏，販売実績などの分析等を通じて，商品，棚割，売場・店舗づくり，販売促進企画等を提案し，小売業者の店舗運営を支援するリテールサポートを行っている。生産者に対しては，販売実績としての小売業者への出荷情報や製品開発に役立つ市場情報などを提供している。

　以上のとおり，卸売業者は，生産者と小売業者の事業を推進したり，生産者から小売業者までの流通全体の費用を節約する方向に最適化したりする機能を果たしている。こうした卸売業者が果たす機能は流通において必要である。ただし，機能の遂行主体は卸売業者に限定されるものではない。製造業者，小売業者，物流事業者，情報通信事業者など他者に部分的にあるいはすべて代替される可能性がある。

4── 問屋無用論

　戦後の日本経済は，高度経済成長期を経て著しく成長した。1955 年から1973 年までの約 20 年間にわたり，実質経済成長率が年平均 10％前後の高い水準で推移したのである。この頃，輸出の好調を背景に民間企業による設備投資が積極的に行われ，産業構造が第 1 次産業（農林漁業）中心から第 2 次産業（鉱業・建設業・製造業），第 3 次産業（その他の産業）へと工業化の方向に進展した。国内需要についても，所得の増大に伴い，個人消費が大衆化して増大した。特に，家庭に三種の神器（白黒テレビ，電気冷蔵庫，電気洗濯機）や 3C（カラーテレビ，クーラー，自動車）などの耐久消費財が普及し，生活が近代化した。

　このような工業化の進展や個人消費の増大などは，流通業界に大きな影響を与えた。これ以前の流通は，製造業者も小売業者も小規模な事業者がほとんどであり，両者をつなぐ卸売業者が何段階にもわたって取引しなければならない「細くて長い流通」であった。それが高度経済成長のもとで，大量生産，大量販売，大量消費を推進するような米国型の流通システムの構築が期待されるようになった。それは，大規模製造業者と大規模小売業者が卸売業者を介在させずに大量の商品を直接取引するという，より効率的な「太くて短い流通」である。

　当時の 1960 年代は，総合スーパーや食料品スーパーなどがチェーンストアとして成長し始めていた。チェーンストアは，展開する各店舗に必要な商品をまとめて本部一括で仕入れ，大型の店舗で品揃えをし，低価格で大量に販売しており，消費者から支持されていた。スーパーマーケット（以下，SM）が登場するまでは百貨店と中小一般店しか存在していなかったほどであり，チェーン

ストア化したSMはわが国の新しい小売形態として認識されていった。

　こうした流れのなかで，1960年代に「流通革命」が論じられるようになった。流通業界にチェーンストアのような新しい小売業者が台頭し，「細くて長い流通」から「太くて短い流通」へと流通に革命的な変化をもたらすのではないかという議論が巻き起こったのである。

　流通革命の議論では，大規模製造業者と大規模小売業者が直接取引を推進することにより，卸売業者が排除されると考えられていた。この同時期に問屋無用論が論じられたのである。ただし，問屋無用論といっても，すべての卸売業者の存在を否定するというものではない。代表的な林周二氏の著書『流通革命』（林 1962, pp.170-171）で説明されたことをもとに解釈すると，有用な機能を果たさない卸売業者が排除されるということである。

　実際に，その後，卸売業の販売額は減少するどころか，むしろ増加している。その理由には，高度経済成長のもとで消費財卸売業以外の産業財卸売業が成長したこと（原田 1997, pp.179-185），チェーンストアが店舗展開に際して卸売業者の物流機能などを必要としたこと（通商産業省産業政策局商政課 1985, pp.87-88），チェーンストアの成長にもかかわらず卸売業者を必要とする中小小売業の店舗数が増加したこと（住谷 2016, p.93）などが挙げられる。

　その後，問屋無用論は，1985年に通商産業省が提示した『情報武装型卸売業ビジョン』において，再び注目されることになった。

　1980年代は，産業分野における情報化が進展した時代である。電気通信事業法が1985年に施行されて電気通信事業が自由化されたり，通信システムのネットワーク化を促進する新しい通信サービスが登場したりして，企業間のコンピュータ・ネットワークが形成されていった。流通業界においても，大手コンビニエンスストア（以下，CVS）企業が1982年に導入したPOS（Point of Sales：以下POS）システムがその後に業界全体へ普及したり，企業間で受発注などのデータをやり取りするEDI（Electronic Data Interchange：電子データ交換）が普及したりした。また，複数の取引先と同一のネットワークで標準的なEDIを可能にするVAN（Value Added Network：付加価値通信網）サービス事業が数多く誕生した。

　1980 年代の問屋無用論は，1 つにこうした情報化の進展に伴って論じられた
ものである。1960 年代に論じられたのは，卸売業者が果たす機能は必要であ
るが，すべての卸売業者が有用な機能を十分に果たすことができるとは限らな
いということである。それが，情報化が進展した 1980 年代では，卸売業者が
果たしている機能を卸売業者以上に果たすことができる新しいネットワーク・
ビジネスが登場することにより，それらが代替される可能性があるということ
が指摘されたのである（通商産業省産業政策局商政課 1985, pp.87-92）。

　卸売業者を取り巻く環境は，情報化の進展以外にも 1960 年代から変化して
いることから，卸売業者のあり方が問われている。環境変化の例として，わ
が国全体の小売業者の店舗数が 1982 年の 172 万店をピークに減少傾向にある
ことが挙げられる。その減少の多くは小規模小売業者など個人経営の店舗であ
り，1979 年にすでにピークを迎えている。それとともに，中小卸売業者など
個人経営の卸売業者の販売額も 1982 年をピークに減少傾向にある。小売業者
の店舗数が中小小売業者を中心に減少しているという変化に伴い，二次卸に中
小卸売業者が比較的多いことを考慮すると，二次卸が介在しないようなより短
い流通経路に変化してきているといえよう。

　また，中小小売業者が減少する一方で，大規模小売業者の成長も現在まで続
いている。小売業者の上位集中度は 1960 年代よりも上昇しており，大規模小
売業者を中心に情報化や自社専用物流センターの構築などが進展している。こ
うした大規模小売業者の成長という変化に伴い，小売業者と製造業者との直
接取引は 1960 年代に議論された当時よりも実現されやすい環境になっている
といえよう。また，自社専用の物流センターの構築にあたり，小売業者が卸売
業者に対してその運営を委託するなど，卸売業者に期待する機能も変化してい
る。

　他方，製造業者は，大手を中心に各地に営業拠点や物流拠点などを設けて，
消費者により近い流通段階まで流通を手掛けるようになっている。営業先は，
特約店あるいは代理店だけではなく，その先の二次卸，小売業者の本部，末端
の店舗までを網羅することもある。物流についても，特約店あるいは代理店を
通さず，二次卸や小売業者の物流センターに直送することもある。こうした卸

売業者が従来果たしていた機能の一部を製造業者が果たすことにより，部分的にではあるものの，製造業者と卸売業者との間にはいくらかの機能重複が発生している（根本 2004, pp.25-26）。

このように，問屋無用論という言葉は1960年代，1980年代といった昔に注目されたことではあるが，その後も卸売業者を取り巻く環境が変化しているため，問屋無用論の本質といえる卸売業者が果たす機能は何か，小売業者や製造業者など取引先が卸売業者に対して期待する機能は何かといった議論は，現在でも必要であると考える。

5 —— 卸売構造の変化

卸売構造の変化について，年間商品販売額の変化，流通経路の多段階性の変化，上位集中度の変化に注目し，それぞれ統計をもとに定量的に確認しよう。

最初に，卸売業の業種別の商品販売額の変化について，販売先別の販売額の変化を踏まえて理解する。次に，販売先のうち他の卸売業者への販売額が減少していることから，流通経路の短縮化が進展していることが考えられるため，それを流通経路の多段階性を評価する指標を用いて確認する。最後に，流通経路の短縮化の要因が大規模小売業者の成長や二次卸に多い中小卸売業者の衰退などにあるとすれば，大規模卸売業者への取引の集中化が考えられるため，上位集中度の変化を確認する。

以下では，本書が主に対象とする非耐久消費財の卸売構造の変化を確認することにしたいが，使用する統計ではその分類が困難であるため，飲食料品卸売業と医薬品・化粧品等卸売業に注目することにする。また，飲食料品卸売業の内訳となる農畜産物・水産物卸売業と食料・飲料卸売業，医薬品・化粧品等卸売業の内訳となる医薬品卸売業とそれ以外の日用雑貨卸売業を想定した「化粧品等卸売業」にも言及する。

5 － 1　年間商品販売額の変化

卸売業の年間商品販売額は，年間販売額の調査を開始した1958年（調査実施

図表３－３　卸売業の業種別の年間商品販売額の推移

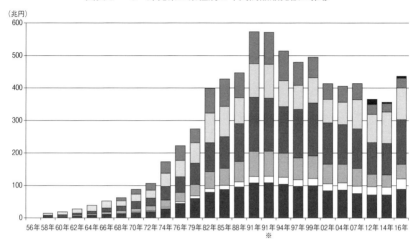

※年次は商業統計調査及び経済センサス―活動調査の実施年を表す。2012 年と 2016 年は経済センサ
　ス―活動調査の結果であり，その他が商業統計調査の結果である。
※1991 年は２つあり，そのうち※印をつけた方は翌 1994 年調査と対応可能となるよう再集計した数
　値である。
※経年変化を見る際には，統計の調査や集計方法などの変更に注意が必要である。近年では，2012
　年とその前後について調査が異なることから集計対象範囲に違いがある。また，同じ商業統計調査
　でも 2007 年と 2014 年については「平成 26 年調査は，日本標準産業分類の第 12 回改定及び調査設
　計の大幅変更を行ったことに伴い，前回実施の平成 19 年調査の数値とは接続しない」というよう
　に単純な比較は困難である（経済産業省 2015, p.1）。
※「生産財卸売業」，「資本財卸売業」，「消費財卸売業（別記２業種を除く）」は，それぞれ各業種の
　数値を合計して算出している。「生産財卸売業」は，繊維品卸売業（衣服，身の回り品を除く），化
　学製品卸売業，石油・鉱物卸売業，鉄鋼製品卸売業，非鉄金属卸売業，再生資源卸売業の合計，「資
　本財卸売業」は建築材料卸売業，産業機器具卸売業，自動車卸売業，電気機械器具卸売業，その
　他の機械器具卸売業の合計，「消費財卸売業（別記２業種を除く）」は衣服卸売業，身の回り品卸売
　業，家具・建具・じゅう器等卸売業，紙・紙製品卸売業，他に分類されない卸売業の合計である。
出所：経済産業省（旧通商産業省）『商業統計調査』各年，総務省・経済産業省「経済
　　　センサス―活動調査」2012 年・2016 年。

年。以下同じ）から 1991 年の 572 兆円まで増加し続けたが，その後は 1994 年
に初めて減少し，2002 年に減少率が過去最高となるなど減少傾向にある（図表
３－３）。

　卸売業の 1994 年の年間商品販売額は，1991 年比 10.0％減少した。減少した
主な要因は，業種によってさまざまであるが，総じて，バブル崩壊後の景気後

退，製造業を中心とした設備投資の減退，個人消費の伸びの鈍化など国内需要の低迷，円高の影響などによる輸出入取扱額の減少，流通経路の短縮化などである（通商産業省 1995, pp.40-41, 70-72）。これらにより，「資本財卸売業」と「生産財卸売業」は2桁減と大幅に減少し，「消費財卸売業」は同3.0%減少した。

「消費財卸売業」の大半を占める飲食料品卸売業（1991年比4.0%減）も，1958年以降で初めて減少した。そのうち，農畜産物・水産物卸売業は同5.9%減少し，食料・飲料卸売業は同1.7%減少した。また，医薬品・化粧品等卸売業は，新薬が好調であったことに伴う医薬品卸売業の販売額の増加が主に寄与して同6.2%増加したが（通商産業省 1995, p.41），「化粧品等卸売業」は他と同様に1958年以降で初めて減少した（同2.1%減）。これら計4業種に共通して生じた変化は，1991年まで主に販売額を伸ばして全体の増加要因の1つになっていた他の卸売業者への販売額が，1994年に減少要因へと転じたことである。

2000年代に入ると，2002年に卸売業の年間商品販売額は1999年比16.6%減と1958年以降で減少率が最も高い大幅な減少となった。「資本財卸売業」などだけではなく，「消費財卸売業」も同13.4%減と大幅に減少した。

飲食料品卸売業（1999年比15.5%減），そのうちの農畜産物・水産物卸売業（同19.9%減），食料・飲料卸売業（同11.0%減）のいずれも，1958年以降で減少率が最も高いほど大幅に減少した。これに対して，医薬品・化粧品等卸売業については，医薬品卸売業と「化粧品等卸売業」ともに2000年代は増加傾向である。これら飲食料品卸売業と医薬品・化粧品等卸売業における2000年代の年間商品販売額の変化の違いを象徴する変化は，小売業者への販売額の変化である。飲食料品卸売業2業種では小売業者への販売額が1997年，2002年，2007年に減少したのに対し，医薬品・化粧品等卸売業2業種では2002年，2007年に増加した。主な販売先と考えられる医薬品・化粧品小売業の販売額がドラッグストア（以下，DgS）の成長等により増加したことが要因であると考えられる。また，医薬品卸売業については，産業用使用者への販売額が大きな増加要因になった。

以上をまとめると，飲食料品卸売業の年間商品販売額は，1991年をピークに，1994年から続く他の卸売業者への販売額の減少に加えて，1997年から小

売業者への販売額も減少したことにより減少し，2000年代に入っても低調である。他方，医薬品・化粧品等卸売業の年間商品販売額は，1994年から他の卸売業者への販売額の減少が続くものの，小売業者への販売額の増加等が寄与し，2000年代に入っても増加傾向にある。

５−２　流通経路の多段階性の変化

わが国の流通経路は，主にW/R比率の国際比較を通じて，わが国のW/R比率が高いことを理由に多段階であり長いと指摘されている（相原 1984, pp.187-189）。

W/R比率は，卸売業販売額を小売業販売額で除算して，卸売業販売額が小売業販売額の何倍の大きさであるかを表す指標である。卸売業者間の取引回数が多いほど卸売業販売額が大きくなり，W/R比率が高いと流通経路が多段階であると評価される。詳細な計算方法は，卸売業販売額から産業用使用者への販売額と国外への販売額を除いた金額を小売業販売額で除して算出するのが一般的である（通商産業省 1995, pp.70-72）。

また，流通経路の多段階性を示す指標にW/W比率もある。W/W比率は，卸売業販売額から本支店間移動を除いた金額を，小売業者，産業用使用者，国外及び消費者への販売額の合計，すなわち卸売業者以外への販売額で除して算出する（経済産業省 2009, p.35）。W/R比率が卸売業者から小売業者への流通経路の多段階性を評価対象とするのに対して，W/W比率は小売業者への流通に限らない卸売業者が介在する流通経路の多段階性を評価対象にしている。

なお，流通経路が多段階であるほど流通の効率性は低いのかというと，流通経路の多段階性と流通の効率性の間には必ずしも直接的な関係があるとはいえない（相原 1984, pp.189-190）。両者の関係については，前提となる諸条件や，多段階性や効率性などの捉え方などによって異なる結論が導かれる可能性がある。

さて，W/R比率とW/W比率をみていこう（図表３−４，図表３−５）。「飲食料品関連」のW/R比率は，1960年代，1970年代にかけて上昇したが，1979年の2.59倍をピークに低下傾向にあり，2002年以降は２倍を下回った。飲食料品卸売業のW/W比率も同様に，1979年の2.08倍まで上昇した後は低下傾向にあり，1988年以降は２倍を下回る低水準で推移している。そのうち農畜

図表3－4　W/R比率の推移

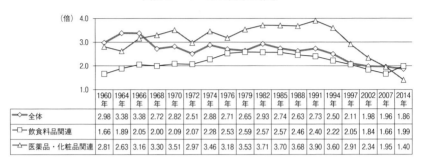

	1960年	1964年	1966年	1968年	1970年	1972年	1974年	1976年	1979年	1982年	1985年	1988年	1991年	1994年	1997年	2002年	2007年	2014年
全体	2.98	3.38	3.38	2.72	2.82	2.51	2.88	2.71	2.65	2.93	2.74	2.63	2.73	2.50	2.11	1.98	1.96	1.86
飲食料品関連	1.66	1.89	2.05	2.00	2.09	2.07	2.28	2.53	2.59	2.57	2.57	2.46	2.40	2.22	2.05	1.84	1.66	1.99
医薬品・化粧品関連	2.81	2.63	3.16	3.30	3.51	2.97	3.46	3.18	3.53	3.71	3.70	3.68	3.90	3.60	2.91	2.34	1.95	1.40

※年次は商業統計調査の実施年を表す。
※ W/R比率は「(卸売業販売額−産業用使用者への販売額−国外への販売額)÷小売業販売額」で算出した。「飲食料品関連」の卸売業販売額は飲食料品卸売業（農畜産物・水産物卸売業と食料・飲料卸売業の合計），小売業販売額は飲食料品小売業の販売額である。「医薬品・化粧品関連」の卸売業販売額は医薬品・化粧品等卸売業，小売業販売額は医薬品・化粧品小売業の販売額である。
※経年変化を見る際には，商業統計の調査や集計方法などの変更に注意が必要である。例えば，流通経路別の卸売業販売額の調査対象について1970年調査までは法人組織の事業所・常時雇用従業者を使用している個人経営の事業所であったが，1972年以降は法人組織の事業所である。また，2007年と2014年の比較に関する注意点は図表3－3の図表下の注と同様である。
出所：経済産業省（旧通商産業省）『商業統計調査』「商業統計表 流通経路別統計編（卸売業）」各年。

産物・水産物卸売業の影響が大きく，他方の食料・飲料卸売業のW/W比率は1960年代以降2倍を上回ることなく，近年では1.7倍前後まで低下している。これらのことから，飲食料品関連の流通経路は短縮しているといえる。その要因について，『平成6年商業統計調査』では「近年，スーパー，コンビニエンス・ストアなどの大型店，新業態店の進展により，取引形態が変化してきていることが食料品関連における流通経路の短縮化傾向に明確に現れたものと考えられる」と考察されている（通商産業省1995, p.72）。

　「医薬品・化粧品関連」のW/R比率は，1991年の3.90倍をピークに低下し続けており，近年では2倍を下回っている。医薬品・化粧品等卸売業のW/W比率は，1970年の1.80倍をピークに徐々に低下し，2002年以降1.4倍台を推移する。医薬品卸売業のW/W比率は1970年の1.85倍から1991年の1.76倍まで長期にわたって低下したが，1991年以降は短期間のうちに大きく低下して2002年以降には1.4倍台を推移する。他方，「化粧品等卸売業」でも，1985

図表 3 - 5　W/W 比率の推移

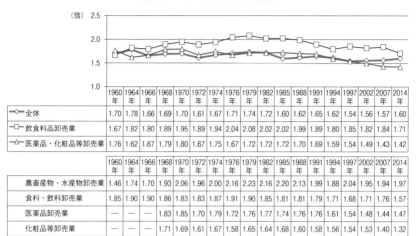

	1960年	1964年	1966年	1968年	1970年	1972年	1974年	1976年	1979年	1982年	1985年	1988年	1991年	1994年	1997年	2002年	2007年	2014年
全体	1.70	1.78	1.66	1.69	1.70	1.61	1.67	1.71	1.74	1.72	1.60	1.62	1.65	1.62	1.54	1.56	1.57	1.60
飲食料品卸売業	1.67	1.82	1.80	1.89	1.95	1.89	1.94	2.04	2.08	2.02	2.02	1.99	1.89	1.80	1.85	1.82	1.84	1.71
医薬品・化粧品等卸売業	1.76	1.62	1.67	1.79	1.80	1.67	1.75	1.67	1.72	1.72	1.72	1.70	1.69	1.59	1.54	1.49	1.43	1.42

	1960年	1964年	1966年	1968年	1970年	1972年	1974年	1976年	1979年	1982年	1985年	1988年	1991年	1994年	1997年	2002年	2007年	2014年
農畜産物・水産物卸売業	1.46	1.74	1.70	1.93	2.06	1.96	2.00	2.16	2.23	2.16	2.20	2.13	1.99	1.88	2.04	1.95	1.94	1.97
食料・飲料卸売業	1.85	1.90	1.90	1.86	1.83	1.83	1.87	1.91	1.90	1.85	1.81	1.81	1.79	1.71	1.68	1.71	1.76	1.57
医薬品卸売業	—	—	—	1.83	1.85	1.70	1.79	1.72	1.76	1.77	1.74	1.76	1.76	1.61	1.54	1.48	1.44	1.47
化粧品等卸売業	—	—	—	1.71	1.69	1.61	1.67	1.58	1.65	1.64	1.68	1.60	1.58	1.56	1.54	1.53	1.40	1.32

※年次は商業統計調査の実施年を表す。
※ W/W 比率は「〔卸売業販売額−本支店間移動〕÷（小売業者への販売額＋産業用使用者への販売額＋国外への販売額＋消費者への販売額）」で算出した。
※「化粧品等卸売業」は医薬品・化粧品等卸売業のうち医薬品卸売業以外の卸売業のことである。
※医薬品卸売業と「化粧品等卸売業」の 1960 年，1964 年，1966 年は，W/W 比率の計算に必要な業種や流通経路などの区分別のデータが入手できなかったため算出していない。
※経年変化に関する注意点は図表 3 - 4 の図表下の注と同様である。
出所：経済産業省（旧通商産業省）『商業統計調査』『商業統計表 流通経路別統計編（卸売業）』各年。

年以降低下傾向にあり，2007 年には 1.5 倍を下回るなど 1 倍に近づく水準まで低下した。医薬品・化粧品関連の流通では，成長する DgS などの小売業者や産業用使用者などとの直接的な取引が拡大する一方で，二次卸など他の卸売業者との取引が縮小するなどして，卸売段階の流通経路が短縮している。

　以上のとおり，飲食料品関連，医薬品・化粧品関連のどちらも流通経路が短縮していると結論した。しかし，W/R 比率は卸売業者から小売業者への流通経路の多段階性を厳密には表せていない。この理由は計算に使用する統計に限界があるからである。統計の限界は，①小売業販売額に関係しない産業材や輸出入分などが卸売業販売額に計上される可能性があること，②粗利幅が商品分野によって，あるいは同じ商品分野でも企業ごとに異なること，③生産者から小売業者への直接販売分が考慮されていないこと，④商品分野別に算出する場

合には卸売業販売額に対応する小売業販売額を特定できないことである（渡辺 1999, p.45）。加えて，⑤計算に必要な販売先別の卸売業販売額が判明するのは法人組織等に限られており，個人経営の卸売業者の販売額は含まれていないという限界もある。こうした W/R 比率の計算方法に関する問題は完全には解消されないため，計算やその結果などの取扱には十分に注意する必要がある。

5－3　上位集中度の変化

　飲食料品卸売業と医薬品・化粧品等卸売業を取り巻く環境は，大規模小売業者の成長や，他の卸売業者への販売額の減少や小売業者等との取引拡大などにより，流通経路が短縮するなど変化している。そのなかで，販売額上位の大規模卸売業者に販売額が集中する上位集中化が進展している（図表3－6）。

　飲食料品卸売業のうちの食料・飲料卸売業の上位集中化は，販売額が 1991 年をピークに減少傾向にあり，2000 年代に入っても低調に推移するなかで進展した。企業の年間商品販売額が最も高い階級である「1000 億円以上」をみると，1972 年に全体の 0.03％という少数の企業で販売額の 12％を占めていた。その後，1980 年代はあまり上昇していないが，1990 年代に入ると 1991 年に 0.2％の企業数で販売額の 25％を占め，さらに 2000 年代には 2007 年に 0.2％の企業数で販売額の 41％を占めるまで上昇した。

　他方，医薬品・化粧品等卸売業の上位集中化は，販売額が 2000 年代に入っても増加傾向にあるなかで進展した。1972 年から 1976 年までは「1000 億円以上」の企業は存在せず，1979 年に 1 企業が確認された。その後，1991 年に 0.2％の企業数で販売額の 18％を占めていたが，1997 年には販売額ベースで食料・飲料卸売業を上回り，2007 年には 0.3％の企業数で販売額の 56％を占めるまで上昇した。医薬品・化粧品等卸売業は，食料・飲料卸売業よりも上位集中化が短期間に進展し，上位集中度が非常に高い寡占的な状況になっている。

　食料・飲料卸売業と医薬品・化粧品等卸売業の上位集中化はいずれも，卸売業者の合併・買収を主な背景に進展した。渡辺（2008b, pp.189-197）を参考に 1990 年代から 2000 年初めまでの動向を概観すると，食料・飲料卸売業では，主に大規模小売業者の広域化やそれに伴う品揃えの拡大などに対応するため

図表 3 － 6　卸売業の企業の年間商品販売額階級別の企業数（上段）・
　　　　　　年間商品販売額（下段）の構成比の推移

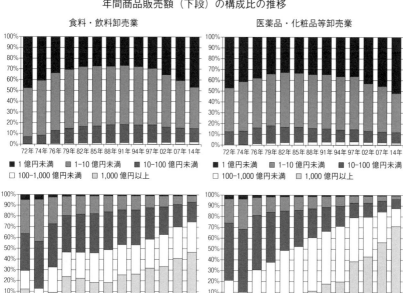

食料・飲料卸売業　　　　　　　　医薬品・化粧品等卸売業

※年次は商業統計調査の実施年を表す。

※集計対象は，法人組織の事業所のうち単独事業所と本店であり，また使用した各年の統計調査の販
　売額対象年以降に設立した企業（設立 1 年未満の企業）と設立年が不詳の企業を除いているため，
　集計対象を合計した年間商品販売額は法人組織のそれに一致しない。

※年間商品販売額の構成比について，いくつかの年で数値の一部が秘匿されているため，当該数値を
　推計している。食料・飲料卸売業の 1974 年と 1979 年では「1 億円未満」のうちの一部と「1000 億
　円以上」が秘匿されているため，「1000 億円以上」の構成比を他の年間商品販売額階級以外として
　推計した。医薬品・化粧品等卸売業の 1974 年では「1 億円未満」のうちの一部と「100－1000 億円
　未満」が秘匿されているため，「100－1000 億円未満」の構成比を他の年間商品販売額階級以外と
　して推計した。また，1979 年，1982 年，1985 年，1994 年，1997 年では「1 億円未満」のうちの一
　部と「1000 億円以上」が秘匿されているため，「1000 億円以上」の構成比を他の年間商品販売額階
　級以外として推計した。

※経年変化を見る際には，統計の調査や集計方法などの変更に注意が必要である。2007 年と 2014 年
　の比較に関する注意点は図表 3 － 3 の図表下の注と同様である。

出所：経済産業省（旧通商産業省）『商業統計調査』各年。

に，大手卸売企業が各地の中堅企業を買収したり，準大手企業同士が合併した
りするなどの動きがみられた。大手卸売企業の大規模化による上位集中化とと
もに，商品販売網の広域化と取扱商品の総合化（フルライン化）が進展してい

った。他方，医薬品・化粧品等卸売業では，医薬品卸売業以外の日用雑貨卸売業に注目すると，DgS など大規模小売業者の成長に伴う全国的な商品供給等の要求に対応するため，合併・買収を通じて機能強化や広域化などを進めていった。さらに，日用雑貨の大手製造業者による販売会社の統合や CVS 企業による自社専属の日用雑貨卸売企業の設立など，卸売段階の変化も顕著であった。なお，その後の 2010 年代においても，食料・飲料卸売業と医薬品・化粧品等卸売業の業界においては，大規模卸売業者を中心に合併・買収が続いていることから，上位集中化はさらに進展していると推測される。

上位集中化の進展は，取引関係に影響を与える。例えば，小売業者の上位集中化に伴う小売業者と製造業者の取引関係では，大規模小売業者が取引量の増大に加えて POS システムなどに基づいた情報力の向上などによって取引上優位になり，製造業者に対してさまざまな要請を行うようになっていった。これに対して製造業者が採る方策については，従来からのリベートなど量的な報酬や制裁などよりも，商品のブランド力や提案力などの質的な側面が重視されるようになってきているとの指摘がある（渡辺 2008b, pp.181-184）。

卸売業者も，上位集中化が以前に比べて進展してきたことにより，現在では特定の大規模小売業者や製造業者などとの間で一方の取引依存度が高くなっている場合がある。特に寡占的な日用雑貨業界においては顕著である。卸売業者は，小売業者や製造業者などに対して，取引依存度の高さに取引の優位性を発揮するだけではなく，提案力あるいは情報力や知識などに基づく専門性を強化することが重要である。

参考文献

Alderson, W.（1957），*Marketing Behavior and Executive Action*, Richard D. Irwin, Inc.（石原武政・風呂 勉・光澤滋朗・田村正紀訳『マーケティング行動と経営者行為』千倉書房，1984 年）

Hall, M.（1948），*Distributive Trading—an Economic Analysis*, Hutchinsons university library.（片岡一郎訳『商業の経済理論』東洋経済新報社，1957 年）

相原 修（1984）「流通の国際比較」田島義博編著『流通のダイナミックス―進化の方向と条件―』誠文堂新光社.

上原征彦（1999）『マーケティング戦略論』有斐閣.

臼井秀彰（2001）「卸売業のロジスティクス戦略」田島義博監修・臼井秀彰・加藤弘貴・寺嶋正尚『卸売業のロジスティクス戦略』同友館.

経済産業省（2009）「平成 19 年商業統計表　流通経路別統計編（卸売業）　Ｗ／Ｗ比率からみた卸売業の流通経路の変化」.

経済産業省（2015）「平成 26 年商業統計表　利用上の注意」.

住谷　宏（2016）「卸売機構」久保村隆祐編『商業通論〔九訂版〕』同文舘出版.

田村正紀（1980）「商業部門の形成と変動」鈴木安昭・田村正紀『商業論』有斐閣.

田村正紀（2001）『流通原理』千倉書房.

通商産業省（1995）「平成 6 年商業統計表　利用上の注意（第 1 巻総括表）及び概要」.

通商産業省産業政策局商政課（1985）『情報武装型卸売業ビジョン』通商産業調査会.

西村順二（2009）『卸売流通動態論—中間流通における仕入と販売の取引連動性』千倉書房.

根本重之（2004）『新取引制度の構築』白桃書房.

林　周二（1962）『流通革命』中央公論社.

原　頼利（2008）「流通における機能分担」渡辺達朗・原　頼利・遠藤明子・田村晃二『流通論をつかむ』有斐閣.

原田英生（1997）「卸売業の機能と構造」田島義博・原田英生編『ゼミナール流通入門』日本経済新聞社.

矢作敏行（1996）『現代流通』有斐閣.

渡辺達朗（1999）『現代流通政策』中央経済社.

渡辺達朗（2008a）「流通を読み解く視点」渡辺達朗・原　頼利・遠藤明子・田村晃二『流通論をつかむ』有斐閣.

渡辺達朗（2008b）「卸売業界の再編成と"機能強化"競争」渡辺達朗・原　頼利・遠藤明子・田村晃二『流通論をつかむ』有斐閣.

第 **4** 章

流通政策

1 ── 流通政策の概要

1－1　市場メカニズムと流通政策

　本章では，流通の機能や活動を対象として行われる公共政策である流通政策について説明する。

　我が国の流通の各段階間には市場が形成され，ここでは買い手と売り手との間で商品の価格，品質，付帯サービス等を巡る自由競争に基づく商品の売買取引が行われている。そして競争に基づき，市場メカニズムが機能することにより価格が変動して需要と供給が一致するだけでなく，事業者が市場において競争相手に打ち勝つために自らの事業で創意工夫を行うことにより，商品の価格が引き下げられ，性能や機能が向上し，付帯サービスが充実するなど，流通の効率的な機能の発揮が図られ，最終的に消費者の利益確保や国民経済の発展につながることとなる。

　市場メカニズムが機能するためには完全な競争が行われる必要があるものの，市場メカニズムがうまく機能せずあるいはこれとは無関係な要因により経済的な非効率や社会的な問題が生じるという市場の失敗が発生することがある。例えば，市場メカニズムがうまく機能しない問題として市場の独占・寡占化，情報の非対称性（買い手と売り手の間でもっている情報の格差があること）の存在などが挙げられ，市場メカニズムのみでは解決できない社会的な問題として，

外部不経済（市場での取引によらず経済主体の活動が第三者に不利益を与えること）の発生，公共財供給の失敗（公共財の提供が行われないこと）などが挙げられる。

そして流通政策とは経済政策の一分野として流通の機能や活動を対象に実施される公共政策であり，政府・地方公共団体などの公共部門が流通の各段階における市場の失敗など流通の望ましい状態からの乖離を回避して，経済的・社会的に望ましい流通を実現しようとするものである。

流通の望ましい状態を判断する主な価値基準には，効率性基準と有効性基準がある（基準の概要は鈴木 2016，pp.224-245；渡辺 2016，pp.25-27 による）。

効率性基準とは，流通システムに投入される諸資源とそこから得られる成果との関係（流通生産性）を価値基準に用い，その向上を目指すものである。有効性基準とは，市場における自由かつ公正な競争の維持・促進という競争公正性の確保，流通における取引の便利さ・快適さを高める取引利便性の向上，流通の活動によりもたらされる成果の配分平等性の確保などに区分することができる。さらに，流通の社会的役割に主眼を置き，流通活動がもたらす外部性に対応する価値基準として，自然環境の保全などに貢献する環境保全性や小売業が都市のあり方に適合している都市機能性なども挙げられる。そして政府・地方公共団体などが流通政策を実施した結果は，これらの基準に基づいて評価されることになる。

1−2　流通政策の政策方法と政策分野の変化

流通政策の政策方法は，①一定の禁止行為を定めてそれに該当する行為・状態を規制する禁止型政策，②特定の流通機能や流通活動の振興を図ることを目的として，事業者を支援する措置を講じる振興型政策，③複数の主体の利害関係の調整や需給関係の調整を図るために，事業者の参入や営業を規制する調整型政策などに分類することができる（渡辺 2016，pp.29-33）。

これら政策方法と我が国において流通政策として展開されている主要な政策分野，これら政策を所管する行政機関は，図表4−1のとおりとなる。

そして，流通政策を実施するために政策の目的やこの目的を実現するための政策方法などを定めた法律が立法機関である国会により制定され，この法律の

図表4－1 流通政策の方法に基づく体系化

(政策方法)	(主要な政策分野)	(主要な行政機関)
禁止型政策	①競争の維持・促進に関する政策（競争政策）	公正取引委員会
振興型政策	②流通活動の振興に関する政策（振興政策）	中小企業庁
	③商業を軸にしたまちづくりのための政策（商業まちづくり政策）	経済産業省
調整型政策	④消費者の自立・保護のための政策（消費者政策）	消費者庁
	⑤流通活動の調整に関する政策（調整政策）	経済産業省
	⑥需給調整のための参入規制・営業規制	事業法を所管する各省庁

出所：渡辺（2016：30）の図表を基に筆者作成。

枠内で行政機関が流通政策を実行している。行政機関は法律等に反する流通政策を実行することは認められず，かつ，これらが法律に基づき実行したか否かは最終的には司法機関である裁判所が訴訟（行政訴訟）を通じて判断する。

　歴史的にみると，流通政策は，1990年代以降に政府の最も重要な政策課題となった規制緩和（規制改革ともいう）が流通分野においても進展したことにより，大きく変化することになった。

　規制緩和の意義は，規制の緩和・撤廃により事業者間の競争を促進し，市場メカニズムを活用して日本の経済社会の構造改革を推進することである。そして流通政策の各分野における変化を概観すると，規制緩和後の市場での競争ルールを定め，市場メカニズムを機能させる役割を担う独占禁止法（競争政策）は，規制緩和と相互補完・補強の関係にあるため大幅に強化されることとなり（上杉 2010, pp.309-310），消費者政策も目的・方法を変化させながら強化されている。これに対し，流通分野に対し事前規制・参入規制を行っていた需給調整のための規制や調整政策など多くの経済的規制は緩和・廃止され，あるいは社会的規制として必要最小限の規制のみ行われるように変化するなど，流通政策全般が見直されることとなった。

　以上のような規制緩和による流通政策の変化を踏まえ，以下において規制緩和後に強化されている競争政策と消費者政策を概観し，次いで規制緩和前の調

整政策・振興政策の連携が規制緩和後の商業まちづくり政策・振興政策の連携
に転換した状況を概観する。

2── 競争の維持・促進に関する政策（競争政策）

2−1　独占禁止法の概要

　流通政策の基軸として捉えられるのが競争政策であり，競争政策は市場メカ
ニズムが機能するために，市場における自由かつ公正な競争を制限・阻害する
事業者の行為を禁止し，あるいは状態を制限することによって，事業者間の競
争を維持・促進することを目的として実施されている。競争政策を展開する主
要な法律として独占禁止法が制定されており（他には下請法がある），同法を運
用する行政機関として公正取引委員会が設置されている。

　独占禁止法で禁止されている主要な行為は，私的独占，不当な取引制限（カ
ルテル・入札談合），不公正な取引方法などであり，これらの行為を規制するこ
とにより市場における公正かつ自由な競争が促進され，最終的には一般消費者
の利益確保と国民経済の民主的で健全な発達を目指している（図表4 − 2）。

図表4 − 2　独占禁止法の目的と規制内容

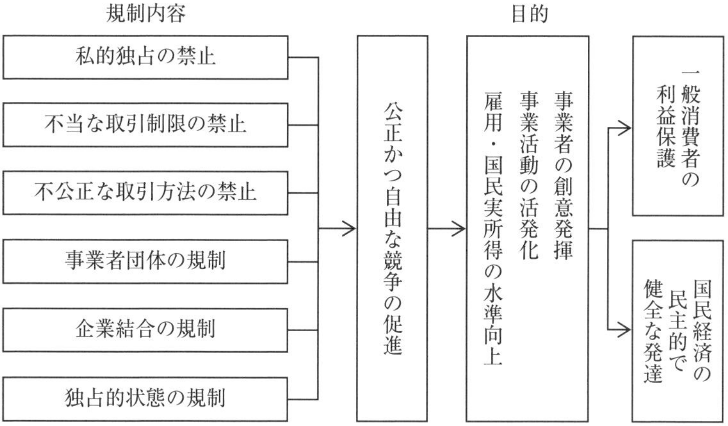

出所：公正取引委員会，「独占禁止法の概要」，https://www.jftc.go.jp/dk/
　　　dkgaiyo/gaiyo.html（2021 年 1 月 31 日閲覧）の図を筆者修正。

　そして前述したとおり1990年代に入り規制緩和が推進されるのと共に，市場メカニズムを機能させる役割を担う独占禁止法は強化改正と運用強化が続けられている。

2－2　不公正な取引方法の概要

　独占禁止法に基づく規制のうち，流通に最も関連する規制は，垂直的な取引関係にかかわる行為を対象とする不公正な取引方法に対する規制であり，ここから「独占禁止法の実体規定のうち，最も流通・マーケティング分野に関係が深い規定」と評されている（渡辺2016，p.61）。

　不公正な取引方法が禁止されるのは，行為により公正な競争を阻害するおそれ（公正競争阻害性）があるためであり，公正競争阻害性は，①自由な競争が妨げられていること，②競争が価格・品質・サービスを中心としたものでないこと，③取引主体の自主的な判断で取引が行われていないこと，の3つの観点で説明されている。そして不公正な取引方法として禁止される各行為類型は，①～③のいずれか，あるいはいくつかを満たす行為となっている。また，独占禁止法における不公正な取引方法の規制は，不当な取引制限および私的独占に対する規制の予防的・補完的な役割を果たすものとされている（菅久編2016，p.50）。

　不公正な取引方法の体系をみると，各行為類型が第2条第9項第1号から第6号までに規定され，これらに該当する行為を行うことは第19条で禁止されている。第1号から第5号までには，共同の取引（供給）拒絶，継続的供給における差別対価，継続的供給における不当廉売，再販売価格の拘束，優越的地位の濫用の5つの行為が具体的に規定されている（法定類型）。

　第6号では法の枠内で公正取引委員会が具体的な行為を指定する方式（指定類型）が採られており，本号に基づく指定には特定の業種による行為にのみ適用される特殊指定（現在では大規模小売業，物流業，新聞業の3業種で指定）と，あらゆる業種による行為に適用される一般指定（15の行為類型が定められている）の2種類がある。以前，法定類型は一般指定に規定されていたが，2009年の法改正時に課徴金制度の対象とするため，一般指定から分離されて法定化されている。法定類型と指定類型とを合わせた行為の概要は図表4－3のとおりである。

図表4－3　不公正な取引方法の行為類型

行為類型	行為の概要	該当条項
共同の取引拒絶	複数の事業者が共同で特定の事業者との取引を拒絶したり，第三者に特定の事業者との取引を拒絶させたりすること	第1号 一般指定第1項
単独の取引拒絶	独占禁止法上の違法行為の実効を確保するために，事業者が単独で取引を拒絶すること	一般指定第2項
差別対価・差別取扱い	取引先や販売地域によって，商品やサービスの対価に不当に著しい差をつけたり，その他の取引条件で差別すること	第2号 一般指定第3項〜第5項
不当廉売	商品を不当に低い価格，例えば総販売原価を大幅に下回るような価格で継続して販売し，他の事業者の事業活動を困難にさせること	第3号 一般指定第6項
不当高価購入	競争相手を妨害することを目的に，競争相手が必要としている物品を市場価格を著しく上回る価格で購入し，入手困難にさせるようなこと	一般指定第7項
再販売価格の拘束	指定した価格で販売しない小売業者等に経済上の不利益を課したり，出荷を停止したりするなどして小売業者等に自社の商品を指定した価格で販売させること	第4号
ぎまん的顧客誘引	自社の商品・サービスが実際より，あるいは競争相手のものよりも著しく優良・有利であるように見せかける虚偽・誇大な表示や広告で不当に顧客を誘引すること	一般指定第8項
不当な利益による顧客誘引	過大な景品を付けて商品を販売するなど不当な利益をもって顧客を誘引すること	一般指定第9項
抱き合わせ販売	商品やサービスを販売する際に，不当に他の商品やサービスを一緒に購入させること	一般指定第10項
排他条件付取引	自社が供給する商品のみを取り扱い，競合関係にある商品を取り扱わないことを条件として取引を行うこと	一般指定第11項
拘束条件付取引	取引相手の事業活動を不当に拘束するような条件を付けて取引すること	一般指定第12項
優越的地位の濫用	取引上優越的地位にある事業者が，取引先に対して不当に不利益を与えること	第5号 一般指定第13項
競争者に対する取引妨害	事業活動に必要な契約の成立を阻止したり，契約不履行へと誘引する行為を行ったりするなどして，競争者の事業活動を不当に妨害すること	一般指定第14項
競争会社に対する内部干渉	ある事業者が，競合関係にある会社の株主や役員にその会社の不利益になる行為を行うよう不当に誘引したり，そそのかしたりするようなこと	一般指定第15項

（注）行為類型によっては法定類型（該当条項のうち第1号から第5号まで）と指定類型との双方が適用可能なものがある。
出所：公正取引委員会（2021：9-12）に基づき筆者作成。

　事業者が不公正な取引方法の規制に違反した場合，公正取引委員会は，この事業者に対し違反行為を速やかに排除するよう行政処分（排除措置命令）を行い，排除措置命令に至らない場合でも警告・注意という行政指導を行うことがある。さらに，事業者が法定類型に違反した場合には，排除措置命令に加えて，違反行為を抑止するために違反により得た金銭的な経済上の利益を国庫に納めるように命じる行政処分（課徴金納付命令）が行われ，この対象となるのは共同の取引拒絶，差別対価，不当廉売および再販売価格の拘束については過去10年以内に同一の違反行為を繰り返したとき，および優越的地位の濫用（初回から対象となる）を行ったときである。

　公正取引委員会は，事業者による独占禁止法違反を未然に防止するため，従来の法運用を踏まえた違法性の判断基準や適法・違法となる行為類型を具体的に示した指針（ガイドライン）を作成・公表している。流通分野における不公正な取引方法に関するガイドラインとして流通・取引慣行，フランチャイズ・システム，不当廉売，優越的地位の濫用などで公表されており，事業者による違反防止のための対応はこれらのガイドラインに基づいて行われる場合が多い。

2−3　流通に対する主要な規制の現状

（1）流通系列化と流通・取引慣行に対する規制

　本節では流通分野に関係が深い不公正な取引方法に対する重要な規制を概観し，次いで最近，小売業に対する規制が増加している下請法について説明する。

①　流通系列化に対する規制

　1960年代後半にカルテルとともに流通系列化が物価上昇の要因として社会的に批判されるようになると，これ以降，公正取引委員会は製造業者が流通系列化で用いた不公正な取引方法に対する規制を活発化することとなった。

　当時，大量生産体制を確立した自動車，家電製品，化粧品など消費財の製造業者は，自社のマーケティング戦略を流通経路に浸透させ，自社製品の売上・利益の向上を図るために，流通業者（卸売・小売業者）を組織化して管理・統制する流通系列化を拡大した。ここで製造業者が流通系列化のために流通業者に

対して用いた具体的な行為として，再販売価格の維持行為（拘束），一店一帳合制（卸売業者に対する販売先である小売業者の特定），テリトリー制（販売業者の販売地域の制限），専売店制（販売業者に対する他社商品の取扱いの禁止または制限）などが挙げられる。

　流通系列化のメリットとして，製造業者・流通業者には獲得する利益を増進することや流通コストを削減すること，消費者には専門的知識・経験による商品販売や充実したアフターサービスを享受することができることなどが挙げられる。これに対しデメリットとして，同一系列内の競争（ブランド内競争）を抑制すること，製造業者による製品価格水準の維持・引上げが容易になること，製造業者・流通業者が属する市場への新規参入の障壁となること，流通業者の自立性を失わせ支配従属関係を形成することなどが挙げられる。そして，これらのデメリットが公正な競争を阻害するおそれも想定されたため，公正取引委員会は流通系列化で用いられた行為を不公正な取引方法として積極的に規制した。

② 　流通・取引慣行に対する規制

　1980 年代に入ると大規模小売業が急成長して大量販売・大量仕入に基づく納入業者に対するバイイングパワー（購買力）を強化し，かつ，POS（Point of Sales）システム等の普及により販売情報を大量に保有するようになると，流通における主導権が製造業者から小売業者に移行するパワーシフトが進行し，製造業者が主導する流通系列化に代わって流通における取引慣行の問題が表面化することとなった（渡辺 2016, pp.81-82）。

　我が国の市場に浸透した取引慣行は，諸外国から外資の事業者や輸入品の市場参入を阻む流通機構の閉鎖性・不透明性（非関税障壁）の要因と捉えられ（市場アクセスの問題），あるいは市場における価格の自由な形成を阻害し内外価格差（同一商品であっても国内・国外で価格に差が生じること）の一因となる等のデメリットが国内外で指摘されるようになり（佐久間編 2018, p.3），かつ，日米構造問題協議の最終報告（1990 年）においてアメリカから市場アクセスの阻害要因となる取引慣行の是正が求められたため，公正取引委員会は 1991 年に流通・取引慣行ガイドラインを公表し，市場メカニズムの機能を発揮するための流

通・取引慣行に対する独占禁止法の運用方針・法解釈を明確化した。

　その後，製造業者主導の流通系列化が崩れ，大規模小売業者の上位集中化が
さらに進行するなど製造業者・流通業者の相対的な力関係の変化や，eコマー
スの発展・拡大により従来見られなかった垂直的な取引慣行が出現するといっ
た流通・取引慣行の実態変化を受け，2017年に公正取引委員会は流通・取引
慣行ガイドラインを大幅に改正した。改正後のガイドラインは4部構成となっ
ており，第1部ではメーカーと卸売業者・小売業者などとの間の取引における
取引先事業者の事業活動に対する制限について，第2部では事業者による取引
先の選択について，第3部では国内市場全域を対象とする総代理店に関して，
それぞれ独占禁止法上問題となりうる行為の考え方が示されている。

（2）不当廉売に対する規制

　不当廉売は，正当な理由がないのに，商品・サービスをその供給に必要な費
用を著しく下回る対価で継続して販売することにより，競争相手の事業活動を
困難にさせるおそれがある行為をいう（法定類型の場合）。不当廉売は消費者が
安価で商品・サービスを入手することが可能になるため短期的には消費者の利
益につながりうるものの，競争相手が市場から排除された後に商品・サービス
の価格が引き上げられるなど長期的には消費者の利益を損なうおそれがあるた
め規制されている。

　不当廉売の典型的なケースとして，①事業を多角的に展開している事業者，
あるいは複数地域で事業展開している事業者が，他部門・他地域の利益を原資
として不当廉売を行うこと（いわゆる内部補助），②総合的な品揃えをする大規
模小売業者が特定の商品について顧客を引き付ける目玉商品（ロス・リーダー）
として不当廉売を行うことが挙げられる（渡辺2016, p.122）。

　①に該当する事例としては，ある地区で有力なガソリンスタンドが他の地区
のガソリンスタンドから得られる利益を原資としてガソリンの不当廉売を行
った事例が挙げられ，②に該当する事例としてはスーパーマーケット（以下，
SM）2店が相互に対抗して牛乳，野菜などの目玉商品の不当廉売を継続して行
った事例が挙げられる。これらの事例では，不当廉売を行う小売業者の競争相

手である中小小売業者の事業活動が困難になるおそれがあることが問題とされている。

　このように中小小売業者に不当に不利益をもたらす不当廉売に対し，公正取引委員会は不利益が拡大する前に行政指導（注意など）により迅速に違反を処理する方針を採っており（違反が公正取引委員会に申告された時から原則2カ月以内），指導件数も不公正な取引方法のなかで最も多いものとなっている。

　不当廉売により注意を受ける小売業者の業種は，石油製品を取り扱うガソリンスタンドや酒類の小売業者が大半を占めている。2019年度の注意（迅速処理）による不当廉売の規制件数は，石油製品162件，酒類63件，その他10件の合計235件となっている。そして公正取引委員会による不当廉売に対する規制の考え方は，ガソリン，酒類，家電製品などの商品分野ごとにガイドラインとして公表されている。

（3）優越的地位の濫用に対する規制

　優越的地位の濫用とは，行為者が，取引相手に対し，自己の取引上の地位が優越していること（優越的地位）を利用して，正常な商慣習に照らし不当に不利益を与える行為（濫用行為）を行うことをいう。優越的地位の濫用は，取引相手の自由かつ自主的な判断による取引を阻害し，自由に競争する基盤を侵害することから規制されている。

　濫用行為には，取引に付随して行われる行為（購入・利用強制，協賛金等の負担の要請，従業員等の派遣の要請など）と，取引自体で行われる行為（受領拒否，返品，支払遅延，減額，対価の一方的決定など）が挙げられる。

　大規模小売業者は，大量販売・大量仕入を背景として納入業者に対するバイイングパワー（購買力）を有していることから取引上の地位が優位に立つ場合が多く，戦後復興期から優越的地位の濫用の行為者として主要な規制対象となっている。戦後復興期には，当時唯一の大規模小売業者であり，バイイングパワーを有していた百貨店が納入業者に対し返品，手伝い店員の派遣要請などを大規模に行い問題化したことから1954年に百貨店特殊指定が制定され（百貨店特殊指定の制定過程は，岡野 2004 を参照），1970年代には百貨店・SMなどによる

納入業者に対する押し付け販売（購入・利用強制）や協賛金等の負担要請が問題化し，百貨店の三越に対する行政処分につながった（同意審決1982年6月17日）。

2000年代に入ると百貨店，SMに加え，コンビニエンスストア（以下，CVS），ドラッグストア，専門量販店など多様な小売業態による優越的地位の濫用が問題化し始めたため，2005年には百貨店特殊指定を廃止し，従来，面積で判断していた規制対象となる大規模小売業者の判断基準に売上高（年間売上高100億円以上）を加え，かつ，規制対象となる行為に購入・利用強制と協賛金等の負担要請を追加した大規模小売業告示が制定された。2009年には優越的地位の濫用が法定類型として定められた課徴金制度の対象行為とされるとともに，規制の運用方針を明らかにするため優越的地位の濫用に関するガイドラインが公表されている。

2009年以降，優越的地位の濫用に対する排除措置命令は全5件行われ，これらの対象はすべて大規模小売業者であり，併せて全件で課徴金納付が命じられている。規制対象となった小売業態はSM，専門量販店，ディスカウントストア（以下，DS）などの量販店であり，対象行為は購入・利用強制，協賛金等の負担要請，従業員等の派遣要請，返品，減額など多岐にわたっている。課徴金の金額は最も多い事業者で約30億円課されており，違反した大規模小売業者が受ける経済的なダメージは大きなものとなっており（図表4-4），小売業者では違反を未然に防止する社内体制の整備が重要な課題となっている。

公正取引委員会は，こうした行政処分に加え中小納入業者に不当に不利益を与える優越的地位の濫用を抑止・早期是正するため，「優越的地位濫用事件タスクフォース」を設置して効率的かつ効果的な調査を行い，行政指導（注意）による行為の改善を目指している。2019年度には，卸売業者に対し1件の警告が，小売業者に対し10件，物流業者に対し10件など，合計で29件の注意がそれぞれ行われている（小売業者による優越的地位の濫用の現状は，岡野2020を参照）。

2-4　下請法による規制

下請法は，独占禁止法上の優越的地位の濫用規制を補完するために1956年

図表 4 － 4　2009 年以降の優越的地位の濫用規制（行政処分）の一覧

社名	小売業態	排除措置命令	審判審決又は高裁判決	濫用行為	課徴金金額
山陽マルナカ	SM	2011 年6 月 22 日	2020 年12 月 11 日	購入・利用強制，協賛金等の負担要請，従業員等の派遣要請，返品，減額	― (注1)（2 億 2,216 万円）
日本トイザらス	玩具販売小売業	2011 年12 月 1 日	2015 年6 月 4 日	返品，減額	2 億 2,218 万円（3 億 6,908 万円）
エディオン	家電量販店	2012 年2 月 16 日	2019 年10 月 4 日	従業員等の派遣要請	30 億 3,228 万円（40 億 4,796 万円）
ラルズ	SM	2013 年7 月 3 日	2019 年3 月 28 日	購入・利用強制，協賛金等の負担要請，従業員等の派遣要請，返品，減額	12 億 8,713 万円
ダイレックス	DS	2014 年6 月 5 日	2020 年3 月 27 日	協賛金等の負担要請，従業員等の派遣要請	11 億 9,221 万円（12 億 7,416 万円）

（注）課徴金金額のカッコ内は排除措置命令時点での金額で審判により多くが減額されている。
（注1）東京高等裁判所の判決において命令書の記載不備により処分が取り消された。
出所：公正取引委員会発表資料から筆者作成。

に制定された法律であり，規制対象となる親事業者・下請事業者の範囲（資本金規模で判断），委託取引の内容（製造委託・修理委託・情報成果物作成委託・役務提供委託の４種類），親事業者の義務・禁止行為を具体的に規定して明確化するとともに，独占禁止法より簡便な手続きを用いることで下請事業者の保護を迅速かつ効果的に図ろうとすることを目的としている（図表 4 － 5）。下請法は公正取引委員会と中小企業庁が共同で所管しており，親事業者が下請法に違反した場合，公正取引委員会は親事業者に対し違反行為の取り止め，下請事業者が被った不利益の原状回復，再発防止などの措置を求める勧告・指導を行っている。

　近年では流通業者（特に小売業者）が製造業者に製造委託するプライベートブランド商品（以下，PB 商品）等の納入取引が下請法の適用を受け，下請代金の事後的な減額や返品等が規制される事例が増加している（小売業者による下請法違反の概要・傾向は岡野 2018a を参照）。

　最近の小売業者に対する規制事例の傾向をみると，対象業種・業態では SM，CVS などの勧告件数が多くなっているほか，100 円ショップ，通信販売，衣料品をはじめとする専門量販店などが勧告を受けており，これらの規制事例の多くが PB 商品の製造を委託する下請事業者に対するものとなっている。また，

図表4－5　下請法の適用範囲と親事業者の義務・禁止事項

●下請法の適用範囲（第2条第1項～第8項）

委託取引の内容	⇒ 製造委託・修理委託・情報成果物作成委託・役務提供委託が対象
親事業者・下請事業者	⇒ それぞれ資本金規模で判断

双方とも該当する場合，親事業者に次の義務・禁止事項が課される

↓

●親事業者の義務

・書面の交付義務（第3条）

・書類の作成・保存義務（第5条）

・下請代金の支払期日を定める義務（第2条の2）

・遅延利息の支払義務（第4条の2）

●親事業者の禁止行為（第4条）

・受領拒否（第1項第1号）

・下請代金の支払遅延の禁止（第1項第2号）

・下請代金の減額の禁止（第1項第3号）

・返品の禁止（第1項第4号）

・買いたたきの紳士（第1項第5号）

・購入・利用強制の禁止（第1項第6号）

・報復措置の禁止（第1項第7号）

・有償支給原材料等の対価の早期決済の禁止（第2項第1号）

・割引困難な手形の交付の禁止（第2項第2号）

・不当な経済上の利益の提供要請の禁止（第2項第3号）

・不当な給付内容の変更・やり直しの禁止（第2項第4号）

出所：筆者作成。

違反とされた行為の内容は下請代金の減額が最も多く，小売業の特徴である返品も多く行われている。原状回復額は多い事例で6億5,000万円（ファミリーマート事件。2016年8月25日勧告）などとなっており，全国展開する小売業者の違反では原状回復が高額化していることが見て取れ，優越的地位の濫用と同様に，小売業者では違反を未然に防止する社内体制の整備が重要な課題となっている。

3 ── 消費者の自立・保護のための政策（消費者政策）

3－1　消費者政策の概要

　消費者と事業者との間には商品・サービスに関する情報の質・量や交渉力等の格差があるため，事業者が消費者に提供する商品自体の安全性などに問題がある，消費者の利益を損なうような販売方法を用いるなどにより，消費者が商品・サービスを購入・消費する際に生命・身体や財産に被害が生じるといった消費者問題が発生することがある。本来なら，これらの問題は民事上のルールに基づき訴訟等により消費者・事業者間で解決するのが原則であるが，消費者は被害を予測し，あるいは被害に対応・回復する能力が低いことや，消費者の被害が広範囲に拡大しうることから独力で解決するのが難しく，このため消費者政策が展開されている。

　消費者政策を展開する基本的な法律として消費者基本法が定められており，同法では国民の消費生活の安定および向上を確保するために，①消費者の権利の尊重，②消費者の自立の支援，③安全の確保等に関する適正な事業活動の確保，年齢その他の消費者の特性への配慮，④高度情報通信社会への的確な対応，⑤国際的な連携の確保，⑥環境の保全への配慮，の６つを基本理念として定め，国，地方公共団体，事業者，事業者団体，消費者，消費者団体の責務をそれぞれ明確にしている。

　そしてこれら基本理念に基づく基本的施策も法に定められており，政府はこれら施策を計画的に推進するため，長期的に講ずべき消費者政策の大綱などを定めた消費者基本計画を定めている（直近では2015年から５年間の第３期が定められている）。

　消費者政策を個別に展開する法律は多岐にわたるが，主要な法律としては，①消費者の消費生活における被害の防止・安全の確保全般を対象とする消費者安全法，②商品等の安全性を確保するための消費生活用製品安全法，食品衛生法，薬機法，製造物責任法など，③商品の販売方法における消費者の利益を保護するための消費者契約法，特定商取引法，割賦販売法など，④適正な表示を確保するための景品表示法，食品表示法，家庭用品品質表示法などが挙げられる。

　そしてこれらの消費者政策を推進する行政機関として消費者庁が設置されており，各種の消費者問題について自ら調査・審議を行い，消費者庁を含む関係省庁の消費者行政全般に対して監視機能を有する独立した第三者機関として消費者委員会が設置されている。さらに，消費者基本法に基づき，全国の地方公共団体が設置する消費生活センター（商品・サービスなど消費生活全般に関する苦情や問合せなど消費者からの相談を受け付け，公正な立場で処理にあたる機関）や消費者団体等と連携して，消費者問題における中核的機関としての役割を果たす独立行政法人として国民生活センターが設置されており，ここでは消費生活に関する情報の収集・提供，事業者・消費者間の苦情処理のあっせん・相談対応・紛争解決，商品試験，検査および調査研究などを行っている。

3−2　消費者政策の推移

　消費者政策の推移として（松本 2018, pp.2-3），1950年代以前から消費者問題の発生に対応して実施されており，1960年代から1980年代にかけて消費者を保護するための多くの法律が制定され，強制力をもつ法律により行政が事業者の事前規制・参入規制を行う政策が展開された。この時期には1968年には消費者基本法の前身であり，消費者利益を保護するための基本的な事項を定める消費者保護基本法が制定され，特に後者の制定により体系的に消費者政策が推進されることとなった。

　1990年代に入ると，規制緩和により消費者は自己責任原則に基づき行動することが求められるようになり，消費者政策も事前規制から事後規制に，参入規制から行為規制へと重心が移動し，消費者に生じた被害も消費者自身が事後的に回復するよう考え方が転換した。この考え方に基づき，司法を重視して裁判所を活用し，消費者が自ら当事者として利用することができる権利を付与する民事ルールの整備が行われ，例えば，民法で規定される民事ルールにおいて消費者側が有利となる権利を付与する法律として1994年に製造物責任法，2000年に消費者契約法がそれぞれ制定されている。このほか，競争政策の強化に併せ，競争の前提となる消費者の商品選択が妨げられないよう適正な情報提供が行われるようにするために，景品表示法のうち不当表示規制が強化され

ることにつながった（規制緩和と不当表示規制の関係については岡野 2019 を参照）。

　2000 年代以降は，市場を利用した消費者保護の推進が目指され，市場において消費者が消費者志向の事業者を適切に評価し取引をすることによって悪質な事業者が淘汰されるよう，事業者・事業者団体の自主的な取り組みを促進する政策が用いられている。例えば，行政による保護対象という受動的な立場に消費者を位置づける消費者保護基本法が 2004 年に改正され，消費者の権利の尊重と自立の支援を消費者政策の基本とすることを規定した消費者基本法に改称された。そして同法では，事業者が事業活動に関し自ら遵守すべき基準（自主行動基準）をソフトロー（強制力をもたない規範等）として作成すること等により消費者の信頼を確保する努力義務が規定され，事業者団体には事業者・消費者間の苦情処理体制の整備や自主行動基準作成の支援などの努力義務が規定されている。

　2009 年には，中国製冷凍餃子の中毒事件など消費者の安全性を脅かす消費者問題が多発したことを受け，各省庁に分散していて縦割り行政の弊害が表れていた消費者政策を一元的に所管するため消費者庁が設置され，これ以降，消費者政策の運用が強化されている。

３－３　景品表示法に基づく不当表示規制

　本項では，消費者政策を展開する主要な法律の１つであり適正な表示を確保するために規制緩和後も強化改正と積極的な運用が行われている景品表示法の不当表示規制について概説する。

　商品・サービスを提供する事業者と消費者との間には情報の質・量の格差が存在することから，消費者は事業者が提供する質や価格などの情報を信用して商品・サービスを選択せざるを得ない。しかし事業者は利益を追求する主体である以上，収益の増大を図るために販売促進手段の１つである表示において，商品の優良さや取引条件の有利さに関する情報を強調して消費者に訴求するのが通常であり，表示に一定の強調・誇張が含まれやすく（伊従・矢部編 2009, pp.65-66），ここに不当表示が生じる原因が存在している。このため，消費者が商品・サービスを自主的かつ合理的に選択することを阻害するおそれのある不当な表示による顧客誘引を禁止することにより，消費者の利益を保護するため

に景品表示法が制定されている（景品表示法では不当表示のほか，不当な景品類の提供も規制している）。景品表示法はすべての業種・商品分野に適用されるため表示の基本法とされており，消費者に商品・サービスを提供する際に表示を行う事業者にとって，非常に関心が高い法律となっている（小売業者に対する不当表示規制の概要・推移は岡野 2018b を参照）。

　不当表示の規制では，①商品・サービスの品質，規格その他の内容についての優良誤認表示，②商品・サービスの価格その他の取引条件についての有利誤認表示，③商品・サービスの取引に関する事項について一般消費者に誤認されるおそれがあると認められ，内閣総理大臣（ただし，景品表示法に基づく権限は消費者庁長官に委任されている）が指定する表示がそれぞれ禁止されている。現在③には，無果汁の清涼飲料水等，商品の原産国，消費者信用の融資費用，不動産のおとり広告，おとり広告，有料老人ホームについて定められている。

　さらに，消費者庁長官などの認定を受けて，事業者・事業者団体が表示・景品類に関する事項について自主的に設定する業界のルールとして公正競争規約制度が設けられており（2020 年 6 月 24 日現在で表示規約 65 件，景品規約 37 件，合計 102 件），各業界で表示・景品提供の指針となっている。

　事業者が不当表示を行った場合，消費者庁は違反行為の差止め，訂正広告の公示，その後の広告物の消費者庁への提出，再発防止策の策定，従業員への周知徹底など必要に応じた内容の行政処分である措置命令を違反事業者に行い，一定の条件を満たした違反については課徴金納付命令も併せて行っている。

　さらに，事業者には不当表示を防止するために，「景品類の価額の最高額，総額その他の景品類の提供に関する事項及び商品又は役務の品質，規格その他の内容に係る表示に関する事項を適正に管理するために必要な体制の整備その他の必要な措置」（管理措置）を講じることが義務化されており，消費者庁は，管理措置に関し適切かつ有効な実施を図るため指導・助言を行い，および必要な措置を講ずべき旨の勧告・公表を行うことができる。

3-4　不当表示規制の推移

　景品表示法は，1962 年に不当表示問題（ニセ牛缶事件）の発生を受けて独占

禁止法の特例法として制定され（このため当時は公正取引委員会が所管）[1]，1990年代に入ると違反の多発や規制緩和により，競争の維持・促進と表裏一体の関係がある消費者の合理的な選択を守るために適正な情報提供の観点から法の強化改正が続き，かつ，運用も強化されたため規制件数が大幅に増加している。

近年の主要な改正内容として，合理的な根拠がなく著しい優良性を示す不当表示の効果的な規制方法である不実証広告規制の導入（2003 年），消費者庁への所管変更に伴う他の表示規制との連携強化（2009 年），事業者に対する表示等の管理措置の義務化，課徴金制度の導入および都道府県知事による景品表示法の執行力強化（2014 年）が行われている。

措置命令の件数は，消費者庁設立当初は一時的に落ち込んだものの，最近では 2017 年度に 50 件，2018 年度に 46 件，2019 年度に 40 件（いずれの年度も国が行ったもののみ）と消費者庁移管前に公正取引委員会により積極的に規制が行われていた時期と同程度の規制が行われるようになっており，さらに課徴金納付命令も制度導入後，2017 年度に 19 件，2018 年度に 20 件，2019 年度に 17件と積極的に運用されている。

近年の規制の特徴として，表示媒体はインターネット販売・オークションに係る内容・取引条件の表示やインターネットを利用した広告など，インターネットに付随する不当表示の事案が増加している。また，優良誤認表示に対し不実証広告規制が積極的に適用されており，例えば近年，規制件数が多い食肉の産地・銘柄や LED 電球・電気機器等の性能，健康食品の効果など，消費者庁による性能，効果等の立証のために科学的な試験・調査が煩雑な優良誤認表示で同規制が積極的に活用されている。

4 ── 調整政策・振興政策の連携から商業まちづくり政策・振興政策の連携への変化

4-1 規制緩和前の流通政策の展開に関する理念

流通政策の基軸である競争政策と小売業者が主対象である振興政策・調整政策は，規制緩和前には主要な流通政策と位置付けられていたものであるが，規

制緩和によりそれぞれの政策の重要性に変化が生じている。

規制緩和までの３つの政策の関係は，理念的には競争政策を基軸として，振興政策・調整政策がワンセットとなって，それを補完するというかたちで体系化されていた（渡辺 2016, p.34）。具体的に説明すれば，市場における競争を維持・促進する競争政策により小売業者の競争環境を整備し，市場メカニズムを活用して規模を問わず小売業者を自律的に成長させるのが基本となる一方で，我が国の小売市場には伝統的に中小小売業者が多く，かつ，これらは流通機構において商品流通の重要な担い手や雇用の受け皿となってきた。しかし，大規模小売業者が運営する大規模小売店舗が出店して競争が激化することにより，この出店場所の周囲にある中小小売業者は存立基盤を侵食され，市場から撤退せざるを得なくなる場合が多く，このため中小小売業者が競争主体として存立し，大規模小売店舗に対抗する力を付けることを目的として振興政策による支援が積極的に実施されてきた。

ここで問題となるのが，振興政策の成果が出るまでには時間がかかることであり，このため調整政策により一時的に大規模小売店舗の出店を抑制することにより，振興政策の成果が上がるまでの時間的猶予を確保しようとした（図表4－6）。

しかし，このような理念の下で流通政策が展開されることが理想であったも

図表4－6　規制緩和前の小売業者に対する流通政策の理念的な体系

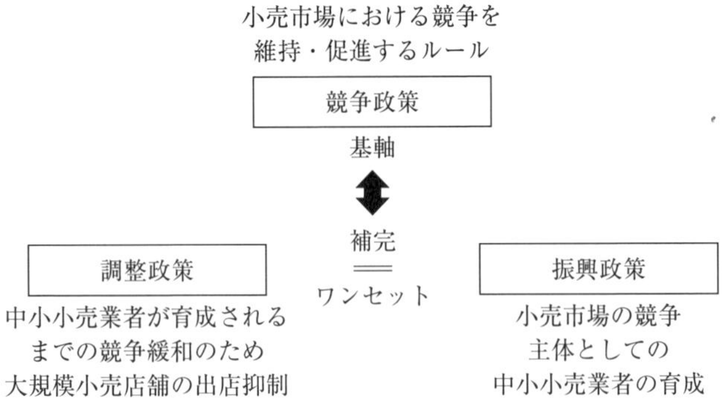

出所：渡辺（2016：34）に基づき筆者作成。

のの，実際にはこの理念とかけ離れた運用が行われてきた。競争政策をみると，高度成長期には産業の保護・育成といった観点から公正取引委員会による独占禁止法の運用は消極的であったし，振興政策・調整政策の実態も理念とは異なり，単なる中小小売業者の保護政策としての色彩が強いものであった。

4-2　規制緩和前の振興政策の展開

　規制緩和前の振興政策を概観すると，中小小売業者に限らず，中小企業に関する施策の基本理念，基本方針等を定めると共に施策を総合的に推進することを目的として中小企業基本法が1963年に制定され，中小企業全般の振興政策を実施する行政機関として1948年に設置された中小企業庁が同法を所管した。

　また，流通分野における振興政策は，調整政策と連携して中小小売業者を中心に展開されており，高度成長期以降は中小小売業者の経営基盤を脅かした総合スーパー（以下，GMS）などの大規模小売業者との対抗を念頭に置いた，商店街等に対する中小小売業者の共同化事業に対する支援（共同支援）を中心として行われた。そして1973年には，大規模小売店舗法（以下，大店法）の制定に合わせて中小小売業者に対する振興政策を展開する中小小売商業振興法が制定された。同法では，商店街整備事業，店舗集団化事業，共同店舗等の整備事業等を通じて中小小売業者の経営を近代化することにより振興を図り，国民経済の健全な発達に寄与することを目的としており，その後，大店法の緩和に合わせて行われた1991年の法改正で電子計算機利用経営管理，連鎖化（ボランタリーチェーンの組織化），商店街整備等支援などの事業が追加されている。

　そして同法に基づき振興指針が策定され，この指針に基づいて具体的な高度化事業計画が作成・認定され，資金の確保など個々の店舗や企業に対する支援（個別支援）と共同支援が現在に至るまで実行されている。これら支援の具体的な内容として，経営診断などによる経営面での支援，補助金や融資などを用いた資金面での支援，税の減免措置などを用いた税制面での支援，人材育成の支援などが挙げられる。

　しかし，中小小売業者の健全な競争主体への育成や環境適応力の向上が目指されたものの規制緩和前には目指されたような成果を上げられず，規制緩和と

ともに政策展開が方向修正されることとなった。

４－３　規制緩和前の調整政策の展開

　規制緩和前の調整政策は，中小小売業者の存立基盤を侵食することを防ぐため大規模小売店舗の出店を抑制するための政策として展開されていた。この政策では，百貨店の出店を抑制する法律として第１次百貨店法（1937年制定，1947年廃止）および第２次百貨店法（1956年制定，1973年廃止）が制定され，次いで高度成長期に成長したGMS等の出店を抑制する法律として1973年に大店法が制定された（施行は1974年）。

　大店法は，大型店舗の周辺に立地する中小小売業者の事業活動の機会を適正に確保し，小売業の正常な発達を図り，国民経済の健全な発達に資することを目的として制定された法律であり，店舗面積1,500m^{2}以上（政令指定都市等では3,000m^{2}以上）の大規模小売店舗に対し，開店日，店舗面積，閉店時刻，休業日数を届出させ，事前に市町村ごとに設置される商業活動調整協議会（商調協）で調整を行ったうえで大規模小売店舗審議会の審議，通商産業大臣の勧告・命令を行うなど事前審査付き届出制という調整方法が採られていた。その後1978年の法改正（1979年施行）では，届出対象の店舗面積を500m^{2}以上に拡大する等の強化改正が行われ，実際の法運用でも行政の裁量によって実質的な許可制となっていたため，1980年代には大規模小売店舗の出店が強力に抑制される結果につながった。

　しかし理念的には，調整政策は振興政策の成果が上がるまでの一時的な競争緩和のためのものであるはずだったものの，1956年の第２次百貨店法の制定から2000年に大店法が廃止されるまで連続的に大規模小売店舗の出店が抑制され続けており，実態として恒久的な中小小売商保護政策のごとく機能しており，ここに競争政策から離れた独自性・独立性を獲得していたと評されている（渡辺2016, p.34）。

　このように，流通政策における主要な３つの政策では，競争政策が積極的に運用されないなか，振興政策は中小小売業者の振興という成果を上げられず，調整政策は独自・独立の政策として展開され，理念とはかけ離れた運用が行わ

れてきた。

4-4 規制緩和後の商業まちづくり政策と振興政策の展開

しかし3つの政策の展開は，規制緩和により大きく変更されることになる（競争政策については第2節で既述）。規制緩和の推進により大店法は2000年に廃止され，振興政策は意欲があり自助努力する中小企業や創業・経営革新等により前向きな事業活動を行う中小企業への選択的な支援が基調となり（渡辺2016, p.152），かつ，中心市街地の衰退を受けて振興政策・調整政策の再編成が図られ，商業まちづくり政策への転換が図られることとなった（渡辺2016, pp.189-190）。

商業まちづくり政策の目的は，まちづくりの観点から小売業者の事業活動が公共の利益を増進し，あるいは公共の利益を阻害しないようにしながら，小売業者を軸としたまちづくりを推進するものであり，この根拠となる法律として中心市街地活性化法，大規模小売店舗立地法および都市計画法の3法をまとめたまちづくり三法が1998年から2000年にかけて整備され，それぞれ連携して政策を展開している。その後，商業まちづくり政策は目に見える成果が上がらず，かつ，市街地が郊外に拡散することを抑制してまちの機能を中心市街地に集中させるコンパクトシティの考え方が提唱されるようになり，2006年にまちづくり三法が再整備されることとなった。

4-5 再整備後のまちづくり三法の概要[2]

① 中心市街地活性化法の概要

再整備後のまちづくり三法の概要として，中心市街地活性化法は，2006年の法改正により少子高齢化，消費生活等の状況変化に対応して，中心市街地における都市機能の増進および経済の活力の向上を総合的かつ一体的に推進することに目的を改め，市町村が支援措置を受けるために作成する中心市街地活性化基本計画を内閣総理大臣による認定制度として，意欲のある市町村を重点的に支援するため5年以内に実現可能なプランでなければこの基本計画に盛り込めないなど実現可能性の高い計画を支援するように改められた。

　また，策定した基本計画を実行する組織として，商工会議所・商工会・まちづくり会社等と中心市街地整備推進機構等が共同で組織した中心市街地活性化協議会を中心市街地ごとに設置するよう法定化された。基本計画に基づく支援内容としては，市街地の整備改善，都市福利施設の整備，まちなか居住の推進，経済活力の向上などが行われている。

② 都市計画法の概要

　都市計画法は，都市計画の内容や制限事項を定めることにより都市の健全な発展と秩序ある整備を図り，国土の均衡ある発展と公共の福祉の増進に寄与することを目的として制定された法律である。都市計画の土地利用計画では，住宅，店舗，事務所，工場など，競合するさまざまな土地利用を秩序立て，効率的な都市活動の増進，優れた環境の保護などを図ることを目的としたまちづくりのルールを定めている[3]。

　土地利用の規制として，公共投資を効率的に行いつつ良質な市街地の形成を図る目的で都市計画区域（都市計画を定める対象となる範囲）には区域区分制度が設けられており，この制度では三大都市圏や政令指定都市などで優先的かつ計画的に市街化が進められる市街化区域および市街化が抑制される市街化調整区域に土地を区分（線引き）し（他に都市計画区域内で区域区分がされていない非線引き都市計画区域がある），これらの区分は都道府県が指定する。

　2006年の法改正により，無秩序な土地の利用を制限して都市機能の集約を図ることで中心市街地活性化法の効果を確保するため，大規模集客施設（床面積1万 m^2 超の店舗，映画館，アミューズメント施設，展示場等）の立地調整の仕組みを適正化して郊外にいくほど設置規制が厳しくなる体系に改められている。

③ 大店立地法の概要

　大店立地法は，店舗の設置者が配慮すべき事項として大規模小売店舗の立地に伴う交通渋滞，騒音，廃棄物等に関する事項を定め，大規模小売店舗と地域社会との融和を図ることを目的とした法律であり，1998年に制定され，2000年から施行されている。

　大店立地法は，経済的規制として大規模小売店舗の出店等を抑制していた大店法と異なり，あくまでも大規模小売店舗の周辺に居住する生活環境に配慮するという社会的規制として行われる政策である。

　この法律では，建物内の店舗面積の合計が 1,000m^2 を超える店舗を規制対象として，店舗の設置者に対して駐車場，駐輪場，荷さばき施設，廃棄物保管施設等の施設の配置に関する事項や，開店・閉店時刻，駐車場の利用可能時間帯と出入口の数・位置，荷さばきの時間帯などを店舗の新設時等に届出させ，都道府県がこの内容に基づき大規模小売店舗が立地する周辺住民や市町村の意見聴取を行い，設置者に対し意見を述べ，あるいは勧告を行うなどの措置を講じている[4]。

　2006 年の中心市街地活性化法の法改正により，政令指定都市では中心市街地における出店の際の大店立地法に基づく手続きを緩和する特例措置が設けられることとなった。

　改正後のまちづくり三法の関係を表すと，中心市街地活性化法は中心市街地におけるまちづくりを促進するアクセルにたとえられ，都市計画法は郊外開発を抑制するブレーキにたとえられて中心市街地へ出店を誘導する役割を担い，大店立地法は，規制の際に中心市街地における同法の手続きを緩和することにより大規模小売店舗が出店をしやすくするという役割を担っている。

　また，まちづくり三法のほか，商業まちづくり政策と連動する，中小小売業者に対する振興政策として商店街の振興対策が強化されており，商店街が地域住民の生活の利便を高める試みを支援することにより商店街を活性化させることを目的として，2009 年に地域商店街活性化法が制定され，ソフト事業（イベント等）も含めた商店街活動，地域のニーズに沿った空き店舗利用，商店街の意欲ある人材の育成・確保などに対して補助金の交付などの支援が行われている。

【注】
1）　ニセ牛缶事件とは，1960 年に発生した，牛の絵が記載された多くの牛缶の中身が馬肉や鯨肉であったという事件であり，これが社会問題化したものの適切に規制する法律がなかったために景品表示法が制定される契機となった。
2）　本項におけるまちづくり三法の制定・改正の経緯は，ふるさと財団，「まちなか再

生ポータルサイト」, https://www.furusato-zaidan.or.jp/machinaka/project/3lows/
index.html（2021年1月31日閲覧）を参考に記述した.
3）国土交通省,「みらいに向けたまちづくりのために」, https://www.mlit.go.jp/
common/000234476.pdf（2021年1月31日閲覧）.
4）東京都,「大規模小売店舗立地法」, http://www.sangyo-rodo.metro.tokyo.jp/chush
ou/432ccc7cc8a7565ed390a337548620ad.pdf（2021年1月31日閲覧）.

参考文献

伊従　寛・矢部丈太郎編（2009）『広告表示規制法』青林書院.

上杉秋則（2010）「規制改革と競争政策」寺西重郎編『構造問題と規制緩和（バブル
　　デフレ期の日本経済と経済政策7)』慶応義塾大学出版会.

岡野純司（2004）「百貨店業における優越的地位の濫用規制─特殊指定の制定を素材
　　として」中央大学大学院研究年報法学研究科篇第33号.

岡野純司（2018a）「小売業者に対する下請法による規制の分析─適用対象となる取引,
　　規制の特徴および体制整備上の留意点─」『企業法学研究』第6巻第1号.

岡野純司（2018b）「景品表示法による表示規制と大規模小売業者による法令遵守の課
　　題」『消費経済研究』第39号.

岡野純司（2019）「景品表示法による不当表示規制の推移─平成期を振り返って」『消
　　費生活研究』第21巻第1号.

岡野純司（2020）「大規模小売業者に対する優越的地位の濫用規制の現状と課題」『消
　　費経済研究』第41号.

公正取引委員会（2021）『知ってなっとく独占禁止法』公正取引委員会.

公正取引協会（2018）『独占禁止法ガイドブック　平成30年2月改訂版』公正取引協会.

国土交通省都市まちづくり推進課『2020（令和2年度）中心市街地活性化ハンドブッ
　　ク』国土交通省.

佐久間正哉編（2018）『流通・取引慣行ガイドライン』商事法務.

消費者庁（2014）『ハンドブック消費者』消費者庁.

消費者庁（2016）『事例でわかる景品表示法─不当景品類及び不当表示防止法ガイド
　　ブック』消費者庁.

菅久修一編（2019）『はじめて学ぶ独占禁止法〔第2版〕』商事法務.

鈴木安昭（2016）『新・流通と商業〔第6版〕』有斐閣（東　伸一・懸田　豊・三村優
　　美子補訂）.

松本恒雄（2018）「消費者政策の変遷と法整備」『ウェブ版国民生活』第70号.

渡辺達朗（2016）『流通政策入門（第4版）』中央経済社.

第 **5** 章

物流の基本

1 ── 物流とは何か

1−1　物流の定義

　物流という用語は，1956年に日本生産性本部が行った「流通技術専門訪米視察団」によって日本にもち込まれ，1960年代にその概念が定着した。

　すでに前章までで学んだように，生産と消費の間には所有の懸隔，空間の懸隔，時間の懸隔などが存在する。このうち，空間の懸隔ならびに時間の懸隔を埋める輸送活動・保管活動が物流である。すなわち，物流とは商品の生産から消費に至るまでの物理的な流れであり，そのための活動を総称するものである。

　物流はその担当領域により調達物流，生産物流，販売物流，回収物流，消費者物流と区分されている。調達物流は，生産活動や販売活動に必要である原材料や商品などを仕入先からいかなる方法で仕入れるかにかかわる物流である。生産物流は生産拠点から市場に近い自社の倉庫や営業所に商品を輸送する物流であり，同一企業内で商品が移動することから社内物流ともよばれている。販売物流は生産者や卸売業が販売した商品を顧客に届けるための物流である。このように生産者から小売業への物流のことを血液の流れにたとえて動脈物流という。一方，生産者や卸売業が小売業から返品された商品や使用済みの包装材料などを回収する物流のことを回収物流といい，商品などが小売業から生産者や卸売業に逆方向に流れることから静脈物流という。これらの物流の他にも近

年では，宅配便やトランクルームのように消費者を対象に輸送・保管サービス
を提供する消費者物流も物流業界で注目されている。

1－2　物流の基本機能

　生産と消費の間にある時間の懸隔・空間の懸隔を埋める物流は，商品の物理
的な移動を効率的に行うための多様な機能の集合体である。この物流を構成す
る機能は以下のように大きく6つに分類されている。

（1）輸　送

　輸送とは，輸送手段を利用して商品を目的地まで移動させる機能であり，輸
送の対象となる商品は貨物とよばれる。貨物の主な輸送機関として，貨物自動
車，鉄道，船舶，航空機が利用されている。これらの輸送機関は，それぞれが
もつ固有の特性があるため，最適な輸送機関を選択する際には貨物の特性や目
的地の地理的要件などが重要な選択要因となる。貨物自動車は，迅速で弾力的
な輸送が可能で，さらに戸口から戸口までの一貫輸送にも適しているという特
性から日本国内の貨物輸送において圧倒的な優位性をもっている。こうした理
由により，貨物自動車の輸送分担率は輸送トン数で90％以上を占めている（図
表5－1）。一方，貨物自動車が登場するまで国内貨物輸送の主な担い手であっ
た鉄道は，1950年代まで約20％台の輸送分担率を維持していたが，利便性の
高い貨物自動車の輸送量が増加するにつれ，貨物輸送量は大幅に減少し2006
年以降は0.9％で推移している。内航海運は自動車での輸送が困難な原料など
の重量物が多いため，約7～8％の輸送分担率を維持しており，国内航空は
0.1％未満に留まっている。

　しかし，輸送重量（t）に輸送距離（km）を乗じた輸送トンキロでみると，
2018年度における貨物自動車の輸送分担率は51.4％となっており，鉄道と内
航海運はそれぞれが4.7％と43.7％を占めている（図表5－2）。輸送トン数に比
べて輸送トンキロで鉄道と内航海運の輸送分担率が高くなっている。こうした
背景としては，穀物や鉱石などといったばら積み貨物の輸送に鉄道と内航海運
が適していることがあげられる。また，近年のドライバー不足による輸送コス

トの上昇や二酸化炭素排出による環境問題などが深刻化するなか，貨物自動車に比べて輸送コストが安く環境への負担も少ない鉄道や内航海運に転換する動きが一部の荷主企業で顕在化している。このような状況により，2009 年度以降から鉄道や内航海運の輸送分担率は上昇傾向に転じている。

図表 5 － 1　輸送機関別輸送トン数構成比の推移

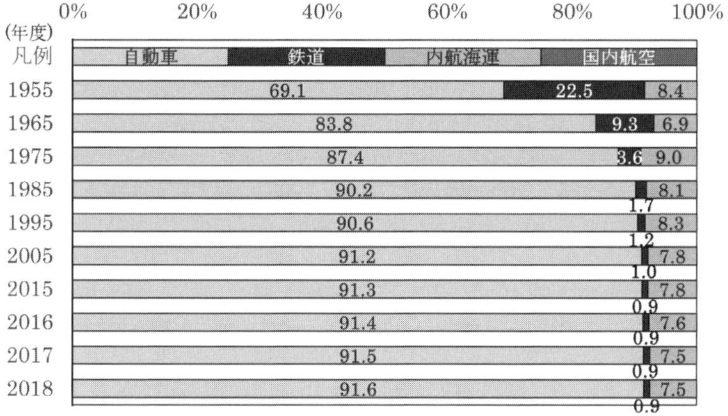

出所：日本物流団体連合会編（2020）より作成。

図表 5 － 2　輸送機関別輸送トンキロ構成比の推移

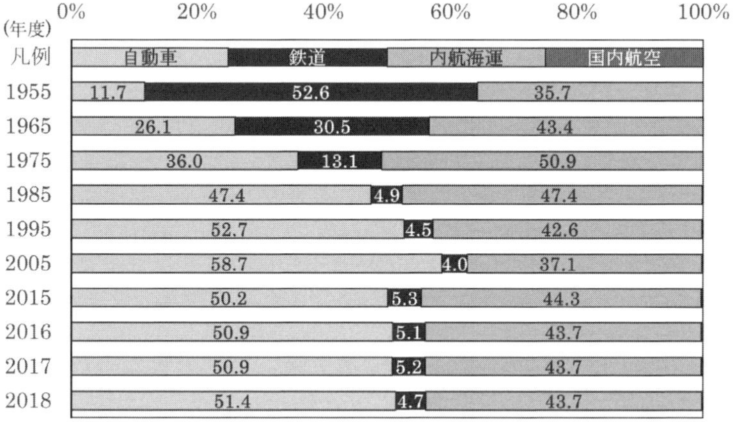

出所：日本物流団体連合会編（2020）より作成。

（2） 保 管

　生産者が生産した商品は，すぐに消費されるわけではなく近い将来の消費に備えて生産されている。あらかじめ生産した商品は顧客からの注文が入るまでどこかで蓄えておくことが必要である。このように商品を倉庫や物流センターなどといった保管施設に一定期間にわたって貯蔵することが保管である。こうした保管は，輸送と同じように生産と消費の間にある物理的な懸隔を埋める重要な機能となっている。

　こうした保管の主な役割は，単に商品を貯蔵するだけでなく，商品の需給調整を行うことである。例えば，農水産物は生産時期が限られているのが普通であるが，消費は年間を通じて行われている。これは特定の季節に収穫した農水産物の一部を一定期間貯蔵しておき，需要がある時に必要な量を出荷することで，消費者は年間を通じて農水産物を消費することができる。このように保管は，需要と供給の時間の懸隔を埋めることで消費者の豊かな消費活動を支えている。

　また，商品を保管する際には，その商品の品質が落ちないように適した状態で商品を管理することも必要である。品質管理がしっかりとできなければ商品の価値は低下し売れなくなるばかりか，生産者の評判も低下する要因となるため，品質を一定に保つことも保管の重要な役割となっている。

（3） 荷 役

　荷役は商品の輸送や保管の際に，輸送機関から商品を積み卸したり，保管施設に商品を出し入れしたりする作業のことである。したがって荷役は輸送機関と保管施設をつなぐ役割を果たしている。従来の荷役は人手に依存していたため，荷役作業に多くの時間がかかっていたが，荷役技術の発展に伴い，荷役作業を合理化する仕組みが導入されている。その仕組みがユニットロード・システムとよばれるものである。

　ユニットロード・システムは，個々の商品を1つの単位にまとめて輸送・保管・荷役の効率化を図る仕組みである。ユニットロード・システムで使用される器材は，パレットやコンテナなどがあり，一般的にパレットを使用するパレ

チゼーション・システムとコンテナを使用するコンテナリゼーションが主流となっている。ユニットロード・システムを導入した結果，フォークリフトやクレーンなどといった荷役の機械化が可能となり，輸送機関への積み卸しや保管施設への搬出入作業が簡単にできるなど，荷役作業の省力化や作業能率の向上が図られている。

（4）包　装

　包装は商品の輸送や荷役などにあたって，商品の価値や状態を維持するために適切な材料や容器を施すことである。包装は用途別に工業包装と商業包装に分類される。工業包装は商品の輸送や保管，荷役などにおいて商品のダメージを防止するとともに，商品取扱いの容易さや保管のしやすさなど作業の利便性・効率性を高めるために施された包装である。一方，商業包装は商品を保護する目的もあるが，包装自体が商品の一部として他の商品との差別化や宣伝媒体として施された包装である。

　このように商品を保護する役割を果たしている包装は，商品の特性にあわせてさまざまな包装材料が使用されている。主な包装材料としては，段ボールや発泡スチロールなどがある。段ボールは軽量かつ耐圧縮に対する強さから日本で最も多く利用されている包装材料である。発泡スチロールは断熱性と緩衝性に優れているため，食料品や家電製品，精密機器などの包装材料として多く利用されている。しかし，1995 年に容器包装廃棄物の再商品化を義務づける容器包装リサイクル法が制定されたことにより，発泡スチロールの使用は大幅な減少となっている。このように近年では，環境に配慮した包装を行うことも重要となっている。

（5）流通加工

　生産者は商品を出荷する際，ケースで商品を出荷するのが一般的である。しかし，その商品を購入する消費者はバラで商品を購入することを望んでいる。こうした消費者の要望に応えるために商品を個数に仕分けしたり，再度パッキングをしたりすることで商品の付加価値を高めることができる。このように商

品の流通過程において商品の価値を高めるために種々の加工作業を行うことを流通加工という。

　流通加工には，パソコンの組み立てや洋服の裁断作業などのように商品そのものを加工する生産加工と，輸入食品のラベル貼り替えやお菓子の詰め合わせなどのように商品の販売促進のために行う販促加工がある。一般的に倉庫や物流センターで行う流通加工は，販促加工が主流となっている。

（6）物流情報

　生産と消費の間にある空間の懸隔と時間の懸隔を効果的に埋めることが物流の目的であり，それは複数の機能を有機的に連携させることで達成できる。物流情報は情報システムを用いて各物流の機能がより効率的に行えるようにサポートする機能である。

　物流業務をサポートする物流情報システムには，電子受発注システム（Electronic Ordering System：以下 EOS）や倉庫管理システム（Warehouse Management System：以下 WMS），輸配送管理システム（Transport Management System：以下 TMS）などがある。EOS は小売業の発注業務の効率化を図るためのシステムで，オンラインを通して商品の発注データを企業間で交換する物流情報システムである。近年では在庫切れや過剰在庫を防ぐなど在庫管理を目的として利用する事例も増えている。WMS は倉庫に入出庫する商品の品質や在庫状況などを管理し，庫内作業の効率化や正確な在庫管理などを行うことを目的としたシステムである。近年，物流コストの半分以上を占めている輸配送コストをいかに削減していくかが企業にとっては重要な課題となっている。TMS は受発注データに基づいて車両の手配や効率的な輸配送計画を策定することにより輸配送コストの削減をサポートするシステムである。このように物流情報システムは，効率的な商品の流通をサポートするものとして重要性が増している。

1－3　物流からロジスティクスへ

　日本生産性本部により 1956 年にアメリカからもち込まれた物流という概念

が日本で普及したのは，1960 年代である（中田 2005，p.82；中田 2013，p.4）。当時の日本は，経済が飛躍的な成長を遂げ，生産・販売も量的な拡大が続いていた。したがって，この時期の物流は大量の物資をいかに処理するかに重点がおかれ，輸送や保管などといった物流機能をいかに能率よく行うかが重要な課題であった。しかし，1973 年に起きた第 1 次石油危機をきっかけに日本経済は高度成長から低成長に一転した。それ以降，生産・販売の量的な拡大は停滞状態となった。こうした状況のなか，物流においても各機能を効率的に管理することが重要な課題となった。そこで企業では物流体質の強化に向け，物流システム全体をマネジメントしようとする動きが活発になった。すなわち，経済の量的拡大が終わりを告げた 1970 年代の物流は，量的な処理能力の向上から物流システムの生産性を向上させることが重要視されるようになった（嘉瀬 2007，p.25）。そのため，企業は物流を販売戦略の一環として物流システム全体を一括管理するようになった。

　1980 年代に入ると，多様化した消費者ニーズに対応するため，商品の流通は少品種大量販売から多品種少量販売へと移行してきた。こうした市場の変化に対応するため，企業は自社の商品在庫を抑えながら品切れの回避を図ることが必要であった。物流については適切な在庫管理と納期の短縮に対する要求を強めてきた。在庫のコントロールと納期の短縮を実現するには，生産や販売だけでなく，調達なども物流の範囲に含めて各部門間のトレードオフを解消することが必要であった。こうした状況を受け，企業は各部門と物流を融合させ，市場の変化に対応しようとしていた。これがロジスティクスの概念を登場させる大きなきっかけとなった。

　ロジスティクスは兵站という軍事用語から用いられた用語で，各部隊が有機的に連携し，戦闘地域に必要な物資を，必要なタイミングに，必要な量だけを供給するという後方支援を指している。アメリカでは 1960 年代前後にロジスティクス概念がビジネスに導入され，使われていた。日本においては，消費者ニーズの多様化などにより市場の不安定化が続いた 1980 年代末頃に物流を中心として企業の各部門間の全体最適化を実現する仕組みとしてロジスティクスの概念が導入された。1990 年代からは経営戦略の一環として企業に広く普及

している。

2── 物流業界の概況

2−1　物流市場の現況

　日本における物流関連事業は，その業務内容によって大きく輸送関連事業と倉庫関連事業に分類されている。輸送関連事業は輸送機関を利用して商品を輸送する業務に従事する事業であり，倉庫関連事業は倉庫や物流センター，トラックターミナルなどの施設を利用して商品の保管や流通加工，仕分けなどの業務に従事する事業である。さらに，輸送関連事業はアセット型とノンアセット型に分類されている。アセット型は自らが輸送機関を所有し，それを利用して商品を輸送する事業であり，ノンアセット型は自分では輸送機関をもたず他の輸送機関を利用して商品の輸送を行う事業である。

　物流業界の市場規模をみると，2008年9月にアメリカで起きたリーマンショックの影響を受け，2009年度の市場規模はマイナス成長を記録した。その後，ネット通販やチルド食品などの成長を背景に物流市場も順調に拡大し，2016年度には25兆8,834億円を記録し，2013年度に続いて25兆円台を突破した。しかし，2017年度以降，国内物流市場を巡る環境の変化により，市場規模は縮小傾向に転じている。2017年度の物流市場では，急増するネット通販の貨物によりドライバー不足問題が表面化していた。こうした状況を受け，宅配便最大手のヤマト運輸が取扱貨物量を規制する総量規制の導入を決定した。同社の総量規制は，物流業界に大きな波紋を呼び，物流市場の縮小にも影響を与えた。さらに，2018年7月には西日本を襲った豪雨災害により，広い範囲で鉄道や高速道路が寸断され，北陸から九州にかけて物流の混乱が生じ，暮らしや経済活動への影響も広がっていた。この影響を受け，2018年度の物流業界の市場規模は，ピーク時の2016年度に比べて約1.0%の減少となっている（図表5−3）。

　事業別では，図表5−4に示されるようにトラック運送業やJR貨物，内航海運業[1]，外航海運業などの輸送関連事業が物流市場全体の91.1%を占めてい

る。そのなかでもトラック運送業は迅速性や利便性などにより物流市場で最も高いシェアを占めており，2018 年度現在トラック運送業だけで物流市場全体の 63.7％である 16 兆 3,571 億円の市場規模を有している。倉庫業やトラックターミナル業の倉庫関連事業の市場規模は輸送関連事業をはるかに下回る 8.9％を占めるにとどまる。このように物流市場においては倉庫関連事業より輸送

図表 5 － 3　物流市場規模の推移

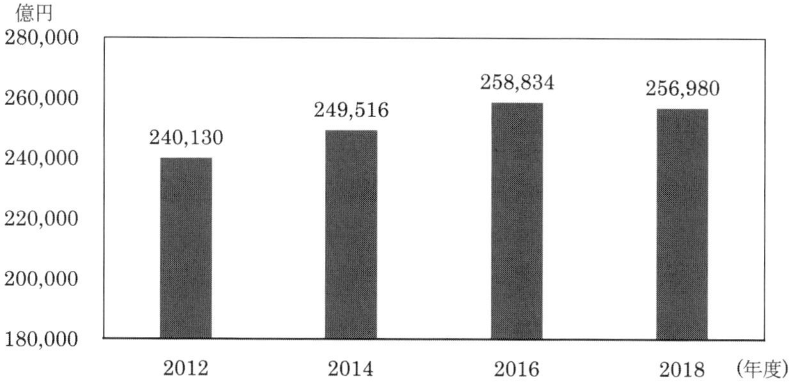

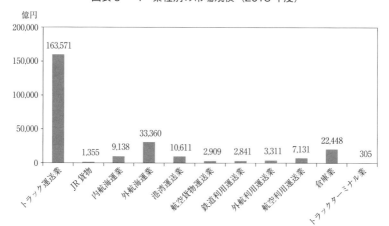

（注）一部の業種については，報告提出事業者のみの合計の数値である。
出所：日本物流団体連合会編『数字でみる物流』各年より作成。

図表 5 － 4　業種別の市場規模（2018 年度）

（注）一部の業種については，報告提出事業者のみの合計の数値である。
出所：日本物流団体連合会編（2020）より作成。

関連事業の比重が高いことがわかる。

2－2　物流事業者の現況

　物流事業者数の推移をみると，図表5－5に示されているように2000年度の68,521者から2018年度には10.2％増の75,530者に推移している。なかでも物流事業者は外航利用運送業者と航空貨物輸送業者，航空利用運送業者の伸びが目立っている。しかし，事業者規模ではトラック運送業者が物流業者全体の82.2％と圧倒的に大きな割合を占めている。トラック運送業者は1990年の規制緩和以降，持続的に増えピーク時の2007年度には63,122者まで増加していたが，新規参入者の増加による競争激化などにより2018年度には62,068者まで減少となっている。また，内航海運業者や外航海運業者，港湾運送業者などは，製造業の海外移転や国際海運市場の低迷などにより貨物量が伸び悩むなか，事業の集約化が進んでいることが事業者数の減少につながっている。

　一方で，自らでは輸送手段を持たず，他人の輸送手段を利用して荷主の貨物を輸送する貨物利用運送事業者の増加が目立っている。利用運送事業者には，

図表5－5　物流業者数の推移

区分	2000年度	2018年度	伸び率
トラック運送業	55,427	62,068	12.0%
JR貨物	1	1	0.0%
内航海運業	5,273	3,408	-35.4%
外航海運業	256	192	-25.0%
港湾運送業	1,004	861	-14.2%
航空貨物運送事業	10	22	120.0%
鉄道利用運送事業	902	1,133	25.6%
外航利用運送事業	400	1,069	167.3%
航空利用運送事業	127	203	59.8%
倉庫業	5,103	6,557	28.5%
トラックターミナル業	18	16	-11.1%
合計	68,521	75,530	10.2%

出所：日本物流団体連合会編『数字でみる物流』各年より作成。

どのような輸送サービスを提供するかによって第一種貨物利用運送事業者と第二種貨物利用運送事業者に分類されている。前者は，１つの輸送手段を利用してドア・ツー・ドア輸送サービスを提供する事業者であり，後者は複数の輸送手段を利用して貨物を輸送するいわゆる複合一貫輸送サービスを提供する事業者である。第一種貨物利用運送事業者は所管部署に事業登録するだけで簡単に市場参入できるが，第二種貨物利用運送事業者は所管部署からの許可を受けなければならない。このため，第一種貨物利用運送事業者を中心に物流市場への新規参入が目立っている。

　これらの物流事業者のうち，81.3％を中小企業が占めている。そのなかでも中小企業の比率が高い物流事業者はトラック運送業者で99.9％を中小企業が占めており，内航海運業者やトラックターミナル業者，倉庫業者も90％以上を中小企業が占めている。反面，航空貨物運送業者と外航海運業者は中小企業の比率が低く，それぞれ45.5％と54.4％を中小企業が占めている。これらの運送業者は数十億円を超える機材を使用していることから，莫大な資金力が必要となるため，中小企業の比率が低くなっているが，物流業界全体としては中小企業の比率が高いのがこの業界の特徴である。

２−３　物流業界の最新動向

（１）共同輸配送

　近年，環境に対する関心が高まるなか，物流業界においても貨物自動車や船舶などに起因したCO_2排出問題が大きな話題をよんでいる。このため，物流業界ではCO_2排出量の削減に資するとともに，積載率の向上を図る共同輸配送への関心が高まっている。共同輸配送とは，企業が個別に行ってきた輸配送を複数の企業と共同で行うもので，競合企業同士が行う場合と異業種の企業同士が行う場合など多様なタイプの共同輸配送が行われている。

　競合企業同士が行っている共同輸配送の例としては，エプソンとキヤノンがある。両社は共同輸配送を行う以前は，各社の物流センターから取引先の家電量販店までの物流システムを構築していた。そのため，各社は取引先に個別で対応せざるを得ず，積載率の低下やそれによるCO_2排出量の増大が大きな経

営課題となっていた。こうした状況を受け，両社は2009年6月より環境負荷の低減や物流業務の効率化を図る目的として，家庭用プリンタなどの家電量販店向けを対象に共同輸配送を行っている。共同輸配送の実施から3年間で180トンのCO_2排出量を削減するとともに，積載率も20〜30％を切っていたものが70％程度までに上昇するなど大きな成果をあげている（日本ロジスティクス協会2016，pp.47-50）。2013年からコニカミノルタも共同輸配送に参画するなど，規模を拡大している。こうした成果を踏まえ，両社はさらなる物流効率化に向けて共同輸配送センターの運営にも踏み切っている。

図表5−6　エプソンとキヤノンによる共同配送の事例

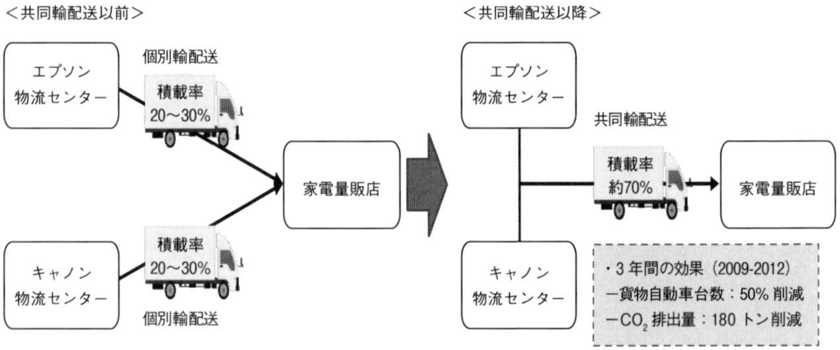

出所：公益社団法人日本ロジスティクス協会編（2016）を参考に作成。

（2）サードパーティ・ロジスティクス（3PL）

　1990年代末に普及したサードパーティ・ロジスティクス（以下3PLという）は，製造業や小売業などといった荷主に代わって物流機能の全体もしくは一部を受託して遂行する物流サービスである（齊藤2015，p.151）。物流機能を外部の物流事業者に委託することにより製造業や小売業は経営資源をコア業務に集中することができるため，業務の効率化はもちろんのこと，物流コストの削減につながることから注目されている物流サービスである。

　3PLサービスを提供する物流事業者のタイプには，大きく自社がもつ輸送機関や物流施設を利用して物流サービスを提供するアセット型と，他社の輸送機関や物流施設を利用して物流サービスを提供するノンアセット型に分類され

る。日本では，アセット型のタイプが主流となっている。

　不安定な消費社会となった日本において企業間競争が激しさを増しているなか，物流の効率化やコスト削減などが重要な経営課題となっている。近年のような不安定な消費社会において，企業は競争優位を確保するため非コア業務である物流部門を外部の物流事業者にアウトソーシングしようとする動きが強まっていた。こうした状況を受け，物流事業者は3PLサービスを荷主に提供し，新たな市場の開拓に乗り出している。3PLサービスの市場規模をみると，2005年度にはすでに1兆円を超える市場にまで成長している。その後，リーマンショックによる世界的な経済不況に見舞われた2009年度には2007年度を下回ったものの，2010年度以降は年々増加を続けて2019年度には3兆円を超える3兆1,580億円を達成するなど，3PL市場は順調に拡大を続けている。取扱品目では，自動車やハイテク，アパレルなどのグローバル案件が大幅に後退した一方，国内のネット通販が成長を続け，物流センターの管理・運営に関するニーズが増え，3PL市場の成長を支えている（大矢 2020，p.19）。

図表５－７　日本における3PLサービスの市場規模の推移

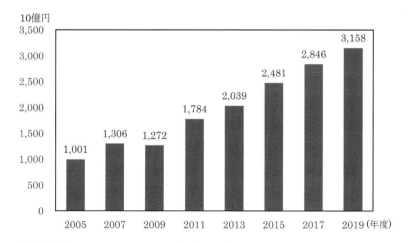

出所：『月刊ロジスティクス・ビジネス』2020年09月号，p.19。

3── 流通業における物流システム

3－1　百貨店の物流システム

　食品から家具などに至るまでさまざまな商品を取り扱っている百貨店では，毎日数多くの商品が出入りしている。各売場に商品を納品する納品業者の数も多い。従来の百貨店納品は製造業や卸売業などの納品業者が個々に商品を店先までもち込んでいたため，百貨店周辺では商品を納品する納品車両で行列ができることも珍しくなかった。このように納品車両の長蛇の列は，社会的な面では納品待ち車両による交通渋滞や排気ガス問題などを，物流の面では積載率の低下や受入作業の非効率化などをもたらす大きな問題となっていた。しかし，社会に対する市民意識の向上や競争激化による業績の低迷などを受け，百貨店においても物流に対する意識が大きく変化し，納品代行に代表される納品体制の見直しに向けた取組みが進み始めている。

　納品代行とは百貨店への納品にあたって物流事業者などの特定の代行業者が多数の納品業者に代わって店舗別に商品をまとめて納品する物流サービスのことである。納品代行の仕組みは，百貨店と納品代行契約を結んだ物流事業者などが各納品業者の商品を百貨店の近隣にある自社の物流センターで荷受けし，各店舗の注文にあわせて必要な量を必要なタイミングで供給する仕組みとなっている。従来の納品代行は各店舗への配送業務が主流となっていたため，各売場の販売員は店舗のバックヤードまで自社に納品された商品を取りにいく必要

図表 5－8　百貨店の納品代行システム

出所：SBS ロジコムのホームページ資料より作成。

があった[2]。近年では，店舗のバックヤードから各売場まで商品を届ける横持ち業務にも対応している。また，販売員の店内作業の効率化を図るため，配送業務に加えて流通加工の代行も行っている納品代行業者も増えている。さらにアパレルの場合はハンガーに掛けたままの状態で配送するハンガー便サービスも提供する納品代行業者もある。

　一方で，百貨店での納品時間帯が早朝に集中しているため，待ち時間の発生などが発生しており，これは納品車両の運行効率の低下につながっている。このような物流問題を改善すべく納品時間を分散させるなどさまざまな取組みが行われている。

3－2　コンビニエンスストアの物流システム

　狭い店舗に 3,000 ～ 4,000 の商品アイテムを品揃えているコンビニエンスストア（以下，CVS）では，狭い店内を有効的に活用することが必要である。そのため，店舗のバックヤードにはほとんど在庫がない状態である。このことから販売機会を損なわないように商品を頻繁に配送することはもちろんのこと，各店舗への納品時間も厳格に管理されている。これには，POS（Point of Sales：以下，POS）システムによる徹底した単品管理が大きな役割を果たしている。CVS は，他の小売業より早く POS システムを導入し，商品在庫を極力少なくするとともに，売れ筋商品を確実に品揃えする商品管理を徹底的に行っている。

　また，さまざまな温度帯の商品を取り扱っている CVS は，チルドや常温商品，米飯，フローズンなどジャンルごとに専用の配送センターで管理し，各店舗へ共同配送している（苦瀬・味水 2014，pp.3-4；野尻 2005，p.13）。このうち，賞味期限が短いチルドと米飯は，共同配送センターで商品の保管は行われず，納品業者から商品が納品されたら，仕分けのみを行って 1 日に 2 ～ 4 回の頻度で配送している。この際に使用される配送車両は 5℃ のチルドと 20℃ の米飯に対応できるように 2 層式の仕様となっているのが特徴である。一方，冷菓や冷凍食品などの－20℃ の温度で管理されているフローズンと温度管理が必要のない菓子や加工食品，雑貨などの常温商品は消費期限に余裕があるため，納品

業者から納品された商品を共同配送センターで保管しておき，各店舗の注文に応じて配送を行っている。配送頻度は，フローズンは週3回〜7回の頻度で配送しており，常温商品は毎日の配送で対応している。

　近年では，オムニチャネルの拡大に伴い，CVSの店舗で商品の受け取りができることが可能となっている。このため，店舗が物流インフラとしての機能を果たすようになっている。

図表5−9　セブン・イレブンの共同配送システム

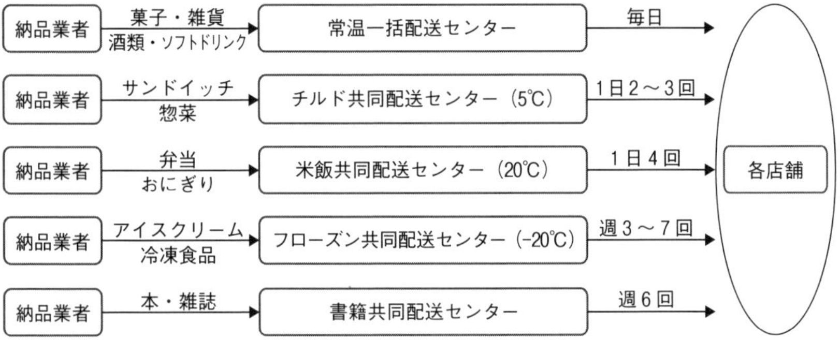

出所：セブン-イレブン・ジャパンのホームページ資料より作成。

3−3　ネット通販の物流システム

　日本では，1990年代半ば以降にアマゾンや楽天市場などに代表されるネット通販事業者が続々と誕生した。その後，スマートフォンなどの普及に伴い，ネット通販は市場を拡大し，大きな成長を成し遂げている。ネット通販はインターネット上の仮想の店舗を設け，商品の販売を行っていることから，仮想の店舗から消費者に商品を確実に届けるための物流システムが必要である。

　しかし，ネット通販とはいえ，各事業者が採用しているビジネスモデルには大きな違いがある。例えば，アマゾンは自社で商品を仕入れて販売する直販型のビジネスモデルを採用しているが，楽天市場は自社で商品を取り扱わず，自社のサイトに他の事業者を出店させるモール型のビジネスモデルを採用している。そのため，両社が採用している物流システムにも大きな違いがある。楽天

市場の場合は，各事業者が個別に物流システムを構築して対応することを基本
としている。ここでは直販型のビジネスモデルを採用しているアマゾンの物流
システムについて考察する。

　アマゾンは，顧客ニーズへの対応や品揃えを強化する目的として日本全国に
21 の FC（Fulfillment Center）を設置し，それを物流ネットワークで結び，高
度な物流サービスを提供している。アマゾンは消費者から注文が入ったら消費
者に最も近い FC に出荷指示を出し，それを受けた FC では注文を受けた商品
の在庫を確認する。在庫がある場合には，ピッキング作業や仕分け作業を行い，
商品を発送する。しかし，在庫がない場合には，別の FC に在庫補充を要請し，
FC 間の横持ち輸送で行い，出荷指示を受けた FC から消費者に商品を発送す
る仕組みとなっている。アマゾンの配送業務は宅配事業者やデリバリープロバ
イダが配送業務を担っており，高度な配送サービスを消費者に提供するため，
2009 年 10 月から午前中に注文をした当日に商品を届ける「当日お急ぎ便」を

図表 5 - 10　アマゾンの物流システム

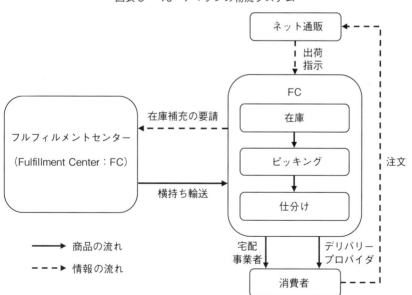

出所：林・根本（2015：10）より一部変更作成。

始めている。さらに，人件費の上昇などによる物流コストの上昇がネット通販
事業者に大きな負担となっているなか，アマゾンは人件費の削減や庫内作業の
効率化を図ることを目的として，2016年12月から可動式の商品棚をドライブ
とよばれるロボットが棚入れや棚出しを自動で行うアマゾンロボティクスを導
入した最新鋭の物流センターを運営している。2020年12月現在までに，川崎
FCや茨木FC，川口FC，上尾FCなどの6カ所の物流センターでアマゾンロ
ボティクスを導入・運営している。

　このように，アマゾンは店舗をもたないネット通販において迅速かつ確実な
物流システムの構築が消費者との信頼関係を構築するうえで，重要であること
をいち早く認知し，自社の物流ネットワークを拡充することで，顧客満足度の
向上を図っている。また，物流センター内の作業効率化を図ることを目的とし
て，ITやAI技術を駆使した最先端システムの導入を進めるなど，物流セン
ターの自動化を加速させている。

4── 物流業界における今後の課題

　物流は消費者の豊かな日常生活や企業の経済活動において欠かせない重要な
活動の1つである。そのため，現在の物流業界が抱えているさまざまな課題を
解決していくことが必要である。近年，物流業界を取り巻く環境の変化に伴い，
さまざまな物流問題が深刻な社会問題となっている。そのなかでも最も深刻化
している問題が人口減少などによる人手不足である。国土交通省は2008年の
報告書（国土交通省自動車交通局貨物課 2008, p.6）で，2015年に14.1万人のドラ
イバーが不足するとの分析結果を発表した。この需給予測は「物流2015年問
題」とよばれ，物流業界に大きな衝撃を与えた。こうしたドライバーの不足問
題は，ネット通販の拡大などによりますます深刻化している。こうした状況を
受け，宅配便最大手のヤマト運輸が2017年から荷受数量に上限を設けるなど，
ドライバー不足による苦渋の選択を余儀なくされている。荷主企業において
は，貨物自動車の確保問題による出荷遅延や輸送費の上昇につながるなど，ド
ライバー不足問題が大きな社会問題となっている。

　物流業界における人手不足の問題が貨物自動車だけの問題ではなく，内航海運においても大きな問題となっている。内航海運でも若手船員不足が深刻な問題となっており，ドライバー不足による内航海運へのモーダルシフトにも大きな影響を与えている。こうした状況のなか，2020 年に起きた新型コロナウイルスの世界的な大流行に伴い，在宅勤務や外出自粛によるネット通販の需要が急増し，物流業界では最終消費財を中心に貨物量が大幅に増加している。従来から人手不足が大きな課題となっていた物流業界において新型コロナウイルスの拡散により，物流現場での人手不足の問題がさらに顕著となっている。その一方，三密対策として作業空間の確保や人員配置の見直しなどに，物流事業者は苦戦を強いられている。

　この他にも物流問題として挙げられているのが小口配送である。小口配送は，1 件あたりの配送量をバラ単位で配送することで，小売業などの在庫を削減するために導入された物流サービスである。国土交通省の全国貨物純流動調査によると，1 件あたり商品の出荷量は 1990 年の 2.43 トンから 2015 年には 0.98 トンまで減少している。このように配送単位の小口化が進むにつれ，ドライバー不足が顕在化している物流業界において配送頻度の増加などによるドライバーの負担をさらに加重させている。さらに積載率の低下により輸送コストを上昇させる要因として小口配送も大きな物流問題として浮上している。

　今後，日本の物流業界ではドライバー不足や小口配送の問題に加え，ポストコロナ時代にいかに対応していくかが大きな課題となっている。こうした状況のなか，国土交通省は物流業界が抱えている多様な物流問題を改善していくために，物流総合効率化法[3] の枠組みを活用して共同輸配送やモーダルシフトなどへの支援を強化している。さらに，ポストコロナ時代への対応策として省人化・自動化を強力に推進し，非接触型物流への転換を図っている。

【注】
1）内航海運は，海上輸送の一種で国内の港湾と港湾を結ぶ輸送のことであり，国内の港湾と海外の港湾を結ぶ海上輸送のことを外航海運という。
2）SBS ロジコム「納品代行業務と館内搬送業務を一括で受託」SBS ロジコムホームページ（https://www.sbs-logicom.co.jp，アクセス日：2019.9.26）。

3) 物流総合効率化法の正式名所は,「流通業務の総合化及び効率化の促進に関する法律」であり,輸送や保管,流通加工などの物流業務を一体化するとともに,輸配送の共同化やモーダルシフトなどといった輸送合理化事業を支援する目的で定めた法律である。

参考文献

大矢昌浩(2020)「環境変化と市場の混乱で明暗分かれる」『月刊ロジスティクス・ビジネス』2020年09月号,pp.19-25.

嘉瀬英昭(2007)「ロジスティクスの概念とその発展」中田信哉・橋本雅隆・嘉瀬英昭編『ロジスティクス概論』実教出版.

苦瀬博仁・味水佑毅(2014)「ロジスティクスと生活」苦瀬博仁編『ロジスティクス概論』白桃書房.

公益社団法人日本ロジスティクス協会編(2016)『荷主連携による物流高度化ガイドライン—持続可能な物流構築に向けて』.

国土交通省自動車交通局貨物課(2008)『輸送の安全向上のための優良な労働力(トラックドライバー)確保対策の検討報告書』.

齊藤 実(2015)「企業の物流を担う3PL」齊藤 実・矢野裕児・林 克彦『物流論』中央経済社.

中田信哉(2005)「物流概念の誕生」中田信哉・湯浅和夫・橋本雅隆・長峰太郎編『現代物流システム論』有斐閣アルマ.

中田信哉(2013)『物流論の講義[改訂版]』白桃書房.

野尻 亘(2005)『新版 日本の物流—流通近代化と空間構造—』古今書院.

林 克彦・根本敏則(2015)「ネット通販に対応したロジスティクス」林 克彦・根本敏則編『ネット通販時代の宅配便』成山堂書店.

第**6**章

流通業界における情報化の現在と今後

1── テクノロジーで変わる流通・消費の世界

　近年，デジタルトランスフォーメーション（Digital Transformation，デジタル技術による変革）の波が社会に押し寄せている。マイクロソフト基本ソフト（OS）「ウィンドウズ95」の発売を契機に私たちの生活のなかにインターネットが定着した。自分が得たい情報を簡単に検索し，それを活用できる環境が整った。買い物の世界でも，それまでのリアルな店舗をもつ小売業やカタログ通販だけでなく，アマゾン・ドット・コムに代表されるインターネット通販が台頭し，さまざまな商品が時間を気にすることなく注文できるようになった。

　加えてスマートフォンの登場は，時間を気にしないだけでなく，場所も気にすることなく，例えば外出先や移動中でも欲しい商品を注文できるようにした。

　一方で，SNS（Social Networking Service，以下 SNS）の普及はそれまでマスコミ情報を一方的に受ける立場から，情報を発信できる立場へと生活者を変え，モノやサービスを創ったり，販売したりする企業と生活者の関係も，対等あるいは生活者が上位になるようなケースさえも生み出し始めた。

　リアル店舗の変革も進んでいる。例えば「Amazon Go」では，生体認証システムや AI（人工知能）をフル活用して「会計で並ぶ必要がない，財布を出す

図表6－1　シングルチャネルからオムニチャネルへの移行

Single Channel	Multi-Channel	Cross-Channel	Omni-Channel

- Customers experience a single type of touch-point
- Retailers have a single type of touch-point

- Customer sees multiple touch-points acting independently
- Retailers' channel knowledge and operations exist in technical & functional silos

- Customer sees multiple touch-points as part of the same brand
- Retailers have a 'single view of the customer' but operate in functional silos

- Customers experience a brand, not a channel within a brand
- Retailers leverage their 'single view of the customer' in coordinated and strategic ways

The Legacy　　*The Reality*　　*The Aspiration*　　*The Nirvana*

出所：NRF（全米小売業協会）
　　　MOBILE RETAIL INITIATIVE MOBILE RETAILING BLUEPRINT VERSION 2.0.0

必要がない」という快適な顧客体験を提供する。さらにネットとリアルが融合する「オムニチャネル」の時代にあっては，欲しいと思ったものを，欲しいと思うタイミング・場所で購入し，それがストレスなく手元に届く。言うなれば，空気を吸うような顧客体験を提供するテクノロジーである。しかし，その自然さこそが，顧客とのエンゲージ（絆）を高める良い顧客体験であり，それを支えるテクノロジーやシステムは極めて重要になっている。

　一方で，表に出ない部分では，流通小売企業を支えるシステム開発の方法もバッチ処理からリアルタイム処理，自社運用からクラウドへというように，テクノロジーの進化によって大きく変化している。こうしたデジタルトランスフォーメーションは，小売業にさまざまな対応を迫っている。リアルな店舗だけでは生活者は満足を得ることができず，パソコンはもちろんスマホでの販売チャネル，SNSを使った広告宣伝などあらゆるチャネルやメディアを活用して顧客との良好な接点（タッチポイント）を創っていかなければならない時代が到来している。

2──── 流通業界における情報システム発展史

　小売業界における本格的な ICT（情報通信技術）活用の始まりは POS システムの普及からだといえる。POS とは Point of Sales の頭文字を取ったものであり，「販売時点情報管理」と訳される。これは，いつ，何が売れたのかという情報をリアルタイムで管理する仕組みであり，1980 年代以降，小売りの業務効率化が一気に進んだ。

　POS システムは POS ターミナルとストアコントローラから構成される。POS ターミナルのスキャナーで商品に印刷・添付されたバーコード（JAN コード＝日本統一商品コード）を読み取り，その売上情報はストアコントローラで収集される。

　標準タイプで 13 ケタからなるバーコードは 1978 年に JIS（日本工業規格）化されたが，メーカーが商品の包装段階で印刷するソースマーキングはなかなか進まなかった。だが，1982 年，セブン-イレブンが POS システムの全店導入を発表したのをきっかけに一気に普及することになった。同時に POS システムもコンビニエンスストア（以下，CVS）からスーパーマーケット（以下，SM）

図表6－2　バーコードの体系

JAN コードの体系

① 標準タイプ（13 桁）　　　　　　　　　　　　　　　　　　　　　② 短縮タイプ（8 桁）

（A）9 桁 GS1 事業者コード　　（B）7 桁 GS1 事業者コード
　　（JAN 企業コード）　　　　　　（JAN 企業コード）

① GS1 事業者コード　　　　　　① GS1 事業者コード　　　　　　① GS1 事業者コード
　（JAN 企業コード）　　　　　　　（JAN 企業コード）　　　　　　　（JAN 企業コード）
② 商品アイテムコード　　　　　② 商品アイテムコード　　　　　② 商品アイテムコード
③ チェックデジット　　　　　　③ チェックデジット　　　　　　③ チェックデジット

出所：一般財団法人流通システム開発センター。

など幅広い業種に普及していった。

　今でこそ当たり前だが，POS システムが導入されるまではどの商品がいく
つ売れたかという，正確な情報は棚卸しをするしかなく，「いつ」ということ
はまったく把握できない状態にあった。発注作業においても経験や勘（カン）
に頼らざるを得なかった。

　しかし，POS の導入により，ある商品が1日何個，どの時間に売れている
のかといった情報を瞬時に取り出せるようになった。これにより，より精度の
高い発注が可能となり，個店の利益の増加に貢献した。

　それだけではない。本部がその情報を一元的に管理することにより，チェー
ン全店でも，どの商品が，いつ，どれくらい売れているのかということを把握
でき，そのデータを商品開発などにも利用できるようになった。

　POS システムは現在も小売業の中核を担い，日々進化を続けている。POS
システムを生み出す上で，バーコードの普及，それを認識するレジシステムは
不可欠のものであったが，それにより，さらにユーザーの利便性を高めるサー
ビスを開始することができるようになった。

　POS システムと切っても切れない JAN コードだが，流通業界で共通に利
用される商品情報を企業間で伝達・共有する仕組みである商品データベース
（DB）とも関わりが深い。

　商品 DB の目的は，メーカーがバーコード登録した商品情報を製配販3層で
共有することにより，卸や小売りで繰り返し行われる商品情報の入力・更新作
業を省力化することである。JAN コードの普及期には POS や EOS（補充発注
システム）の商品マスターとして商品名，規格，価格などの基本的情報として
利用されることが期待された。

　商品データベースはさまざまな業界で構築されたが，卸などの利用者が必
要な情報を複数の DB から，それぞれ異なった項目やフォーマット，方法で入
手しなければならないといった課題があった。これを解消しようと 1988 年に
JICFS（JAN アイテム・コード・ファイル・サービス）が運用をはじめた。JICFS
はメーカーが商品 DB に1回登録すれば，他の DB とも連携されるフレキシブ
ルで低コストな仕組みを目指した。この業界商品 DB の連携は 2000 年稼働の

JICFS/IFDB（インテグレイテッド・フレキシブル・データベース）に発展し，連携先はファイネットやプラネット，JD-NET など酒類・加工食品，日用雑貨，家電製品に広がっている。

　国際的にもマスターデータの同期化（リアルタイムな商品情報共有）を実現するネットワーク DB システムとして GDSN（グローバル・データ・シンクロナイゼーション・ネットワーク）があり，グローバル企業で構成される GS1 が普及を進めている。

　メーカー・卸と小売業，さらに消費者を結ぶ流通システムは「標準化」が鍵を握る。その代表的なものが EDI（企業間の電子データ交換）である。EDI はオンライン上で企業間の情報をやり取りする通信基盤であり，製配販の3層のパートナーシップにとって欠かせない。パートナーシップは情報の開始・共有があってのものであり，SCM（サプライチェーンマネジメント）という形で結実することになる。

　商品識別コードやバーコードなどの標準規格は比較的単純だが，EDI の標準化は①通信プロトコルと，②企業特性が色濃く反映される取引に使用されるデータ項目のレイアウト（標準メッセージ）——の2つの側面があり複雑といえる。

　流通業界での EDI の標準化は 1980 年に制定された「JCA 手順」に始まる。これは EDI のスタートであり，EOS の普及には JCA 手順の存在を抜きにして語れない。

　JCA 手順はその名のとおり日本チェーンストア協会（JCA）が制定したもので，主に公衆回線利用の通信プロトコルを規定した。利便性から瞬く間に普及したが，データフォーマットの標準化は受発注などの一部にとどまっていた。電話回線（公衆回線）利用のため速度が遅く，画像データが交換できないといったことが制約要因となっていたためで，それに加えて NTT が公衆回線を IP 網に切り替えるため JCA 手順そのものが使えなくなる可能性が出てきた。

　そこで経済産業省の支援の下，インターネット対応の「次世代 EDI（Electric Data Interchange）」の標準化が検討され，2007 年に約 20 種類に及ぶ標準メッセージの最初のバージョンが制定された。これが今でいう「流通 BMS」である。

　1980年代はEOSの導入・普及を中心に社内業務の効率化が進んだ。EDI取引では「発注／受注」「出荷／荷受」「請求／支払」などの相対する業務で発生するデータの一元化・同期化が図られた。同時に1980年代はコンピュータ導入などシステムに関するインフラ整備が進んだ時代だった。その後の1990年代は「製販同盟」といった言葉に代表されるように社内にとどまらない社外とのネットワーク化のニーズが急速に高まり，やがてインターネット時代を迎えることになった。

　一般消費者が日常生活のなかでブロードバンドを使いこなし，音楽や映画を楽しみ，さまざまな商品をネットで購入するライフスタイルが定着した。一方，流通業界でもEDI取引の拡大，Eコマースの台頭により，画像データのニーズが高まるなどデータ交換におけるデータ量が急拡大していった。

　次世代のEDIに対する必要性が高まるなか，流通BMSは生み出された。2010年から本格的な普及・啓発の時期に入った流通BMSは小売りと卸・メーカー間の発注や入荷，請求・支払いといったさまざまなデータを国際標準に従ったフォーマットでやり取りする。前述のように1980年代に普及が始まったJCA手順が電話回線を使うのに対して通信基盤はインターネットである。漢字や画像などのデータもやり取りできる利点がある。

　JCA手順の最大の問題は小売各社がばらばらのフォーマットで卸やメーカーにデータ送信していることである。発注だけでも約1,000通りのフォーマットが存在するといわれ，卸などは取引先ごとにシステムを組み，各社のデータを変換して自社のコンピュータに取り込む「個別対応」を迫られてきた。

　非効率この上ない問題を，流通BMSは「標準化」により一気に解決しようとするものである。導入企業が広がれば，卸やメーカーはデータ変換にかかる作業負担を大幅に軽減でき，収益向上につなげられる。

　導入する小売り側にも利点はある。インターネットを使うため通信速度は電話回線のざっと100倍になる。1時間程度かかっていた通信時間は4分程度に短縮され，通信が一度途絶えてしまうと最初から送信しなおさなければならない難点もなくなる。さらに「伝票レス」に加え，卸などが事前に小売りに対して出荷データを送れば，荷受作業での「検品レス」も実現できる。

図表 6 − 3　流通 BMS 制定の狙い

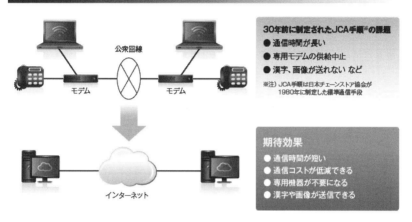

流通BMS制定のねらい①

老朽化した通信手段の置き換え

公衆回線

モデム　　　　　モデム

30年前に制定されたJCA手順※の課題
● 通信時間が長い
● 専用モデムの供給中止
● 漢字、画像が送れない など

※注）JCA手順は日本チェーンストア協会が
1980年に制定した標準通信手段

インターネット

期待効果
● 通信時間が短い
● 通信コストが低減できる
● 専用機器が不要になる
● 漢字や画像が送信できる

流通BMS制定のねらい②

業務プロセスとデータ書式の標準化

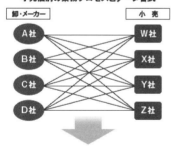

小売個別の業務プロセスとデータ書式

卸・メーカー　　　　小　売

A社　　　　　W社
B社　　　　　X社
C社　　　　　Y社
D社　　　　　Z社

小売個別の業務プロセスとデータ書式の課題
● 小売の各社各様の仕様に対する個別対応
　⇒卸・メーカー側の負担増
● 流通サプライチェーンの全体最適化の阻害要因

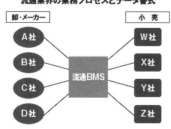

流通業界の業務プロセスとデータ書式

卸・メーカー　　　　小　売

A社　　　　　W社
B社　　流通BMS　　X社
C社　　　　　Y社
D社　　　　　Z社

期待効果
● EDI導入まで工数削減
● EDI導入コストの低減
● EDI取引の拡大
　⇒伝票レスなどの業務効率化に
● サプライチェーンの情報連携
　⇒全体最適化へ

出所：流通 BMS.com（http:www.mj-bms.com/about/article/33　2019 年 11 月 1 日確認）

　流通BMSへの切り替えは情報システムの変更であり，複雑な取引慣行と違い製配販連携のなかでは最も手が付けやすいテーマである。とはいえ，導入に積極的な企業がある一方で，「JCA手順で現状は問題がない」と腰が重い企業もあり，小売業における普及は3割程度にとどまっている模様である。サプライチェーン全体の効率化を考えればEDIの刷新は避けて通れない。それだけに業界や関係機関が導入の働きかけを一段と強める必要がある。

3── 広がるRFID

　小売りの店頭段階で，無線自動識別（Radio Frequency IDentification：RFID）機能をもつICタグの導入が広がっている。家電量販店やアパレル業界が積極的に導入を図っているのに続き，CVS業界が経済産業省の旗振りの下，2025年までに大手5社が全店導入する目標を掲げた。深刻化する人手不足の解消を狙うとともに，流通業界の生産性向上につなげるのが狙いである。ICタグはコスト面での課題があるが，大手CVSの動きで1980年代のバーコードのように一気に普及する可能性が出てきた。

　ICタグはICチップとアンテナを内蔵したタグで，一般的な大きさは縦1センチメートル×横5.5センチメートル程度である。国内では富士通や凸版印刷などが製造している。あらかじめ価格や出荷日などの情報を読み込んでおき，商品に貼って管理する。

　専用機器を使い，無線通信によって数メートルの範囲にある複数のICタグ情報を読み取る。例えば段ボールに大量の衣服商品が入った状態で機器をかざすと，商品を取り出さずに一括で何が入っているかを把握できる。個々に読み取る必要があるバーコードに比べて，在庫管理などの作業が効率化されるほか，売れ筋情報を迅速に商品開発に生かせる体制づくりが期待される。

　ファーストリテイリング傘下のジーユー（GU）はICタグを活用したセルフレジを導入している。セルフレジはハンガーから取り外した商品を機器の下部に投入し，ICタグの情報を読み取って精算する仕組みである。商品の袋詰めまで消費者自身がする。これまでレジ1台ごとに店員が1人張り付く必要があ

図表 6 − 4　ユニクロや GU で RFID による商品管理システムを導入している

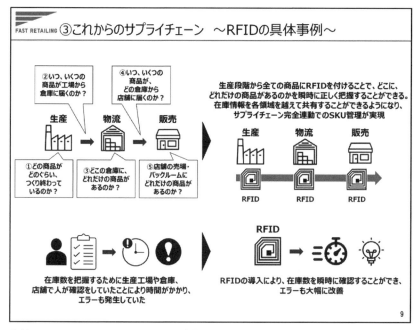

出所：ファーストリテイリングの説明資料
https://www.fastretailing.com/jp/ir/library/pdf/20181011_jimbo.pdf（2019 年 11 月 1 日確認）

ったが，セルフレジでは機器の使い方を説明するスタッフがいればいい。

　さらに注目されるのが低単価商品を扱う CVS 業界である。大手 5 社は経済産業省と共同で 2017 年 4 月に「コンビニ電子タグ 1,000 億枚宣言」を発表した。その柱は 2025 年までにセブン–イレブン，ファミリーマート，ローソン，ミニストップ，ニューデイズで取り扱うすべての商品（計 1,000 億個）に IC タグを貼り付けると明記したものである。

　これにより消費者が自分で会計するセルフレジを国内全店舗に導入する。カゴに入れた商品の情報を一括して読み取る IC タグを使い，販売状況をメーカーや物流事業者と共有する。消費者は商品をカゴや袋に入れたまま専用機械を組み込んだ台に置くだけで会計できる。CVS 大手 5 社が共通の IC タグを使うことで納入業者が異なる規格に対応する必要がなくなる。

　ICタグを読み取るレジは1台100万〜200万円の見通しで，全国のCVS約5万店に導入すると500億〜1,000億円の新たな投資が発生する可能性がある。

　CVS各社ではローソンが皮切りとなって無人レジの実験に取り組み始め，大手の他社も2018年以降，首都圏など都市部の店舗からセルフレジ化を進めている。

　大手CVSがICタグ導入に踏み切るのは，人手不足が一段と深刻化しているためである。課題はICタグの生産コストである。現在は1枚あたり5〜10円程度で，数十円の商品も取り扱うCVSでの導入の壁となっている。経産省は技術開発と量産化に向け，タグを開発する企業への補助金などで普及を促す。こうしたなか，大日本印刷はCVS向けに低価格帯のICタグの開発を始める方針である。ICタグの部材や製造方法を見直し，当初の見込みでは，2025年に同1円で導入できるようにする。

　加えて，ICタグのコストをサプライチェーンのなかで誰が負担するかという問題もある。メーカー・卸の段階が考えられるが，コストを適正に取引価格や店頭価格で転嫁できるかも普及に向けて早急に詰めなければならない。

4―― 「無人店舗」の可能性

　オフィスから家庭までAIが急速に浸透しつつある。1日に約9万6,000人が乗車するJR赤羽駅（東京都北区）で，埼京線のホームに2018年10月に実験的にオープンした無人決済店舗があった。店内はパンやお菓子などが陳列され，通常の店舗と変わらない。商品棚からパンとコーヒーを取り，出口に近づくと，ゲートに設置されたモニターに商品名と金額が表示される。交通系電子マネー「Suica（スイカ）」で代金を支払うとゲートが開く。

　この無人店舗を可能にしたのがAIである。システムを開発したのは，金融システムの開発に強みをもつサインポストである。無人決済店舗を支える「スーパーワンダーレジ」とよばれるシステムには，同社が開発したAI技術「SPAI」が搭載された。

　具体的には，店内カメラによる画像認識と物体追跡技術を使って，来店客が

手に取った商品を認識する。代金は自動計算し，商品のバーコードをレジなど
にかざす必要はない。レジでの支払いを省略できる分，決済時間を短縮できる。
実験結果を踏まえ，JR 高輪ゲートウェイ駅や目白駅での実用化が始まってい
る。

　無人店舗は AI やキャッシュレス決済のノウハウを使い，レジを担う従業員
を無くした店舗などを指す。消費者の購買データを集められるだけでなく，人
件費を抑えることもでき，生産性向上につながると期待されている。

　米国や中国では無人店舗が続々と登場している。米アマゾン・ドット・コム
は 2018 年１月に米シアトルで無人店「Amazon Go」の１号店を開業した。来
店客と商品の動きを店内のカメラやセンサーで把握し，決済は事前登録のアプ
リで済ませる仕組みである。中国ではスタートアップ企業の中山市賓哥網絡科
技の無人 CVS「ビンゴボックス」などですでに無人店が１千店程度あるとみ
られている（日本経済新聞 2018 年 11 月 30 日朝刊，p.3）。

　人手不足は小売業にとって深刻な課題である。厚生労働省が発表している有

図表６－５　「Amazon Go」のイメージ

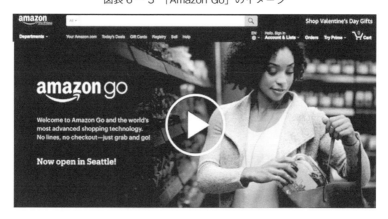

出所：https://www.amazon.com/b?ie=UTF8&node=16008589011
　　　（2019 年 11 月 1 日確認）

効求人倍率は高止まりを続け，パート・アルバイトの人件費も上昇している。省力化して店舗運営の効率を高めることが，小売業の今後の競争力を大きく左右する。

　課題解決に向けてセブン＆アイ・ホールディングス傘下で，CVS 最大手のセブン-イレブン・ジャパンも動き始めている。NEC と組み，2018 年 12 月に顔認証技術を使って利用者を特定し，会計手続きをする「無人コンビニ」を開いた。1 号店は NEC グループが入る都内のビル内に出店し，登録した NEC グループの従業員が利用する。カメラによる顔認証か社員証をかざして入店し，商品バーコードで料金を計算する。会計手続きは顔認証などで行い，実際の支払いは給与からの天引きで処理する（日本経済新聞 2018 年 11 月 30 日朝刊，p.1)。

　人手に頼る日本の小売業は生産性が低い。日本生産性本部によると，2015 年時点の日本を 100 とした卸売り・小売りの労働生産性は，米国が 317.4，ドイツが 309.5 と大きく差が開いている。こうしたなか，経済産業省は CVS などの小売店について，商品の支払いや在庫管理，発注など店舗運営をどれだけ自動化しているかを格付けする指標をつくる。小売店側に格付けの自主公表を促し，サービス業の現場への新技術の導入や，生産性の向上につなげたい考えである。ただ，それはサービスレベルを落とさないことも配慮しなければならない。生産性とのバランスが小売りの成否の鍵を握ることになるのは確かである。

5—— ID-POS で顧客情報を管理

　顧客がどういう属性で，何をいつ，何と一緒に購入しているか——。ポイントカードなどを利用し，こうしたデータを把握・分析する ID-POS の活用が広がり始めた。背景には，特定商品がいつ，どれだけ売れたかという「量」をひとくくりでとらえる従来の POS データ分析の行き詰まりがある。オーバーストアや高齢化で商圏が狭く小さくなるなか，顧客をより深く知らねば生き残れないという危機感が企業を突き動かしている。

　「買い物行動をより深く知り，顧客満足を実現していく。さらにメーカーの

ブランディングやプロモーションも強化できる」。サンキュードラッグ（北九州市）の平野健二社長はID-POSの効用をこう語る。同社はID-POSのデータ活用で小売業界の先頭を走り，地域で圧倒的なシェアを握る。

　ID-POS分析の代表例は「バスケット分析」である。猛暑に塩あめとスポーツドリンクが一緒に買われる傾向や，普通の茶系飲料よりも脂肪の吸収を抑える特定保健用食品（トクホ）の飲料とポテトチップスを一緒に買う「言い訳消費」の実態が見えてくる。

　同時購入しやすい商品を近くに並べれば，顧客が買い物でかごに入れる商品数が増える可能性がある。さらに顧客属性などを掘り下げれば，こうした販促を効果的に展開できる地域やPR手法を突き詰められる。

　このバスケット分析には「神話」がある。米国で2000年前後によく語られたのが「おむつを買った人はビールを買う傾向がある」という説である。その真偽は定かではない。ただ，少なくとも「理由は不明でも，時には予想もできない売れ方をする場合がある」ことはわかる。こうした事象の理由をとことん推測していく姿勢が，マスマーケティングの限界が露呈した時代には欠かせない。その際にID-POSは有力な分析ツールの１つとなる。

6── ネットとリアルの融合，オムニチャネル戦略

　人口減少も手伝って日本の小売市場は縮小傾向にある。総合スーパー，百貨店が年々売上を落とす一方，CVSやネット通販は逆に売上高，小売市場におけるシェアを拡大している。

　生活者はモノを買うにあたってさまざまなチャネルを吟味し，一番お得で便利なチャネルを選択する。生活者が小売業自ら用意する販売チャネルをストレスなく行き来し，他社のチャネルに流出しない環境を整えなければ，厳しい競争のなかでは生き残れない。

　その具体的な対応策が「オムニチャネル・リテイリング」である。オムニチャネルとは「顧客との接点を有するすべての販売チャネル」を表す造語で，最初に世に出たのは2011年１月，全米小売業協会（NRF）の標準化団体である

ARTSにより「Mobile Retailing Blueprint」というレポートが発表された時と言われる。

　このレポート自体は，さまざまな携帯端末・タブレット端末の登場という，デバイス（機器）の多様化を踏まえたリアル（実店舗）とデジタル（オンライン店舗）の融合／連携の姿について，おもにテクノロジーの視点から解説されたもので，スマートフォン（スマホ）の急速な普及とともに瞬く間に全米流通業に浸透した。つまり「リアル店舗はもちろんパソコンやスマホなど，顧客とのさまざまな接点（オムニチャネル）を統合運営し，顧客利便性を高めて商機を極大化する流通戦略」と定義される。

　小売業と顧客との関係性を振り返ると，かつては店舗と顧客の一対一の関係，つまりシングルチャネルだった。それがカタログやネット通販が登場し，マルチチャネルへと変化した。この段階では店舗事業と通販事業は独立した形で管理され，顧客情報も在庫も別々である。具体的にはリアルとネットで別々に商品を買うとポイントカードも別々で，特典をまるまる受けることはできないという状態が一般的である。店舗に在庫があったのに，家に帰ってネットで注文しようとしたら在庫切れという表示だったり，消費者の不満があったりするのが現在の小売業の世界である。

　マルチチャネルが進化し，ネットで注文したモノが店舗で受け取れたりする。つまり販売チャネルの横断が起き，顧客からチャネルがクロスしたように見える段階がクロスチャネルである。しかし，クロスチャネルではまだ顧客情報や在庫が一元化されていない。一元化を進めなければ顧客満足やカスタマーエクスペリエンス（顧客体験価値），顧客にとって良好な買い物体験を提供できないと考えるのがオムニチャネルである。

　オムニチャネル・リテイリングの目的は顧客との継続的な関係を構築し，顧客の囲い込みにより収益を上げることである。顧客の囲い込みという表現はあまりにも企業側の論理で使いたくないが，一面ではそういうことを意味する。

　多様な接点，販売チャネルを利用する顧客は，商品検索に時間をかける，購買確率が高い，購買点数や購買金額が比較的多い，継続率が高い──といった傾向をもつ。こうした優良顧客にきちんと対応することが小売業の経営戦略上

重要であり，情報システムやロジスティクスのインフラ整備とともに，優良顧客を意識したマーケティングを進める必要がある。

　米国においては百貨店のメイシーズやノードストローム，ウォルマート，ホームセンターのホームデポなど，日本においてはセブン＆アイ・ホールディングス，イオン，パルコなどの特徴を分析すると，その結果，オムニチャネル・リテイリングを実現する重要な構成要素として５つが浮かび上がる。

　１つ目が組織構造，人事評価を含めた組織のあり方の問題，２つ目が顧客情報と在庫情報の統合といったＩＴの問題，３つ目が商品の受け取りとサプライチェーン，４つ目が店舗運営と「おもてなし」，最後の５つ目が商品調達と開発，いわゆるマーチャンダイジングの問題である。

　まず，オムニチャネルの現場展開の要は，企業トップが関与したマネジメント変革である。変革のためには，それにふさわしい役職の人を配置するのが理想的であり，メイシーズなどは「最高オムニチャネル責任者」，チーフ・オムニチャネル・オフィサーやチーフ・マーケティング・オフィサーといった役職を創設している。もちろん組織の変更はトップだけにとどまらない。従来の小売業は機能別組織が主体だが，それでは限界があり，組織のあり方を変えなければ「顧客に共通のブランド体験を提供すること」は難しいと言わざるを得ない。

　また，①顧客はどのチャネルに接するか，②いかに製品やサービスを理解するか——から始まって③どのように購入するか，④どのように決済するか，⑤どのような納品を希望するか，⑥いつ，どのように買い換えるか——といった購買サイクルに沿った顧客経験価値の向上に向けた業務設計や組織編制が必要になる。

　関連して人事部はオムニチャネルの視点から人材を雇用すると同時に，個々のチャネルの専門知識をもつ人々を採用しなければならない。従来のように担当するチャネルでの成績だけに基づいてスタッフを評価し，インセンティブを与える方式を改めるべきである。

　２つ目のＩＴに関しては，現状のシステム構造においては，業務やチャネルごとに独立したシステム，独立したデータベースが乱立しているケースが多

い。これに対して販売チャネルの枠を越えたシステム・情報連携を可能とする基盤が必要となる。具体的には，チャネル横断の在庫管理，商品コンテンツ管理，顧客情報管理，販促管理の改革である。加えて顧客一人一人への対応として，GPS（地理情報システム）やSNSを活用したクーポン発行や関連販売の販促プログラム，質の高いリコメンデーションエンジンの構築などが考えられる。

　3つ目は商品の受け取りとサプライチェーンである。オムニチャネル時代において，顧客は商品がどこに保管されているかなど気にしない。気にするのは，手間をかけずにすぐ入手できるかどうかである。

　顧客ができる限り迅速かつ簡便に商品を入手できるよう，先行するオムニチャネル企業は幅広い受け取り・返品方法を用意している。実現にはサプライチェーンに変更を加える必要がある。多くの場合は，物流センターを増やす形を取り，いわゆる店舗型の配送拠点である「ダークストア」を加えることもある。

　4つ目の店舗運営と「おもてなし」の問題である。店舗運営の最も重要な改革は，店舗からの商品発送（シップ・フロム・ストア）と店舗での受け取り，ほかのチャネルで購入した商品を返品処理する能力を実現することである。また，有力小売業のなかでは現在，在庫情報が確認できるモバイル型のPOS端末を販売スタッフにもたせる動きがある。購入履歴や閲覧履歴が記録された顧客プロファイルに，販売員が店舗からアクセスでき，顧客一人一人に合ったサービスを提供する試みである。

　小売業の経営戦略も「店舗を中心とした考え方」から，サービス業としての「ブランド中心の考え方」に変化せざるをえない。かつては立地条件のよいところに店舗を出店し，商品を販売できる環境を整備することが小売業にとって最優先だった。しかし，これからはあらゆるチャネルを統合し「おもてなしの優劣」が企業業績を左右するという，むしろサービス業志向に変わっていくのではないか。

　最後に5つ目の商品開発と調達，マーチャンダイジングの問題である。これは消費者の欲求に適う商品を，適切な数量，適切な価格，適切なタイミング等で提供する小売業の根幹をなす重要な要件である。

　20 世紀にチェーンストア理論やセルフサービス方式が小売業界のイノベーションであったように，オムニチャネルは 21 世紀のイノベーションである。消費者はどのチャネルでも小売業とシームレスにやりとりできることを期待しており，チャネル横断の販売体制はいずれ多くの有力小売業にとっての「標準仕様」となるはずである。

　つまり 21 世紀の小売業はオムニチャネル・リテイリングが当たり前であり，だからこそ商品やサービスなどで差異化を図るべきであり，ブランド力が競争上のカギを握ってくる。情報システムやサプライチェーンの改革を急いだ上で，小売業の本来価値を突き詰め，社会に対して豊かさを提供する——という本当の競争が「オムニチャネル化」という仕組みを整えた後に待ち構えているはずである。

7 ── 生産性向上へ AI の活用がカギ

　日本の小売業や外食産業は労働集約型産業で人の経験や勘に頼るところが製造業に比べて大きかった。だが，AI 技術の進化で，人の判断と同等以上の精度を確保できるようになってきたのをにらみ，AI に置き換えられる部分は委ねて生産性や競争力を高める動きが出てきた。

　多くの人時が割かれていた売場管理・発注・人員計画においてもテクノロジー活用が進んでいる。動画を活用した教育ツールなど新たな手法も出てきている。健全な店舗運営のために必要なデジタルツールの活用を考える。店舗における人材不足は深刻な問題である。何も手を打たなければ，サービスの質低下に直結するからだ。サービスの質が落ちれば，顧客が離れ，収益が落ちる，低賃金・長時間労働を解消できない，さらなるサービスの低下…という悪循環に陥ってしまう危険性をはらんでいる。

　そして，その悪循環を食い止める，あるいは未然に防いで店舗運営を健全な状態に保つのに，デジタルツールの活用は間違いなく有効である。これまで人力に頼らざるを得なかった「作業」的な労働を自動化できるツールの導入には，積極的に投資すべきである。これからの時代に求められる流通小売企業となる

ためには，デジタルツールでオートメーション化できる部分はしつつ，企業価
値が高まる部分にリソースを集中させ，顧客満足度を高められる店舗運営を実
現することが必要である。

　和歌山県を地盤とする SM のオークワは，2018 年 7 月から AI を用いて商品
を自動発注するシステムの運用を始めた。人手不足に対応し，発注現場の作業
負担を軽減する。自動発注システムは AI が過去の在庫水準や気候などさまざ
まなデータを基に，菓子や飲料，冷凍食品などを物流センターに最適な量で自
動発注し，店舗での欠品や廃棄ロスを減らす。

　従来のシステムは一定の在庫水準を下回ると追加発注をするもので，イベン
トなどで需要が盛り上がりそうな場合は各売り場担当者の経験などに頼って注
文していた。自動発注システムの導入に伴い，売り場担当者の発注業務も従来
の 3 時間から 1.5 時間程度に短縮できるという。空いた時間をほかの業務に転
用できる。

　イトーヨーカ堂も 2018 年から AI による需要予測の実験を始めた。対象は
加工食品や日配品，日用雑貨の一部で，NEC や野村総合研究所など 4 社の AI
を使い，精度の比較検証を進めている。4 社それぞれの AI は売上や客数とい
った実績値とその日の天候などの要因を照らし合わせる深層学習を繰り返して
いる。生鮮品を除く食品と肌着などの衣料品，日用雑貨など 5 万点以上を対象
に AI が個別商品の売れ行きを予測し，最適な発注数量を提案する（日本経済新
聞 2018 年 7 月 1 日朝刊，p.7，日本経済新聞 2020 年 1 月 29 日朝刊，p.13）。

　大手 SM では飲料や加工食品の一部で，商品の販売実績に応じた自動発注を
取り入れている。こうした発注は将来の予測を含まず，売れた分の補充という
意味合いが強い。ヨーカ堂では AI でチラシの掲載の有無や前年の実績，天気
予報などを踏まえて個別に売上を予測し，発注数を計算する。1 人あたり 1 日
40 分程度かかる発注作業の時間を 9 割減らし，接客や売り場作りにあてて売
上増につなげる。

　ファミリーマートは CVS の新規出店の可否判断に AI を導入した。グーグ
ルと組み，データ分析のスタートアップ企業，グルーヴノーツ（福岡市）の AI
サービスを使う。出店候補地の商圏内の年代別の世帯数や人口，競合する小売

りの出店状況などを踏まえて，出店した場合の売上高を予測する。

　AI に 2010 〜 16 年に出店した 3,500 店の商圏データと実際の売上高を学習させた。ファミリーマートではこれまで売上高と関係の深いと思われる指標を 15 程度選んで売上高を予測していた。AI は 600 項目を計算して店舗の売上高を予測する。これまで 1 日の売上高の予測と実績の差が 5 万円以内に収まったケースは 4 割弱だった。AI を利用すると 8 割弱が 5 万円以内の誤差に収まったという。精度の高い売上予測が可能となるとみて，人口減などにより出店先が絞られるなかで効率的な出店につなげる（日本経済新聞 2018 年 7 月 1 日朝刊，p.7）。

　小売り企業は短時間勤務のシフトを増やしている。育児や介護の合間に働きたい社員の要望をすくいあげたり，アルバイトを採用しやすくしたりするためである。店長らリーダーのシフトづくりの負担は増している。シフトづくりを自動化できれば，リーダーは浮いた時間でアルバイトの教育を充実させたり，接客サービスの改善策を練ったりできる。

　日本のサービス産業は生産性の向上が課題で，IT の活用が欠かせない。人手不足が続き，ネット通販などとの競合も激しくなるなか，AI を導入して生産性の向上につなげる。日本生産性本部によると，サービス関連分野の 2016 年の就業 1 時間あたり付加価値額（売上高から原材料費などを除いた金額）は製造業に比べて大幅に低くなっている。宿泊・飲食サービス業は 2,560 円で製造業の 4 割，卸売・小売業は 3,942 円で 7 割となっている。

8 —— 次世代通信規格の可能性

　流通小売業が向かうべきデジタルテクノロジー活用の方向性は上で述べたとおりだが，一点，それを加速させ，さらには世界を変える可能性を秘めているのが 2020 年に商業利用が開始された次世代通信規格「5G」である。

　「超高速」，「低遅延」，「大容量」，「大量同時接続」といった特徴をもつ 5G は，IoT や AI，さらには拡張現実（AR）や仮想現実（VR）など，これまでもアイデアはありつつも，データが大き過ぎてビジネス利用が本格的に実現すること

ができなかった技術が活躍するステージを大幅に広げるはずである。

　例えば,「ライブコマース」や「動画コマース」など, 数年前までは「時期尚早」と判断していたものが, 5Gによって圧倒的なクオリティ（映像の鮮明さ, それに伴う臨場感, 反応速度など）を獲得し, 誰もが能動的に利用したい「まったく新しい購買体験」となる可能性は大いにあり得る。

9── 本章のまとめ

　デジタルテクノロジーの進化は止まらない。人手不足を解決したり, 取引の効率化を図ったりと活用分野は幅広く, スムーズな導入が競争環境のなかで鍵を握る。また, ネットとリアルはますます融合して, 顧客一人一人の満足の最大化に向かうことになる。企業側にすれば, マルチチャネルがリアルとネットそれぞれの「部分最適」にとどまるものとすれば, オムニチャネルはリアルとネットが統合された「全体最適」を志向する戦略である。マーケティングや販売と, 情報・物流システムに関して, 統合された仕組みづくりが今後の戦略には不可欠である。

参考文献
　日本経済新聞（2018年7月1日朝刊, 2018年11月30日朝刊, 2020年1月29日朝刊）.

第2部

小売経営

第**7**章

百 貨 店

1 ── 百貨店の定義

　まずは本章における百貨店という業態について定義しておきたい。例えば，

・「商業統計調査」では，衣，食，住，にわたる各種の商品を販売する事業所で，その事業所の性格上いずれが主たる販売商品であるか判別できない事業所であって，従業者が常時50人以上のもので，総合スーパーが含まれる。

・「商業販売統計」では，日本標準産業分類の百貨店のうちセルフ店に該当しない商店であって，かつ，売場面積が一定以上（特別区，政令指定都市で3,000m²，その他の地域で1,500m²）の商店。

・「日本百貨店協会」では，物理的に独立した店舗面積が1,500m²以上のもので，当協会に加盟している百貨店。

となっており，百貨店を厳密に定義することはむずかしい（関根 2005, p.51）。が，これらをふまえたうえで，本章においては，「業態は小売ミックスのパターンから分類される（池尾 1997, p.125）」との立場から，百貨店の定義づけを行いたいとおもう。百貨店における小売ミックスというものを整理すると，

　・ワンストップ・ショッピング機能
　・買回品を主体に最寄品までの多様な商品構成

・多種類のサービス機能

・対面販売，定価販売といった特徴的販売方式

といったものがあげられよう。これらにくわえて，近年，百貨店との間でその競合の度合いが増しているとされる都心部立地の駅ビル，ファッションビルといった商業デベロッパー，テナント業と区別する意味から，「賃貸売場の単なる集合ではなく単一資本による統一性を有する」ことをあげておきたい。

よって，以上の内容をふまえ，本章における百貨店の定義を，「一つの建物で，買回品を主体に最寄品までの多様な商品，多種類のサービスを取り扱い，対面販売，定価販売といった特徴的販売方式を用い，賃貸売場の単なる集合ではなく単一資本による統一性を有する大規模小売業」とする。

2── わが国の百貨店の歴史（～1991年）

百貨店はいずれも総じて長い歴史を有していることから，図表7－1「百貨店略年表」を用いてその生い立ちから，売上高ピークの1991年までを概略的に整理してみたいとおもう。

図表7－1　百貨店略年表

西暦	できごと
1611（慶長16）	いとう呉服店（松坂屋）が尾張で開業。
1662（寛文2）	白木屋が小間物店として江戸で開業。
1673	三井高利が江戸で呉服店越後屋（三越）を開業し現金定価販売を始める。
1717（享保2）	大文字屋（大丸）が京都で開業。
1831（天保2）	たかしまや（高島屋）が京都で開業。
1886（明治19）	神田旅籠町に伊勢屋丹治呉服店（伊勢丹）を創業。
1904	「株式会社三越呉服店」を設立。初代専務に日比翁助が就任，「デパートメントストア宣言」を発し，日本初の百貨店となる。
1910	「株式会社いとう呉服店」（松坂屋）が発足。名古屋市栄町角に名古屋地方初のデパートメントストアとして名古屋店を新築開店。
1919（大正8）	「株式会社高島屋呉服店」が発足。1907年には増築し，販売方式も陳列式デパート方式をとるなど新しい試みを行う。 「株式会社松屋鶴屋呉服店」（松屋）を設立。
1920	「株式会社大丸呉服店」が発足。1922年デパート業界で初めての週休制（月曜定休日）を実施。

西暦	できごと
1923	（三越）関東大震災により本店罹災，東京市内8ヵ所にマーケットを開設。 （松屋）銀座ビルディングを含む主要店舗を焼失，店舗の一時帰休。
1924	（伊勢丹）関東大震災後，百貨店形式にする。 （松屋）商号を「株式会社松屋呉服店」と改称。
1925	（松坂屋）商号を「株式会社松坂屋」に改める。
1928（昭和3）	「株式会社三越呉服店」の商号を「株式会社三越」と改める。 商号を「株式会社大丸呉服店」から「株式会社大丸」に改める。
1929	阪急百貨店が大阪梅田駅ビルに世界最初のターミナル百貨店を開店。地下2階，地上8階という，当時では群を抜いた規模を持ち，従来の高級百貨店としてではなく，より多くの人々に親しまれる新しい百貨店を目指す。
1930	「株式会社伊勢丹」が発足。 （高島屋）商号を「株式会社高島屋」と変更。
1934	東京横浜電鉄株式会社（東京急行電鉄株式会社）の百貨店部として，東横百貨店（東急百貨店東横店）創業。
1937	第1次百貨店法が施行され，百貨店の営業が許可制になる（1947年廃止）。
1947	阪急電鉄より分離独立し，「株式会社阪急百貨店」設立，開業。
1948	（松屋）商号を「株式会社松屋」に変更。
1951	1946年に戦前から親しまれていた「阪神マート」に改称し，1951年，売場面積2,000坪の小規模ながら「阪神百貨店」と店名を改めた。
1956	第2次百貨店法が施行され，百貨店の営業が再び許可制になる。
1957	阪神電鉄は鉄道運輸とは事業の内容がまったく異なる百貨店部門を分離独立させ，1957年「株式会社阪神百貨店」を設立。
1960	この頃ターミナル百貨店の設立が相次ぐ。
1972	三越が年間売上高でダイエーに抜かれる。
1974	百貨店法が廃止され，大規模小売店舗法が施行される。
1982	三越本店でPOSシステムを導入。三越で押付け販売等の問題が発生。
1985	わが国最大規模の横浜そごうが開店（売場面積　68,000㎡）。 伊勢丹が神奈川県相模原に新郊外型百貨店を開店。
1991（平成3）	松坂屋名古屋店が増床，「巨艦店」ブームが続く

出所：関根（1999：99），各社のホームページにより加筆，修正。

図表7－1　「百貨店略年表」からわかる主なこととして，

・松坂屋や三越，大丸，高島屋，伊勢丹，松屋など呉服店から百貨店化した呉服系百貨店と，阪急百貨店，東急百貨店，阪神百貨店など，電鉄会社を母体として設立された電鉄系百貨店，という大きくは2つのタイプに分けられる。

　　電鉄系百貨店の主なものとして他に，名鉄百貨店，東武百貨店，小田急百貨店，京王百貨店などがあげられる。

・1904年の株式会社三越呉服店「デパートメントストア宣言」以降，百貨店

化を推し進めるうえでの資金調達の必要から，株式会社への移行が多くみられる。その後，各社順次，商号から「呉服店」が取れていく。

　例えば 1925 年（大正 14）株式会社松坂屋，1928 年（昭和 3）株式会社三越，同年，株式会社大丸，1930 年（昭和 5）株式会社伊勢丹，同年，株式会社高島屋などであるが，その商号変更時期として，1923 年（大正 12）関東大震災後，昭和初期にかけて多くみられることが 1 つの特徴であるといえよう。

・1937 年第 1 次百貨店法が施行され，百貨店の営業が許可制になるが，その背景の主なものの 1 つとして，関東大震災後，昭和初期にかけての百貨店の大衆化があげられ，結果として中小小売商に影響を及ぼしたことが指摘される。この点については，次項でふれたいとおもう。

　また 1956 年第 2 次百貨店法が施行され，百貨店の営業が再び許可制になる。その背景としては，1945 年 終戦後，百貨店の急速な復興から，再び中小小売商に影響を及ぼしたことによる。

　この点について岩永（2009, p.121）によれば，百貨店は 1953 年の消費景気によって，戦後の消費景気を独占し，戦時中からの資本蓄積を基礎に，急速に発展した結果，百貨店間だけでなく中小小売商との競争も激化して，1956 年，第 2 次百貨店法が立法化された，としている。

なお 1953 年の消費景気とは，「昭和 29 年 年次経済報告 経済企画庁[1]」によれば，戦後の国民消費水準が，1953 年（昭和 28）においても引き続いてさらに 13％の大幅な上昇を記録し，前年において 1934 年〜 1936 年（昭和 9 〜 11）平均水準の 96％とほぼ戦前並みに到達していた消費水準は，1953 年には遂に 109％と戦前を約 1 割弱凌駕するにいたった，としていて，日本経済の戦後の復興を示すものである。

　ここまで 1991 年までのできごとを概略的にみてきたが，これ以降，百貨店の節目となる時代ごとに，もう少し詳しくみていきたいとおもう。

2 − 1　関東大震災後，昭和初期にかけての百貨店

　これまでの考察からして，百貨店における 1 つの分岐点ともいえる関東大震災後，昭和初期にかけて，どのような経済環境にあって，またその経済環境に

対して，どのように百貨店が向き合っていったのか，ふれておきたいとおもう。

（1）関東大震災後，昭和初期にかけての経済的背景

　『昭和2（1927）年には，政府は大震災によって決済不能になった手形の処理をはかったが，その際，一部の銀行の経営状態の悪化が表面化したため，取付け騒ぎが発生して，多数の中小銀行が破産に瀕し，金融界に大きな混乱がおこった → 金融恐慌。昭和4（1929）年に成立した浜口雄幸内閣は，財界からの要望もあって経済の本格的な整理をめざし，欧米にならって金解禁を実施して，財政の緊縮と産業合理化をはかり，物価を引き下げて国際競争力を強化しようと試みた（鳥海 1978, p.309)』

　『こうして，昭和5（1930）年1月には金解禁が実施された。しかしその前年10月にアメリカにおこった経済恐慌はヨーロッパにも広がり，ちょうど金解禁実施当時には深刻な世界恐慌に発展しつつあった。そのため日本はかえって「嵐に雨戸を開く」結果となった。生糸を主とする対米輸出が激減したのをはじめ，輸出は大幅に減退し，国際収支はいっそう悪化して，金（正貨）が大量に海外に流失した。そして，工業生産は低落して企業の操業短縮や倒産が相つぎ，産業合理化によって，人員整理や賃金切下げがおこなわれ，失業者が増大するなど，日本経済は激しい恐慌に見舞われた → 昭和恐慌（鳥海 1978, p.310)』

　このように昭和2年の金融不安に始まり，深刻な不況へと移行する様は，近年の平成不況と酷似しているといえるが，その各々の概況においては他の不況期とそう変わるものではない。しかしながら近年の経済学の研究分野においても昭和恐慌と平成不況との比較が論じられる1つの理由となっていて，他の不況期とは一線を画す類似点が1つ指摘される。

　橋本（1984, p.165）によれば，「昭和恐慌の特徴」として「物価の激しい低落」を特徴としていて，卸売物価の低落がほぼ3年間にわたって持続的低落であったという。

　一方，「平成不況の特徴」についていえば，白川（1995, pp.133-136）は「戦後

最大の経済活動の落ち込みとディスインフレの進行」とし，名目GDPの停滞の背景として，ディスインフレの進行という過去の景気局面ではみられない特徴があったとしている。本多（1995, pp.1-13）においても「デフレーション下の日本経済」として，デフレという特徴をもつ経済環境のもとでの「日本経済の現状」について，短期的および中長期的視点からの説明を行っている。

　つまり関東大震災後，昭和初期にかけては平成不況と重なる部分も多くあり，経済的には非常に厳しい環境であったが，そうしたなか当時の百貨店はどのように対応したのであろうか。

（2）百貨店の営業諸施策

　関東大震災後，昭和初期にかけての百貨店としての展開の様を述べるうえで，ふれなければならないこととして，当時の恐慌時における百貨店の営業諸政策があげられる。以下その代表的なものについて項目別にいくつかみてみよう。

出張販売

　近年の百貨店の外商活動に該当するもので，それ自体はすでに大正後期から重要な販売活動として行われてきたものである。堀（1937, pp.158-159）によれば，百貨店の出張販売は資本主義発展上の客観的情勢とわが国の特殊事情により，わが国に特異の発展をみたもので，その萌芽は明治時代にみることができるものの，出張販売の注目すべき進展は震災後を境として特に，百貨店の収益率の減少しはじめた転換期ともいうべき昭和3年およびそれ以降の不景気の進行につれて，その出張回数の増加，出張地域の拡大は顕著である。こうした動きを各社の営業報告書の記述から追うと，例えば，

　三越　昭和3年下期「当期は……何分多年不況の跡とて予期程に立直らず然るに当店は幸に一般の著しき同情に依り本支店出張所共近年になき売上高の増加を示し……良好の成績を収め得たる……」
　高島屋　昭和4年下期「……経済界の萎縮不振は当期に入り極度に達せるか

の観あり，当社はこの間に処し専ら生活必需実用品の販売につとめ，地方への
進出近郷への宣伝等時代に適応せる販売機能を発揮し……その成果著しきもの
あり……」

とあり，後の中小小売商との対立を予感させるがごとく，当時の不況に対応す
べく積極果敢な営業姿勢をうかがわせるものである。

廉　売

　わが国の代表的百貨店の1つで，わが国の百貨店の歴史そのものともいえる
三越の歴史をたどってみても，もともと上流階級を顧客として成長してきたの
であるが，第1次世界大戦（1914〜18）の特需景気から日本経済は急速に拡大
し，それに伴い，工業主導型の経済構造，人口の大都市集中，中産階級の登場
とこうした流れに適応すべく，1915年頃より積極的な大衆化路線を打ちだし
ている（梅本1988，pp.74-75）。

　しかしわが国の百貨店が本格的な大衆化路線を歩むようになるのは，1923
年の関東大震災以降となる。関東大震災をきっかけとして三越も大きく変化し
たのだが，直接的に変化をもたらされたものが日用必需品の販売であり，本店
をはじめ，市内各所にマーケットをつくり，特価販売したが，いずれも市民の
好評を博したと記されている（高橋1972，pp.112-113）。

　営業施策を大きく大衆化路線へと転換したことにより，デフレ現象下の恐慌
時においては，そうした大衆の窮状という市場環境に適応すべく相当な規模で
の廉売が，繰り返し行われていた。近年とは異なり当時の百貨店研究について
は比較的充実していたといえ，近年の批判的議論とは異なり，成長業態として
の百貨店が，中小小売商に与える影響を中心的なテーマとしながら，百貨店
の意義を考察する形で議論が展開されているものが多い（藤岡2001，pp.89-91）。
そうした文献のなかで，経営学的見地から百貨店経営を論じたもので，「廉
売」に関する興味深い記述部分について紹介したい。水野祐吉の『百貨店経営
学』において，百貨店のMD（マーチャンダイジング）についてふれている部分
（pp.213-216）であるが，以下はその一部抜粋・要約である。

・仕入および販売に関する一般商品政策中最も重要なるものは安価主義でいくか，品質主義でいくかの問題である。
・競争の厳しい現世にあっては，標準化された商品は，特に百貨店においては，その価格に高低を見出しえる余地はない。なぜなら，近年何れの百貨店においても市価調査員なるものが活動し，もし他店に安く販売するものを発見すれば，限日その高かった店内商品の値が引き下げられているからである。
・今日，各百貨店の信条をうかがうに，何れも品質の優良と価格の低廉との双方を共に標榜していることが知られる。
・もともと三越は高踏的な販売政策をとってきただけあって，安物を標榜するような販売方法はとらなかったが松坂屋は，実用品の大商店であって，徹頭徹尾安価主義で押し通してきた店である。
・松坂屋は昭和4年11月東京，大阪，名古屋の主力新聞に2割の値下げ断行の広告，次いで，高島屋の値下断行大蔵払，白木屋の特定雑貨半額割戻等の商略発表，しかるに三越も，従来，譲らなかった高踏政策も時代の潮流に抗してはいかんともなしえず廉売戦に参加する形勢を示すに至った。
・ただしこれらの方策は単に時代に適応するための一時的手加減であって三越が伝統的の方針としての優秀品の常備を怠っているわけではないようで，一例として呉服および雑貨の特選売場の新設をあげることができる。

　実際に当時の新聞広告を調べてみると，いずれも昭和4年の東京朝日新聞であるが，

11月23日朝刊　高島屋　「マークダウンサービス……」
11月24日朝刊　松坂屋　「値下げ断行金解禁と緊縮整理の折柄弊店においては率先して手持ち商品の全般にわたり，売値の引下げを断行致し……」
11月24日朝刊　白木屋　「半額割戻し大売出し」
11月28日朝刊　松屋　「品質本位の松屋の信条に基き，金解禁に先立ち実質的優良品を提供致します。良品にしてしかも廉価な掘出し物豊富」

といった具合に前述の廉売合戦の内容を裏づけるように，百貨店各社が廉売を営業施策の中心に位置づけて積極的に広告を行っていたことがわかる。

　これら以外にも，支店，分店，出張店等の開設，顧客送迎バスの運行など，百貨店が積極的な大衆化，営業施策を推しすすめたことにより，百貨店は昭和恐慌を乗り切ることができた。

　いいかえれば，日本の百貨店は関東大震災と昭和恐慌という2大社会環境の変化を背景に，否応なしに「大衆化」の道を歩まざるをえなかった，ともいえよう（飛田 2016，pp.85-86）。そしてその結果，近代百貨店の原型を形作ると同時に，当時の中小小売商に大きく影響を及ぼすこととなり，1937年第1次百貨店法が施行された。

2－2　戦中，戦後の百貨店

　1941年，太平洋戦争勃発，1945年，敗戦と，この戦中期の百貨店については，戦時経済統制のもと，物資が不足するなかでの統制配給の強まりや，当時の百貨店従業員が徴用されるなど，深刻な影響をうけている。

　しかし，戦後1946年以降，売上高は年々増加していて，その後も図表7－2「百貨店売上高推移（1955～1992）」からも明らかなように，1955年以降の高度経済成長期，1985年以降のバブル経済期などを経て，1991年まで売上高は増加し続けている。

　ピークとなる1991年まで，さまざまな影響要因をはじめとして，景気循環などの環境変化に対応しつつ，少なくとも売上高的には順調に伸びていったという意味において，百貨店はおおむね発展していった，といえるであろう。

図表 7 - 2　百貨店売上高推移（1955 ～ 1992）

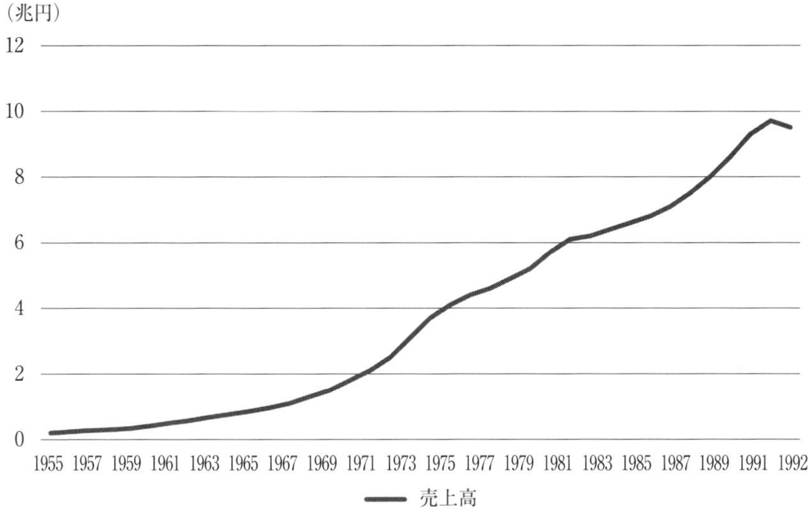

（兆円）

出所：日本百貨店協会統計資料により筆者作成。

3── バブル経済崩壊後の百貨店（1991 年～）

　図表 7 - 3「百貨店売上高推移（1990 ～ 2019）」からわかるように，1991 年
をピークとしてその後，一時的な売上高回復傾向時期，例えば 2013 年当時は，
景気回復，東日本大震災の反動，都心大型店での増床効果，インバウンドの増
加などを背景とした，一時的な売上高回復傾向もみられるものの，1991 年を
ピークとして総じて減少傾向にあるといえよう。

図表 7 - 3　百貨店売上高推移（1990 ～ 2019）

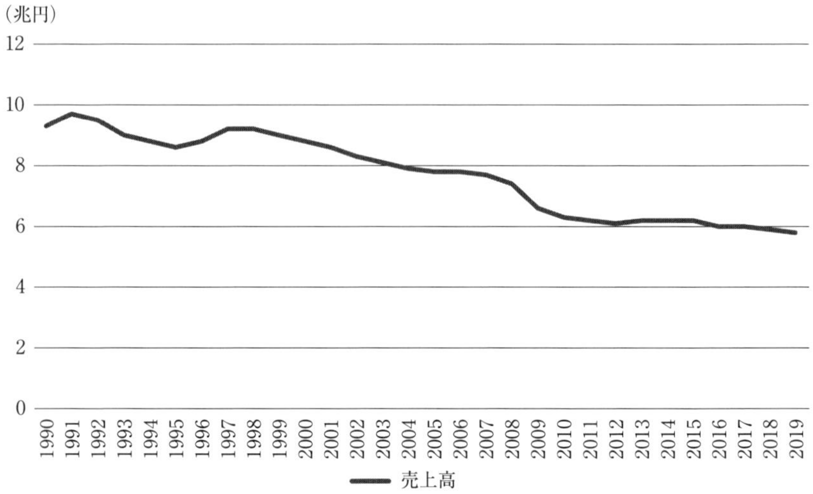

(兆円)

出所：日本百貨店協会統計資料により筆者作成。

3－1　百貨店経営不振の背景

　こうした近年の百貨店経営不振の背景として，これまでさまざまな指摘がなされてきた。しかしながらそれらの問題点は一様に一定の見解に収れんされていく。

　例えば，

・伊藤（1998, pp.197-198）は，日本の百貨店の将来を考える時いくつかの危惧があるとし，その１つに小売技術の問題を指摘し，その背景にある委託，消化仕入れを続けることへの危惧を説いている。

・江尻（1994, pp.70-75）によれば，百貨店を危機に追い込んだ最大の原動力は，納入企業との委託取引きの締結，納入企業の派遣販売員の受け入れであるとして，その結果，百貨店側は，価格決定権の喪失，収益力の低下，顧客がみえない，販売能力の低下，環境変化に対して機敏に対応する姿勢の喪失等の問題点をかかえこんだとしている。

・池尾（1997, pp.132-134）によれば，小売業態としての百貨店が抱えるより基

本的な問題は，長年の取引慣行のなかで，小売業として最も基本的な能力が
失われてきたという点にあり，特に大きな問題をはらんでいるのが委託販売
と派遣店員であるとしている。1960 年代よりメーカー依存の百貨店経営の
危うさが指摘されていたがその弊害として，百貨店のノウハウ低下ととも
に，同じメーカーが多くの百貨店の売場を管理することからくる店舗個性の
喪失，マージン，収益性の低下をあげている。また百貨店は，売り上げが低
迷し，収益の低下が顕著になると，派遣店員の削減や買取仕入を打ち出すも
のの，景気が好転し売り上げが回復してくると，結局元に戻るといったこと
を長年にわたって，近年までくり返してきたとしている。

　このように，百貨店における委託仕入を中心とする 1 つのビジネスモデルは，
取引先依存，顧客サービスの低下，MD 力の低下，価格決定権の喪失，低収益
体質，売場構成の同質化といったさまざまな問題を引きおこしたとされる。

（1）百貨店における仕入形態

　ここで，問題として指摘されている百貨店における仕入形態について，整理
しておきたい。百貨店の仕入形態は「買取仕入」，「委託仕入」，「売上仕入（消
化仕入）」，の 3 種類に分かれ，「買取仕入」は問屋から百貨店に納入されたと
きに商品の所有権が百貨店に移る仕入形態，「委託仕入」は，百貨店からいえ
ば「預り品」で所有権は問屋にあり，百貨店は棚不足の責任はもっても売れ
残りのリスクをとらない仕入形態，「売上仕入」は売れた分だけ仕入にし，さ
らに棚不足など商品管理も，販売員も問屋の責任で行われる仕入形態とされ
る（高丘・小山 1984，pp.76-77）。なお，買取仕入は「完全買取仕入」と「返品条
件付買取仕入」に分類される（百貨店業労働力確保等問題懇談会報告書 1994，p.11）
が，後者については返品が可能で売れ残りのリスクをもたないという意味にお
いて，本章では「委託仕入」に含まれるものとして取り扱う。さらに「売上仕
入」についても，売れ残りのリスクをとらない同様の仕入形態であるという視
点から本章では，とくにことわらない限りは「委託仕入」には「売上仕入」も
含まれるものとする。

委託仕入は通常，派遣店員を伴うものであることから，百貨店側からすれば実質的には単なる場貸しに近い状態となってしまうことで，前述の指摘にあるように，近年の百貨店においてさまざまな弊害をもたらした根源とされている。

（2）委託仕入について

日本の百貨店業界に委託仕入と，それに伴う派遣店員が定着したのは，一般的には1950年代の前半にオンワード樫山が百貨店に提案し，導入されたものだといわれている（池尾1997，p.133）。オンワード樫山の創業者である樫山純三の著書『走れオンワード』(pp.76-77) には，1953-54年に樫山株式会社（現在のオンワード樫山）による，「委託仕入」，「派遣店員」等の百貨店への販売にあたってのいくつかの「新しい試み」に関する以下の記述がみられる。

> 『一つは委託取引制である。百貨店で売れ残った場合はこちらが商品を引き取る。百貨店側にすれば返品できる制度である。百貨店には商品ごとに一定の予算がある。この予算の壁を破って商品を大量に納入するには，予算という壁を取り払えるようにすればいい。』
> 『第2は，土，日曜日の百貨店への派遣店員制度である。百貨店は土，日曜は多忙だが，日曜の忙しさに合わせて社員を増やすわけにはいかない。平日が暇で，人件費の負担が重くなるからだ。その点，こちらとしては消費者に直接売れば，「どの商品が売れるか」といった消費行動を知ることができるし，消費者の生の声を聞くことができる。』

この「2つの試み」の意味するところは，百貨店に対し，売れ残りのリスクと店員の雇用コストを負うこととひきかえに，仕入量を増やしてもらうと同時に派遣店員から収集される消費者行動に関する情報の活用で，売れ残りのリスクそのものを軽減できることを意図していたものと解せる。しかし，これらの制度は百貨店側からすれば百貨店という小売業態であるがゆえの「対面販売による消費者の購買行動の直接的把握」，そして「適切なMDへの反映」という環境適応のプロセスに欠かせないものを手放すことを意味することから，百貨

店として最も基本的な能力である「商品力」と「販売力」を劣化させる原因となりうることは否めないであろう。

　ところで百貨店が，この委託仕入のような売れ残りのリスクを取らない仕入形態を採用したのは，もっと以前からとおもわれる。

　例えば，1927 年（昭和 2），白木屋の営業部長に就任した山田忍三氏は，関東大震災によって受けた痛手にくわえ当時の不況と，松坂屋，松屋の銀座進出，三越の全店舗の復旧完成による銀座・日本橋地区の競争激化に伴う，販売減による在庫の増加と，ひん死の状態に陥っていた仕入の問題を，当時は不可能といわれた委託販売制度の全面的採用により克服したとされる（白木屋編 1957，pp.400-402）。

　山田の著書『百貨店経営と小売業』（1930，pp.123-130）のなかでは，「特別現金仕入」と称していたが，返品ができて百貨店が売れ残りのリスクをとらない仕入形態という意味において，実質的には委託仕入といっていいであろう。またその著書のなかで，山田の委託仕入に対する考え方について述べている。以下，要点の抜粋・要約である。

　まずはその百貨店にとってのメリットとして，

・残品又は見込違いに対して商店が責任を負う必要がない。
・仕入商品を豊富にする傾向がある。
・自己（買取）仕入の場合に比べて，少ない資金にて多額の取引をおこなうことができる。

　また，その百貨店にとってのデメリットとして，

・問屋にとって返品される可能性がある場合，その防衛手段として新しい商品か特別売行きのよい商品は百貨店への納品を遅らせることがある。
・店に責任が少ない委託品という考えで仕入れると，商品はきまって売れない。つまり返品が多くなり，結果として問屋がいう事を聞かなくなる。
・利回り（売総率）に一定の基数があることから，仕入価格が高くなると売値もスライドして高くなり，結局売れずに自然返品が多くなる。

・品質のいい，高価な商品であるほど，返品のリスクを問屋はきらうことから
　高級商品の仕入は困難である。

　こうした近年でも，指摘されていることと，基本的に変わらぬメリット，デ
メリットを認識したうえで，白木屋ではそのデメリットの顕現化から，1933
年（昭和8）には，原則として問屋に対し商品の返品を禁じている。

　これらの対応，経緯については，百貨店各社によってさまざまではあったと
おもうが，図表7－4「百貨店の仕入形態の比重変化」からわかるように，委
託仕入と，それに伴う派遣店員は，とりわけ戦後復興期（1945-56年）以降，定
着していったことがみてとれよう。

　高岡（1997，p.28）によれば，戦後の人的および資金的資源の不足を補い，「衣
料品」の「品揃え」に基づく「評判」という非可視的な資源を維持・強化する
目的で，委託仕入とそれに伴う派遣店員は，より大規模に利用された，として
いる。

　では近年，実際にどのくらいまで委託仕入の割合が高まっているのだろう
か。例えば大丸の買取仕入は約8％，東武百貨店のそれは約2％であり（松岡
2000，p.253），総体的にみても百貨店の買取仕入の割合は10％以下（繊研新聞
2000.9.22）になっているとみられる。

　また比較的最近においては，百貨店各社によって程度の差はあるかとおもわ
れるが，売上仕入が百貨店仕入形態の主流になっているという報道，記述もみ
られるようになっている。よって，近年における百貨店が売れ残りリスクをと
らない仕入形態の割合は90％前後，あるいはそれ以上まで高まっていると考
えられる。

　ここまでの考察からいえることとして，百貨店における委託仕入を中心とす

図表7－4　百貨店の仕入形態の比重変化

(％)

	買取仕入	委託仕入	売上仕入	計
1956年	81.3	15.1	3.6	100.0
1987年	21.0	66.4	12.6	100.0

出所：江尻（2003：37）。

る1つのビジネスモデルは，少なくとも売上的にみて1991年まではうまく機能していたといえよう。確かに1972年には，三越が年間売上高でダイエーに抜かれることはあったとしても，顧客視点からみればスーパーと百貨店で購入商品はすみ分けされており，ともに成長の道をたどったと解されるであろう。また取引先依存による百貨店の同質化が指摘されるものの，当時の各種アンケート結果からは，顧客にとって百貨店の商品はスーパー等よりやや割高であっても，安心して購入できるものであった，とされる。くわえて当時は，近年のような多様な他小売業態との競合等がそれほど大きな脅威となっていなかったことからも，百貨店にとっては，恵まれた環境にあったといえよう。

　しかし，1991年以降についての百貨店の状況はといえば，市場環境等の変化を背景として，いやおうなく，カテゴリーキラーの台頭等，他業態との間での価格競争等にさらされながら，苦境を強いられている。とりわけ地方百貨店においては，これらにくわえ人口減少や郊外店に顧客が流出するなどを背景に，厳しい状況が続いている。だが，その苦境からの脱出を試みて実施される，売れ残りリスクをとらない仕入形態，値入率を中心とする諸施策は，顧客から支持される結果となっていないことから，さらなる苦境を招くといった悪循環の様相を呈しているといっていいであろう。

　業績の低下から，その対応策としての売れ残りリスクをとらない仕入形態採用傾向の強化，値入率改善等を計画実施するも，それらの施策はいわば百貨店のための施策といえる。価格決定権をしばられた，建値制のなかでの実施は，むしろ商品価格上昇圧力に向かわせることとなり，さらなる顧客視点との乖離という結果からは，さらなる業績の低下を招くといった，売れ残りリスクをとらない仕入形態のデメリット顕現化による負のメカニズム，といえるのではないだろうか。

3−2　近年の百貨店経営的概況

　1991年以降，百貨店は前述のような課題を指摘されてきたわけだが，百貨店においてもこれらの指摘をうけるなかで，ただ手をこまねいていたわけではない。

　例えば，百貨店の同質化等，課題への1つの対策としてプライベートブラン
ド＝自主企画商品（以下PB）への取組みがあげられる。一般的にPBとは，小
売業者が独自に，あるいはメーカーとタイアップして企画開発したブランド商
品であり，仕入形態は基本的に買取仕入となる。

　百貨店のPBへの取組みは古く，1959年に大丸が紳士のPBスーツ「トロー
ジャン」を発売したことに始まる。その後も百貨店各社においてその取組みの
度合いには差がみられるものの，様々なPBが百貨店各社より生み出された。
しかし売れ残りリスクをとらない仕入形態が一般的となってしまった百貨店に
とっては，買取仕入であるPBは，売れ残りリスクを抱えることから，経営面
でのハードルが高いことを意味する。そうした背景から，結果的にほとんどの
百貨店PBは開発されても定着することなく，消滅してしまうといった傾向が
多くみられた。そうした歴史的経緯から，いずれの百貨店においても，売上，
収益の大きな柱になっているとはいい難い結果となっている。

　また近年，リアル（実店舗）を中核としてビジネスを展開している百貨店な
どの小売業者にとって，大きな脅威はアマゾンや楽天などのネット通販業者で
あろう。

　実際に米国では，アマゾンの急成長が市場に影響を与えることを意味する，
アマゾンエフェクトにより，リアル（実店舗）を主とする小売業者などが閉店
に追い込まれるケースが多くみられる。そうしたなかで注目されているのが米
国のウォルマートである。

　米国ではウォルマートの2020年2〜4月期の純利益は前年同期比4％増の
39億9,000万ドル（約4,300億円）で，市場予想を上回った。けん引したのが売
上高が同7割増だったネット販売だ。ウォルマートの場合，スマホ注文や在庫
管理，物流効率化までアマゾンを徹底研究。2016年には新興のネット通販企
業を約33億ドルで買収しノウハウを取り込んだ（日本経済新聞2020年6月4日
朝刊，p.1)。

　これら米小売り最大手ウォルマートの好調は，米国内に張り巡らせた4,700
の店舗の半数をネット通販の拠点にするといったデジタルトランスフォーメー
ション（Digital Transformation：以下DX）の成果であり，店舗とデジタルの

融合を推進してきたことによる（日本経済新聞 2021 年 1 月 15 日朝刊, p.17）。なお DX と表記されるのは, Trans- がしばしば X と略されることから, Digital Transformation の略語として DX が定着したことによる。

　DX とは, デジタルによる変革のことであり, 2004 年にスウェーデンのエリック・ストルターマン教授が提唱したもので「IT（情報技術）によって, 人々の生活をより良い方向に変化させること」である（日経 HR 編集部編, p.177）。

　米国のウォルマートの事例からも明らかなように, リアル（実店舗）を主とする百貨店において DX への取組みは喫緊の課題の 1 つといえよう。そうしたことをふまえ, 日本の百貨店においても DX に各社各様に取組んではいるが, まだ道半ばであることは否めないであろう。

　このようにして, なかなか浮上のきっかけがつかめない百貨店業界のなかでの大きな出来事として, 経営統合の動きが指摘されよう。2003 年, そごうと西武, 2007 年, 大丸と松坂屋, 同じく 2007 年, 阪急百貨店と阪神百貨店, 2008 年, 三越と伊勢丹などである。

　よってこれ以降, もう少し詳しくみるために, 大型の経営統合が続いた 2007 年以降, かつ売上高上位 3 社を中心に個別にその経営的側面を考察したいとおもう。具体的には, 2018 年度決算の売上高をもとにした上位 3 社として, 株式会社三越伊勢丹ホールディングス（以下, 三越伊勢丹）, J.フロント リテイリング株式会社（以下, J.フロント）, 株式会社高島屋（以下, 高島屋）をとりあげてみたい。

　図表 7 - 5「百貨店売上高上位 3 社の売上高推移」と, 図表 7 - 6「百貨店売上高上位 3 社の営業利益推移」からは, 売上高において, 首位の三越伊勢丹がどちらかというと下降気味なのに対し, 他の 2 社は維持, もしくは上昇気味なのがわかる。営業利益においても, 他の 2 社と比べて三越伊勢丹は, いま一つ振るわない印象を受けよう。なぜ, このような現象が起きているのか, 個別に追ってみたい。

（1）三越伊勢丹の経営的側面
　三越伊勢丹は, 三越と伊勢丹を中心とした持株会社であるが, その 2019 年

図表7－5　百貨店売上高上位3社の売上高推移

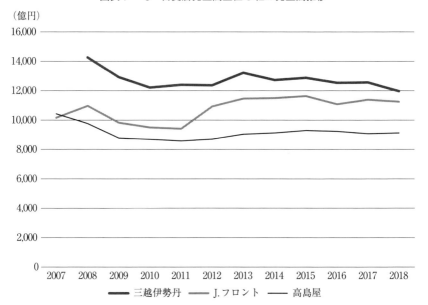

出所：有価証券報告書，決算短信により筆者作成。

図表7－6　百貨店売上高上位3社の営業利益推移

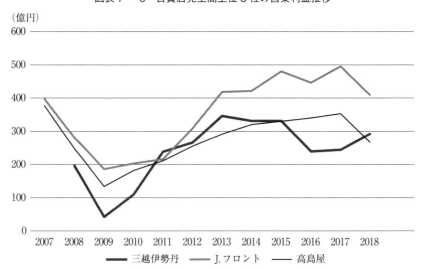

出所：有価証券報告書，決算短信により筆者作成。

3月期の有価証券報告書によれば，「中長期的な会社の経営戦略」として，

・重点取組①「新時代の百貨店」実現に向けた取り組み推進，具体的には，「既
　　　　　存店舗のビジネスモデル改革」「新規事業の創出」
・重点取組②「不動産・海外事業の拡大」
・重点取組③「コスト構造改革の推進」

を掲げている。さらに「2019年3月決算説明会資料」においては，3つの成長
戦略として，「ビジネスモデルの革新」「デジタルの新たなビジネス」「不動産
事業の拡大」をあげていて，具体的には，

・オンラインでもオフラインでも「最高の顧客体験」を提供するとして，基幹
　店の商品をECでも購買可能にするなどとしている。
・店舗モデル改革として，基幹店にくわえて，地方店についてもふれている。
・オンラインの新たなビジネスとして，グループの強みにデジタルをくわえた
　「新しい顧客体験」を提供するとして，eギフト，オンライン専業ブランド
　などをあげている。
・商業不動産・リーシングにおいては，都市型SC，地域密着型SC，コンテン
　ツ特化型などを強化，拡大するとしている。

　ここまでの記述からもうかがえるように，どちらかというと本業である百貨
店業に軸足をおいている傾向がみえ，そのことは図表7-7「三越伊勢丹，セ
グメント売上高構成比（2019年3月期）」にも表れているといえるであろう。

図表7-7　三越伊勢丹，セグメント売上高構成比（2019年3月期）

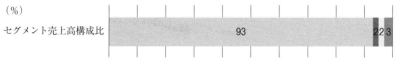

出所：三越伊勢丹ホームページ「セグメント情報」より筆者作成。

（2）J. フロントの経営的側面

　J. フロントは，大丸，松坂屋，パルコを中心とした持株会社であるが，その2019年2月期の有価証券報告書によれば，グループ成長戦略として，

・マルチサービスリテイラー戦略
・アーバンドミナント戦略
・IoT 時代における ICT 戦略
・百貨店事業，パルコ事業の革新
・ESG 戦略

を掲げている。これらのなかで，アーバンドミナント戦略の一環として位置づけられる「GINZA SIX」の成功要因が，J. フロントの経営的方向性の特徴を示しているとおもわれる。

　成功要因として，2つあげられているが[2]，

　　「ひとつは，企業間の枠を超えた取り組みによる「異分子結合」ということです。GINZA SIX は，当社 J. フロント リテイリングと森ビル，住友商事，L・キャタルトン・リアルエステートの4社が協業したビッグプロジェクトです。バックグランドや企業カルチャーがまったく異なるこの4社が，銀座という世界有数の商業地において，世界基準の新たな価値創造を共に目指し，各社の英知やエネルギーを結集させることができました。（中略）

　　もうひとつは，徹底したマーケティングのもと，これまでの成功体験を捨て，"百貨店はやらない"との選択肢により，現状延長ではない，まさに「非連続」な成長に向け，全く新しいチャレンジをふんだんに散りばめたということです。」

　「脱百貨店」ともいわれるこうした動きは，図表7－8「J. フロント，セグメント売上高構成比（2019年2月期）」をみても明らかなように，百貨店事業から他の事業へシフトしている傾向がうかがえるであろう。

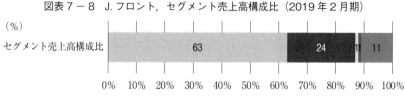

図表 7 － 8　J. フロント，セグメント売上高構成比（2019 年 2 月期）

※分母となる売上高合計額は調整される前の数値を用いている。
出所：J. フロントホームページ「セグメント情報」より筆者作成。

　注目されるのは，「GINZA SIX」，「上野フロンティアタワー」などの不動産
事業で，売上高の構成比こそまだ少ないが，営業利益の構成比では 11.4％を占
めており，同社の目指す定期賃貸借売場の拡大などで，今後さらに利益面の大
きな柱となっていくことが予想されよう。

（3）高島屋の経営的側面

　経営統合といった動きとは，距離をおいてきた高島屋であるが，その 2019
年 2 月期の有価証券報告書によれば，経営戦略等として，高島屋グループ総合
戦略「まちづくり戦略」を基本戦略とし，国内百貨店，国内グループ，海外事
業とのシナジーを発揮することにより，安定成長を実現したいとしている。
　まちづくり戦略には，①街のアンカーとして役割を発揮する，いわば「まち
の流れをつくる」という役割発揮，②お客様の多様なニーズに応えるべくグ
ループ力を結集させ，館の魅力を最大化すること，という 2 つの考え方がある
としている。この「館の魅力最大化」とは，具体的には，百貨店と専門店を融
合させた商業施設づくりのことで，日本橋高島屋 S.C.，立川高島屋 S.C.，玉川
高島屋 S.C. など，百貨店を核店舗としたショッピングセンターの開発，運営
などを意味する。この点は高島屋の経営的方向性の特徴を示しているとおもわ
れる。
　図表 7 － 9「高島屋，セグメント売上高構成比（2019 年 2 月期）」から明らか
なように，不動産業の売上高構成比は前述の他社よりは高いものの，百貨店業
と比べるとまだ低いといえよう。しかし見方を変えて営業利益の構成比をみる

図表7－9　高島屋，セグメント売上高構成比（2019年2月期）

出所：高島屋ホームページ「セグメント情報」より筆者作成。

と，不動産業が35.3％を占めているのに対し，百貨店業のそれは32.6％であり，百貨店業を超える利益面の大きな柱となっている。

4── 百貨店業界における今後の経営的課題

　百貨店売上高上位3社についての個別考察からは，不動産事業への取組み方，その度合いによって，収益構造等に違いが生じているようにみえる。これらの動向を示すものとして，日本経済新聞（2017年12月12日付）の記事を引用してみたい。

　『百貨店各社が不動産事業の利益を伸ばしている。2017年度は高島屋が6期連続で同事業では最高益を更新する。J・フロントリテイリングも4月に「GINZA SIX」（東京・中央）などを開業し，収益を上乗せする。主力の百貨店は専門店やネット通販との競争が激しい。賃料収入を伸ばし収益を安定させる。高島屋は子会社を通じて玉川高島屋ショッピングセンター（東京・世田谷）などを運営している。今年度は横浜市のマンションの販売が貢献し，不動産事業の営業利益は全体の3割にあたる115億円に膨らむ。18年9月には日本橋店（東京・中央）周辺の再開発に伴い，専門店を誘致した新館を開業する。21年度には事業の営業利益を150億円まで引き上げる考え。Jフロントは今年度から本格的に不動産事業が収益に貢献する。GINZA SIX のほか，11月に「上野フロンティアタワー」（東京・台東）を開業した。不動産事業の営業益は20億円を見込む。来年度は

2施設で18億円を上積みする計画だ。三越伊勢丹ホールディングスも来年4月，国分寺市（東京都）に専門店50店を誘致した新たな商業施設を開業する。エイチ・ツー・オーリテイリングも傘下の総合スーパー・イズミヤのテナント事業を手掛ける。百貨店は都心や大阪の店舗こそ訪日客や富裕層による消費が活発だが，地方店や郊外店は苦戦が続く。大和証券の津田和徳氏は「百貨店は収益のふるわない売り場がまだ多く，今後もテナント誘致を強化する傾向は続きそう」と話している。』

　これらの記述からは，総じて百貨店における不動産事業の存在感の増大，利益面での貢献を期待することが読みとれよう。
　百貨店の歴史をふり返ってみてわかるように，百貨店はその時代に合わせて変化を遂げてきた。今の時代においても，不動産事業を手がかりとして，変化しようとしているといえるのではないだろうか。問題は顧客ニーズに基づいた変化となるかどうかであろう。そうした意味からして，百貨店業界における今後の経営的課題としては，顧客視点に寄り添った新たな百貨店ビジネスモデルの再構築，といえるであろう。

【注】
1) 内閣府 経済財政白書／経済白書「昭和29年 年次経済報告 経済企画庁」
　（https://www5.cao.go.jp/keizai3/keizaiwp/wp-je54/wp-je54-0000i1.html　2019年9月1日アクセス）
2) J.FRONT RETAILING ホームページ「アーバンドミナント戦略」
　（https://www.j-front-retailing.com/ir/strategic_policy/dominant.php　2019年9月28日アクセス）

参考文献
池尾恭一（1997）「百貨店の低迷と再成への課題」田島義博・原田英生編『ゼミナール流通入門』日本経済新聞社.
伊藤元重（1998）『百貨店の未来』日本経済新聞社.
岩永忠康（2009）『現代日本の流通政策』創成社.
梅本浩志（1988）『三越物語』TBSブリタニカ.
江尻　弘（1994）『百貨店の再興』中央経済社.

江尻　弘（2003）『百貨店返品制の研究』中央経済社.

樫山純三（1976）『走れオンワード』日本経済新聞社.

白川一郎（1995）『景気循環の演出者』丸善.

白木屋編（1957）『白木屋三百年史』.

関根　孝（1999）「百貨店略年表」鈴木安昭・関根　孝・矢作敏行編『マテリアル　流通と商業（第2版）』有斐閣.

関根　孝（2005）「小売機構」久保村隆祐編『商学通論』同文舘.

高丘秀昭・小山周三（1984）『現代の百貨店』日本経済新聞社.

高岡美佳（1997）「戦後復興期の日本の百貨店と委託仕入」『経営史学』第32巻第1号.

高橋潤二郎（1972）『三越三百年の経営戦略』サンケイ新聞社.

坪井晋也（2009）『百貨店の経営に関する研究』学文社.

飛田健彦（2016）『百貨店とは』国書刊行会.

鳥海　靖（1978）「軍部の支配と戦争への歩み」笠原一男・安田元久編『資料日本史　下巻』山川出版社.

日経HR編集部編（2019）『日経キーワード2020 - 2021』.

橋本寿朗（1984）『大恐慌期の日本資本主義』東京大学出版会.

百貨店業労働力確保等問題懇談会編（1994）『新しい百貨店像をめざして』.

藤岡里圭（2001）「わが国の百貨店」『季刊マーケティング・ジャーナル』第81号.

堀　新一（1937）『百貨店問題の研究』有斐閣.

本多祐三（1995）「デフレーション下の日本経済」本多祐三編『日本の景気』有斐閣.

松岡真宏（2000）『百貨店が復活する日』日経BP社.

水野祐吉（1933）『百貨店経営学』日本評論社.

山田忍三（1930）『百貨店経営と小売業』千倉書房.

第 8 章

GMS

1 —— GMS とは

　GMS（General merchandise store）とは，「衣・食・住全般にわたり各種商品を幅広く品揃えした大型小売業」を指し，わが国では一般的に総合スーパーと称される業態である（日本ショッピングセンター協会 2018, p.7）。経済産業省の定義では，「衣，食，住にわたる各種商品を小売し，そのいずれも小売販売額の10％以上70％未満の範囲内にある事業所で，従業員が50人以上の事業所」となり，百貨店とGMSはほぼ同等の業態として一括りにされている。しかし，GMSは百貨店とは異なり，セルフサービス方式を採用している点が大きな特徴である。加えてGMSは，チェーンストア方式での多店舗化，自主企画売場やプライベート・ブランド（Private Brand：以下，PB）の比率が高いことなどがその特徴にあげられる。

　また経済産業省の定義を観ると，わが国におけるスーパーマーケット（以下，SM）は大きく，総合スーパーと専門スーパーに大別される。また前者も敷地の広さに応じて大型総合スーパー（3,000m² 以上）と中型総合スーパー（3,000m² 未満）に，後者は衣食住に関わる品揃えの割合に応じて，衣料品スーパー（衣料品が70％以上），食料品スーパー（食料品が70％以上），そして住関連スーパー（住関連の商品が70％以上）に区分される

　わが国のGMSは，GMSが誕生したアメリカの業態をそのまま移入するの

ではなく，独自の発展を遂げてきた。アメリカのGMSとは，シアーズやJ. C
ペニーに代表されるような非食品の総合量販店を指す。一方わが国のGMSは，
食料品スーパーの販売するスタイルを拡張し，非食品の品揃えを広げるかた
ち，つまりアメリカにおけるSMとGMS，さらに「低価格高回転率」な業態
であるディスカウントストアを統合するかたちで誕生した。そしてその後，セ
ルフサービス方式を中核とした，衣食住に関わる商品を総合的に取り扱う大型
のGMSが全国各地に出店されるようになる。

　本章ではまずわが国におけるSMの特徴を確認した後，それらの現在までの
成長の変遷を概観することで，SMからGMSがどのように誕生・発展したの
かを議論する。そこでは，その発展の経緯を，黎明期，成長期，成熟期に分け，
そしてSMおよびGMSがどのような経営を実施したかということだけでなく，
ステークホルダー（利害関係者）の動向や市場（消費者）によるそれらへの影響
についても説明する。その後，より詳細に大型小売業におけるGMSの特徴お
よび発展段階におけるその業態のもつ革新性について言及する。

　そして本章の最後には，現在の市場における位置づけを確認するとともに，
情報社会化する時代において，GMSがどのような役割を担うのか，イトーヨー
カドーを経営するセブン＆アイ・ホールディングスの事例から検討する。

2── スーパーマーケットとは

　先述したように，わが国のGMSはアメリカのそれとは異なり，食料品スー
パーをサービスの基盤とする業態である。ではそもそも食料品スーパーとは，
どのような特徴を有する業態であろうか。本節では，食料品スーパーに焦点を
あて，小売業におけるSMの基本的な特徴を議論する。

　1960年代前後にわが国において産声をあげた食料品スーパー業態であるが，
その特徴とは，以下の5つに集約される。

・セルフサービス方式
・品揃えの多様性

・大量販売体制（大量仕入れ）

・生鮮食品の品質管理体制

・加工業務の標準化

セルフサービス方式

　SM の核となる特徴こそ，セルフサービス方式である。SM での買い物を振り返ってみると，百貨店や商店街にあるような小売店と異なり，対面販売ではなく，利用者である消費者個人がカゴをもち，さまざまな商品を選択した後，レジにて初めて接客（会計）を受けるという販売方式を，われわれが享受していることがわかるだろう。現在では精肉や鮮魚売場等で担当の販売員と消費者がコミュニケーションを図るような売場が改めて注目されるようになっているが，基本的には SM での買物とは，消費者個人が会計時まで，自ら商品を選択しそして運ぶ，セルフサービスを基幹とし運営されている。

　このセルフサービス方式を導入することで，消費者は対面販売で商品を購入するよりも，効率的にそして迅速に自らの欲する商品を購入することができる。一方，SM にとっても，対面販売とは異なり，商品を説明したりプロモーションしたりする従業員を固定化しないことで，マネジメントに関わるコストを低減することができる。

　このセルフサービス方式がどのようにわが国にアメリカから移入されたのかに関して，次節で紹介する。

品揃えの多様性

　品揃えの多様性も SM の核となる特徴である。食料品スーパーは，野菜や果物などの“青果”，魚などの“水産”，精肉等の“畜産”の生鮮食品，そして“惣菜”，豆腐や乳製品などの“日配（品）”，調味料等の“一般食品”などの食料品を中心としながら，日用雑貨品や文具などの“非食品”と，タバコ・ギフト販売やサービスに関わる“その他”の商品・サービスを提供している（図表 8 − 1）。そして，このように SM が多種多様な商品を 1 つの店舗で取り扱うこ

図表8－1　スーパーマーケットの取り扱い商材とその区分

		青果	野菜類，果物類，花
食品	生鮮三品	水産	魚介類，塩干物
		畜産	食肉類，肉加工品
	惣菜		惣菜，折詰料理，揚物，弁当，おにぎり，寿司，インストアベーカリー，ファーストフード
	日配		豆腐，こんにゃく，納豆，練製品，佃煮，漬物，パン，卵，乳製品，生菓子，冷凍食品，アイスクリーム
	一般食品		調味料，瓶缶詰，乾物，米，小麦粉，乾麺，嗜好品，菓子，酒類
非食品			日用雑貨品，医薬・化粧品，家具インテリア，家電製品，婦人衣料，紳士衣料，文具，玩具
その他			テナント売上高，タバコ・ギフト販売，その他取次業（DPE〔写真の現像等〕，クリーニング，宅配便，レンタル，チケット販売等）

出所：日本スーパーマーケット協会の区分を一部加筆修正。

とによって，消費者にとって利便性の高い，ワンストップ・ショッピングが可能となっている。

大量販売体制（大量仕入れ）

　品揃えの多様性やセルフサービス方式を実現できる背景には，市場における大量消費を前提とした，大量販売体制（大量仕入れ）というSMの特徴が存在する。次節で詳しく議論するが，SMの誕生・成長の背景には，大量生産・大量消費という市場環境が前提となっている。そしてそのなかにおいて，SMは，消費者の需要に対応すべく，必要な時に必要な商品を，さらに多種多様に準備することが求められている。ゆえにSMは，取引先であるメーカーや卸売業者から多種多様で大量の商品を仕入れることで，販売機会ロスを軽減するとともに，低価格かつ高回転率の販売を実現し，その結果，利益率を向上させようと試みる。

　仕入れ率の低減により可能になる施策の1つが，卵や乳製品などの日配品で良く見受けられるような，需要の高い特定商品を目玉商品としてお買い得価格で提供するという，ロス・リーダーである。ロス・リーダーを作ることで，消費者の購買意識を刺激しさらなる来店を促すことができる。また仕入れ値を抑えることによって，初期の食料品スーパーのように，他の業態よりも低価格で

商品を市場に提供することが可能となる。

　この大量販売体制（大量仕入れ）により，なぜ取引先から SM が商品を通常よりも安く仕入れることが可能なのかについては，第 4 節で詳しく説明する。

品質管理体制

　多種多様な商品を取り扱う SM の特徴の 1 つは，生鮮食品の高い品質管理体制を実現していることであろう。

　ここでいう品質管理とは，主に生鮮三品の鮮度管理を意味する。アメリカから移入された業態である SM の品質管理の手法は，アメリカと日本との生鮮食品に関する消費者の需要や消費様式の違いや，食品の鮮度に対する意識の違いから，日本の消費者の性格に則すよう変更を余儀なくされるようになる。そして，その結果，日本独自の発展を遂げるようになっていった。

　現在のような大型冷蔵庫を用いて生鮮食品を陳列するような，消費者にとって利便性が高いマーチャンダイジングと徹底した鮮度管理を実現できるようになったのは，関西スーパーマーケット（以下，関西スーパー）による貢献があったからである。

　関西スーパーは，現在ではどの SM でも目にすることができる「冷蔵オープンケース（客が商品を見たり手にしたりする側に扉がついていない，商品陳列用の棚やケース）」（石原・竹村 2008, p.39）を独自に開発した。冷蔵オープンケースは，アメリカの冷蔵庫が冷やすための装置であったのに対し，鮮度劣化が早い葉物野菜の鮮度を維持できる点が特徴であった。加えて関西スーパーは，セルフサービス方式での販売に適し，さらに鮮度を維持するための包装，「プリパッケージ」の研究にも着手し，売場での精肉や鮮魚の鮮度維持を向上させた（石原・竹村 2008, p.39）。

　加えて，関西スーパーでは，店内で生鮮食品の切り分けや惣菜を調理するインストア（店内加工）方式を実施するとともに，その加工場から売場への商品の品出しもより迅速かつ効率的に作業できるよう，専用に設計されたカートを用いて搬入搬出するような「カートコンベア・システム」を開発した。それにより，消費者にとってはさらに鮮度の高い商品を購入できるようになったとと

もに，SM にとっては人件費の削減や，なにより生鮮三品の廃棄ロスを軽減できるようになった。関西スーパーではこれらの取り組みの結果，当初 10％であった生鮮三品の廃棄ロスを，2％まで軽減することが可能となる（石原・竹村 2008，p.40）。

　このような関西スーパーが実施した方式がその後，全国的な広がりを見せ，現在の SM を特徴づけている生鮮食品売場の形態が一般化するようになった。

加工業務の標準化

　また関西スーパーから広がった，食料品スーパーの組織マネジメントにおける特徴として，業務の標準化がある。図表 8 − 1のように，食料品スーパーは食料品を中心にさまざまな商品を取り扱っているが，生鮮食品とその他の食料品の取り扱いはもちろん，"青果"や"水産"そして"畜産"といった生鮮食品においてもその管理に要する技術や能力は異なる。現在でも SM の抱える課題の１つでもある異なる商品を効率的に管理する方法として，職能に左右されない業務の標準化を実施部門別に管理を実現したことで，SM の多店舗化が可能となった。

　もともと生鮮三品の売場は，精肉や魚の解体など，職人の技術に依拠する売場であった。そのため，黎明期の SM では，専門の職人を雇用するか，あるいはテナントとして売場を委託する方式が主とされていた。しかし，専門の職人を雇用する方式では，仕入れから加工までその職員に対する業務が過多になってしまうことや，あるいは経営者の目が届かないとうまく機能しないという課題が露見するようになってきた。また SM が市場に増え業態内競争が激しくなると，テナント委託方式では店舗の独自性を醸成するべき生鮮三品の売場を同質化させてしまうという課題も露見するようになった（荒井 2003，pp.57-61）。

　これらの課題に対応すべく，SM の経営主体は，セントラル・パッケージ方式といわれる，生鮮食品の加工を加工センターに集約化し，その加工されたものを各店舗に配送するという方式とともに，店内で加工をするというインストア（店内加工）方式を実施するようになる。

　このインストア方式を実現する上で重要なことこそ，業務の標準化である。

先述した関西スーパーは，業務を標準化し，そして職員に教育を施すことで，専門的な職能を保有していなくても，生鮮三品の加工ができるような仕組みを構築した。そしてこの仕組みも全国に広がり，現在では多くの店舗で，セントラル・パッケージ方式と共に採用されている。

3── スーパーマーケットの変遷に観るGMSの発展過程

わが国の GMS はどのような経緯で誕生しそして発展してきたのか。以下では，経営主体である SM と消費者および SM を取り巻く主要ステークホルダーとの関係に着目し，その発展の系譜を確認していこう。

3－1　スーパーマーケット黎明期（1950 年代）

（1）食料品スーパー誕生と広がり

わが国における最初の SM の誕生に関して諸説あるが，1952 年に日本ナショナル金銭登録機株式会社（現 日本 NCR：以下，NCR）指導のもと，日本で初めてセルフサービス方式を最初に導入したのは，東京青山にある紀ノ国屋食料品店である。紀ノ国屋はセルフサービス方式だけでなく，クラフト紙で作られ

図表 8－2　スーパーマーケット黎明期における食料品スーパーと市場との関係性

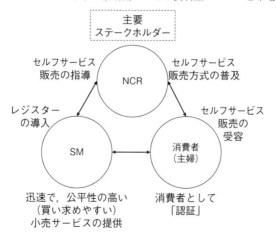

たショッピングバッグや，店舗でのショッピングカートを採用するなど[1]，当時のアメリカの食料品販売店のスタイルを移入した店舗であった。

　紀ノ国屋がアメリカ式の食料品店のスタイルを移入してから2年後にあたる1955年を契機とし，わが国のセルフサービス方式を採用したSMは劇的に増加することとなる。1955年には全国で40店舗のみであったSMは，その後1961年には2,055店舗まで拡大し（建野2001，p.52），都市部だけでなく全国的な広がりをみせるようになる。

　しかしセルフサービス方式を最初に採用した紀ノ国屋の店舗は，SMの特徴である大型の敷地を有するものではなかった。当時の紀ノ国屋は40坪（約132.2m²）程度の青果店であり，鮮魚や精肉の取扱いもなく，当初は配達サービスや一部掛け売り販売をするような店舗であった（瀬岡2014，p.2）。その意味において，現代のようなSM，つまり生鮮食品全般を取り扱う大型化を初めて実現したのは丸和フードセンターであるといえよう。丸和フードセンターは，紀ノ国屋同様，キャッシュレジスター会社であるNCR社の指導の下1956年に福岡県北九州市小倉に誕生した。この丸和フードセンターは，セルフサービス方式と共に，120坪（約396.6m²）と当時としては大規模な店舗面積であること，さらに生鮮三品を含む食料品や日用品の「ワンストップ・ショッピングと低価格・高回転戦略による大量販売」が特徴であった（瀬岡2014，p.1）。

　SMの躍進と共に，非食料品を取り扱う店舗においてもセルフサービス方式を採用した大型店舗（スーパーストア）が展開されるようになった。その潮流が逆にSMの品揃えを食料品・日用品から衣料品や雑貨等まで拡大させることとなる。

　このようにわが国のSM黎明期では，SMの経営主体による経営努力やイノベーションがその誕生の契機となっているとともに，ステークホルダーであるNCRの開業支援が大いに貢献していることがわかる。瀬岡（2014，p.3）が指摘するように，丸和フードセンターの創始者である吉田日出男が先述の紀ノ国屋食料品店を事前に視察していることからも紀ノ国屋という存在がその開業に大きな影響を与えていた一方で，丸和フードセンターが開店する1カ月前に，NCRが八幡製鉄購買会の一番小さな病院分配所（20坪：約66.1m²）でセルフサービス方式の運用を支援していたことも，同店の開店を後押しした。

　加えて，消費者視点で観れば主婦連合会（以下：主婦連）による「主婦の店」運動や生協の躍進が SM 業態の誕生と発展に大いに関係している。「消費者の権利を確立し，いのちとくらしを守るために必要な活動をする」を基本命題に抱える主婦連が発足したのは 1948 年，不良マッチ退治運動（10 本中 8 本に火がつかないという不良マッチを撲滅するための運動）を契機として誕生した。この主婦連は主婦を主役においた消費者団体であり，活動の多くは，物価の引き下げや不当表示もしくは品質の悪い製品に対する抗議に関わるものであったが，その一方で主婦にとって有益な店舗を推奨する活動も実施していた。

　1949 年から開始された主婦連による「主婦の店」選定運動では，当時の物価庁の支援の下，品質・衛生面・サービスに関して信頼のおける店舗を選定する活動が実施された。また，この当時の主婦が抱えていた生活課題の 1 つは，「低価格で信頼できる商品を迅速に購入したい」というものであった。ここに，丸和フードセンターの吉田日出男がその後，大いに寄与し，主婦の店全国スーパーマーケットのチェーン展開の立役者となる。この吉田日出男が支援した主婦の店全国スーパーマーケットのボランタリーチェーン（以下，VC）では，統一のロゴとして風車のマークが使用され，その結果「風車系スーパーマーケット」と称されるようになった。その後，マスコミが主婦の店運動に関して大きく評価したこともあり（瀬岡 2014，p.15），小売業者基点ではない主婦視点の SM が全国的な広がりを見せることとなる。

　また吉田日出男が SM に着手した背景には，消費者が出資金を出し協同で運営または利用する組織である「生活協同組合（以下，生協）」の小売市場での躍進があった。生協は戦後復興後の職域生協において労働者への商品供給を中心とするものであったが，その対象範囲を労働者の配偶者である主婦の生活にまで広げるようになった。その結果，中小小売業者の市場のシェアを脅かすなど，小売業の弱体化が顕在化するようになっていた。吉田日出男が主婦の店運動に寄与した背景には，このような小売業の現状を打破したいという想いも存在した。事実，吉田日出男が全国スーパーマーケット主婦の店に関わる契機となった，1957 年に開催された「全国小売業経営者会議」の主たる議題は，反生協対策であった。

（2）GMS の誕生

　生協や食料品スーパーが市場に受け入れられている潮流を受け，ダイエーや現在のイオンの前身となるニチイや岡田屋，さらに西武百貨店が SM に参入することとなる。ここで注目すべきは西武百貨店による西武ストアーを除き，もともと食品に関わりの少ない小売業者が SM の経営に着手したことである。その結果，図表 8 − 3 に示すように，年々その数を倍増することとなった。

　この期において注目すべき SM としてダイエーがある。もともと，薬品の

図表 8 − 3　1958 〜 1961 年におけるスーパーマーケットの店舗数の推移

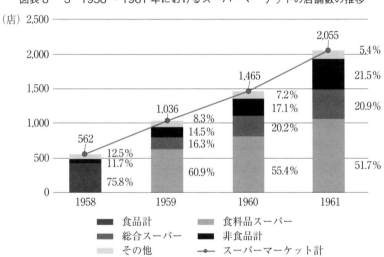

	1958	1959	1960	1961
食品計	426	800	1,108	1,492
食料品スーパー		631	812	1,062
総合スーパー（GMS）		169	296	430
非食品計	66	150	251	442
その他	70	86	106	121

＊本図表の 1958 年の数値では，食料品スーパーと GMS の分類がなく
　食料品スーパー計として表記している。
出所：建野（2001：53）を参考に著者作成。

ディスカウントストア「主婦の店ダイエー薬局」として大阪市千林に 1957 年
に誕生したダイエーであるが，利用者の要望を受けるうちに品揃えを拡大し，
GMS の母体を手探りながら構築することとなった。当初は薬品，化粧品，雑
貨中心の品揃えであったが，翌 1958 年に自社単独で神戸市三宮に出店すると，
日用品，衣料品，さらに精肉や果物といった生鮮食品，加えて家電製品まで拡
大するようになった。つまり，GMS のひな型となる業態をダイエーは徐々に
形成していった。そしてダイエーは三宮店の成功を基盤に，セルフサービス・
ディスカウント・デパートメント・ストア（SSDDS）のレギュラーチェーン（以
下，RC）化に着手するようになる。

　以上のように，1950 年代の SM 成功の背景は，セルフサービス方式を採用
したという営業に関わるものだけでなく，チェーンストア方式を経営マネジメ
ント視点で採用したことであった。チェーンストア方式の有用性や形態に関し
ては詳しく後述する。

3－2　スーパーマーケット成長期（1960 年代）

　1960 年代に入ると，食品メーカーによる大量生産・大量販売体制が確立し
たことを背景に，GMS はさらなる躍進をみせることとなる。日本経済の急成
長により国民の所得が増加し，ライフスタイルが洋風化するようになると，
GMS はさらなる品揃えの拡大と店舗の大規模化を推進した。

　60 年代における GMS の特徴は，経営主体が本格的に RC を組織化したこと
である。例えばダイエーは，1963 年にチェーン本部を開設し，翌 1964 年には
一徳スーパーを買収することで関東進出を成功させる。この時代において多く
の GMS 経営主体は買収による合併を行うことで標準化された自社の営業スタ
イルを広く全国に拡散するとともに，さらなる大規模店舗の経営にも着手する
ようになる。実際ダイエーは自社経営のショッピングセンター（以下，SC）を
1964 年に初めて大阪府豊中市の庄内に開業した。

　この GMS の躍進の背景の 1 つの側面には，メーカーの生産体制の大規模化，
マス広告を起点としたマーケティング活動の実施，自社流通の組織化，そして
市場におけるナショナルブランド（National Brand：以下，NB）を確立したこと

図表8－4　スーパーマーケット発展期における GMS と市場との関係性

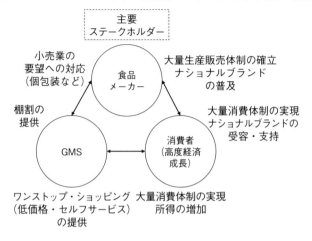

による，小売業への貢献がある。1960 年代には，現在でも市場で人気を博している，ロングセラー・ブランドである「ボンカレー」が誕生するなど，レトルト食品市場が誕生・普及した。さらに，1965 年に当時の科学技術庁資源調査会による「コールドチェーン勧告」が出され，食料品流通への設備面での改善が進み，冷凍用保存技術が向上したことで，冷凍食品が普及し始めたのもこの時代の特徴である（山口 2005，pp.153-154）。

　ここでいうコールドチェーン（低温流通体系）とは，「冷凍・冷蔵によって低温を保ちつつ，生鮮食料品を生産者から消費者まで一貫して流通させるしくみ」を指し，冷凍食品だけでなく，広く食料品全般の流通を対象とし，鮮度の高さを維持しようとするものである。しかしその一方で，1960 年代は，メーカーと小売業者（主に GMS）との間で取引条件を巡ってコンフリクトが生じた時期でもあった（加藤 2002，pp.169-190）。つまり，低価格を実現したい GMS と，ブランド価値を確固たるものとし値段を落としたくないメーカーとの思惑が衝突した。

　もう 1 つの GMS 成長の側面として消費者の変化がある。わが国の高度経済成長期は，国民の所得の増加や，ライフスタイルの洋風化など，大きな変化が生じた時代であった。当時の消費者の変化を耐久財の普及率から観ると，図表

図表 8 − 5　1960 〜 70 年代における耐久消費財の普及

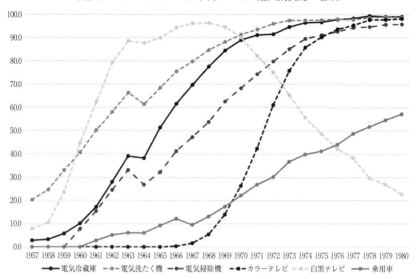

電気冷蔵庫　　電気洗たく機　　電気掃除機　　カラーテレビ　　白黒テレビ　　乗用車

出所：経済産業省「主要耐久財の普及率（2004 年 3 月）」より著者作成。

8 − 5 のようになる。ここで注目すべきは，電気冷蔵庫の普及率である。1960
年は 40.6％であったものが，その後 10 年経った 1970 年になると 91.4％と拡大
していることがわかる。このように，1960 年代とは全国的に電気冷蔵庫が普
及したことで，家庭内で長期に生鮮食品を保存する体制が確立された時代でも
あった。

　流通におけるコールドチェーンと，消費者の世帯において冷蔵庫が普及した
ことにより自宅で生鮮食品の買い置きが容易となり，それに伴い消費者は生鮮
食品のまとめ買いがさらに拡大した。また自動車の普及もあって，家族消費の
拡大と大量消費が促進されることとなった。その結果，食品のみならず非食品
も広く品揃えする，ワンストップ・ショッピングを可能とする GMS の存在が
さらに市場において重要な役割を担うこととなる。

3 − 3　スーパーマーケット成熟期（1970 年代）

　1970 年代になると，GMS はさらなる大型化と，地域主要都市への出店（郊

外化）を推進するようになる。加えて，1960 年代まで小売業態を席巻してきた百貨店の売上を大きく凌駕するようになるのもこの時代からである。高度成長期を背景に，百貨店，GMS 共に売上を拡大するなか，1972 年にはとうとうダイエーが三越を抜き，3,052 億円を達成し小売業首位の座を獲得する（建野2001）。またダイエーに続き，西友ストアー（1,668 億円），ニチイ（1,550 億円），ユニー（1,442 億円），ジャスコ（1,264 億円）がトップ 10 位に入った。

　1970 年代は GMS がさらに大型化をするにあたり，SC へ転換化した時期でもあったが，その一方で SC の売場面積を埋めるため自主テナントの経営以外に，専門店をテナントとして採用することに迫られるようになる。矢作（2004, p.241）が「（GMS にとって SC を）直営店舗だけでは大きな店舗を魅力的な品揃えで埋めることが困難であり…」と記すように，店舗の大型化に自社マーチャンダイジングが追い付かないというジレンマが生じるようになった。また，デベロッパー事業という新たな業務に着手することや，自社直営店舗との売上のカニバリゼーション（共食い）など，GMS 経営主体のマネジメントにおいて多くの新しい課題が生じ，その対策が求められるようになった。

　また 1970 年代は GMS のみならず食料品スーパーにとっても大きな転換期であった。食料品スーパーは生鮮食品を中心に，その仕入や品質維持および在

図表 8 − 6　スーパーマーケット成熟期における GMS と市場との関係性

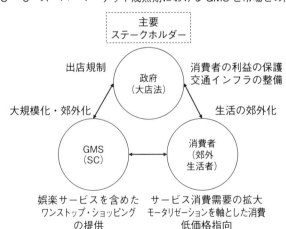

庫管理のみならず，加工までもシステム化することで，GMS との差別化を実現した。その 1 つの例が，インストア方式の採用である。インストア方式とは，その言葉どおり「惣菜や弁当などを店舗のバックヤードで調理し，それらを店頭で販売する」ことを指す。この方式の特徴は，SM の特徴である店づくりや品揃えなどの要である「標準化」を拡張し，PB とは違い，生産段階における人的マネジメントに焦点を当て，熟練のスキルに左右されず，パートタイマーであっても作業することができるという，労働の「標準化」を可能にしたことである（石原・竹村 2008，pp.34-41）。

　この期において，GMS の発展に結果的に寄与した主要ステークホルダーは，大規模小売店舗法（大規模小売店舗における小売業の事業活動の調整に関する法律：以下，大店法）を制定・施行した政府であろう。

　この法律の目的は，百貨店および GMS が成長したことにより，大幅に売上や事業機会を失った中小小売業者の保護・育成であった。もともと，本法律は，百貨店の新規出店を規制する百貨店法を刷新・拡張されるかたちで制定・施行された。百貨店法の規制に新規出店が困難となった百貨店が，別会社を設立し事業主名を変えて大型小売店舗を出店したということも，この法律が施行された背景に存在する。その具体的内容は，開店日，店舗面積，閉店時刻，休業日数から大型小売店の新規出店に関して規制するものであった。特に店舗面積に関して，本章の冒頭で示した，大型総合スーパーの定義に用いられる規定を示したのも，本法律が施行されてからである。1978 年にはその内容が一部改正され，「大規模小売店舗とは店舗面積 500m^2 の小売店舗」であると規定されるようになった。

　しかし，GMS 経営主体が大店法の強化を恐れたことで，逆に GMS の店舗数は増加することとなった（矢作 2004，p.243）。この出店が加速した結果，続く80 年代において GMS 間で熾烈な業態間競争が誘発することとなる。

　消費者にとって，GMS の大規模化と SC 化により飲食やアミューズメント施設が小売業に付帯したことにより，娯楽サービスを含めたワンストップ・ショッピングが可能となった。また，他の SC テナントにおける商品と GMS の取扱商品を比較購買ができることも消費者にとって大きなメリットであった。

　また都市部の地価の高騰やモータリゼーションを背景に当時の消費者の生活動態が変化し，郊外にニュータウンが増加するという，新たな生活区域が誕生したことも，SC成功の要因である。

　ただその一方で消費者にとっての1970年代は，ニクソン・ショック（1971年）や第1次オイルショック（1973年），また第2次オイルショック（1979年）といった日本経済の転換期となる大きな事象を経験した時代である。これらの経済的混乱に伴い物価が大きく上昇したことで，また大量生産体制がもたらした公害問題が露呈したこともあり，消費者は高度成長期に確立した大衆消費からの脱却が求められた。そして1970年代後半から80年代前半にかけて，経済発展の低下と石油価格高騰を契機としたモノ不足（トイレットペーパーやせっけんなど石油製品の不足）によって物価がさらに高騰し，消費者は「低価格」志向となっていった。

　しかしながらこの消費潮流に反し，GMSはオイルショックによるエネルギーコストの上昇とインフレによる人件費の上昇を背景に，粗利益率の向上のため品揃えの高価格化の道へ進むことを余儀なくされる（加藤2002, pp.205-209）。また日本列島改造ブームを背景として土地の実需のみならず投機的需要の拡大によって地価が上昇したことで，新規出店に関わるコストが高まったことも，GMSの高級化を後押しすることとなった。このような消費潮流との離齬や大店法の影響もあり，1980年代に入るとGMSの成長は停滞するようになる。

　GMSのSC化と高級化したことにより，SCに出店するテナントとして，あるいは低価格市場を補完するかたちで，多くの専門店がこの時代，成長した。つまり，GMSのSC化とは市場へのカテゴリーキラーを促進する動きでもあった。

　以上のように，1950年代に誕生したSMは，60年代にGMSへと転化し，1970年代にはSC化することで発展してきたが，80年代の初頭にその円熟を迎えるようになる。また消費者のライフスタイルが多様化・個人化したことでGMSは80年代以降，その事業存続のため業種を超えた提携や多角化を推し進めるようになった。

4—— GMS のイノベーション

　前節では GMS の発展過程について紹介した。ではどのような要因が GMS を成長させたのであろうか。以下では営業と経営マネジメントにおける革新性に焦点を当て，黎明期，成長期，成熟期ごとの具体的な要因を紹介する。

4－1　GMS の発展過程とイノベーション

　まず GMS の黎明期におけるイノベーションについて見ていこう。営業革新に関して，①セルフサービス方式，②品揃えの多様化，③低価格販売，④ロス・リーダー（目玉商品の提示），⑤マス広告することで，食品中心として低価格な商品の比較購買やワンストップ・ショッピングという利便性をもたらし，かつセルフサービス方式による迅速な買い物を，主婦をはじめとする消費者に可能にした。またチラシ広告をはじめとするマス広告を通じて，事前に店舗の品揃え情報を知ることができることも，当時の消費者にとっては革新的なものであった。

　経営に関わる革新には，①（低マージン）高回転率経営と，それをさらに促進する②チェーンストア方式，そして③部門別管理というマネジメントの導入である。ここでいう部門別管理とは，店舗経営と本部経営（仕入部門）を分離

図表 8 － 7　統合スーパーの発展とイノベーション

	黎明期	成長期	成熟期以降
営業革新	①セルフサービス方式 ②品揃えの多様化 ③低価格販売 ④ロス・リーダー ⑤マス広告	①品揃えの総合化 ②店舗規模の大型化・多店舗化 ③郊外出店	①サービスの拡充
経営革新	①高回転率経営 ②チェーンストア方式 ③部門管理	①スクランブルド・マーチャンダイジング ②集中仕入れ ③提携・合併 ④ショッピングセンター開発	①EOS導入 ②POSシステムの導入 ③流通センターの整備 ⇩ サプライチェーン・マネジメントの実施

出所：懸田・住谷（2009：110）を一部加筆・修正。

するなどが相当する。

　続く成長期では，営業革新として，①品揃えを総合化，②店舗規模の大規模化・多店舗化，③郊外出店がある。食料品スーパーからGMSへ業態の中心が移行するなか，消費者の衣食住に関わる需要に対して網羅的に品揃えすること（それに伴い店舗が大規模化），そして消費者にとってより利便性の高い立地に出店すること（多店舗化・郊外化）が成長の要となった。

　一方，経営革新には，品揃えの総合化のために業種の枠を超えた品揃えをするという①スクランブル・マーチャンダイジング，本部による②集中仕入れ，他のGMSや他業態との③合併・提携，そして④SCを開発するというイノベーションが，GMSの成長を促進した。

　成熟期以降は，消費者のサービス需要の増加に伴い，飲食店やアミューズメント施設を内包するということや，店舗から自宅への配送サービス等①サービスの拡充が営業革新としてあげられる。一方，経営革新としては，小売業全般にいえることではあるが，最適なサプライチェーンマネジメントを実現するため，①電子発注システム（Electronic Ordering System：EOS）を導入し仕入れを迅速化・効率化するとともに，②購買時点情報（Point of Sales：以下POS）システムの導入をすることで売れ筋商品を把握，そして③流通センターの整備，に着手するようになる。

4−2　チェーンストア方式とは

　GMSの成長の要は先述したような営業・経営革新が背景にあった。では，チェーンストア方式とはどのようなものか。ここではチェーンストア方式の紹介と，そのメリット・デメリットについて言及する。

　チェーンストアとは，「①複数の店舗（少なくとも2店舗以上）を保有し，そしてそれらの店舗が②標準化され，その一方で店舗販売以外の③営業活動が中央統制的に運営される，④全体（本部と店舗）で1企業となる小売業」と定義される（懸田・住谷2009，p.52を一部加筆修正）。SMの特徴の1つはこのチェーンストア方式を採用している点である。

　ではチェーンストア方式のメリット・デメリットとはどのようなものであろ

うか。その利点は以下の5つである（懸田・住谷2009, pp.52-57）。

① NBの仕入れの優位性
② PBの開発可能性
③ 広告費の削減
④ 人員確保の優位性
⑤ バイイングパワーの実行可能性

4-3 チェーンストア方式のメリット

① NBの仕入れの優位性

まず①「NBの仕入れの優位性」とは，複数の店舗の仕入れを本部がまとめて行うことで（もちろん仕入先から店舗へ個別に配送されることもあるが取引としては相対となる），1店舗で仕入れるよりも総量が多くなり，それによって「割引」，「アローワンス」，「リベート」といった恩恵を享受することができることを指す。

小売業が取引先であるメーカーから享受する「割引」には，数量割引と現金割引があるが，前者はメーカーにとって輸送コストや営業コストを削減できるというメリットがある。後者は，商品納入から支払いまでの早さに対する割引であり，メーカーにとってはキャッシュフローを早めることで銀行への支払金利などを削減することができる。その結果，小売業者としては，売場での当該メーカーの製品の販売価格を低下させ，消費者にとって値ごろ感を醸成するようなロス・リーダーを提供することが可能になるのである。

小売業がメーカーから享受する「アローワンス」には，広告アローワンスと陳列アローワンスがある。前者は小売業者のチラシをはじめとする広告媒体にメーカーの商品を掲載した場合，その紙面における大きさなどによってメーカーが小売業に広告費を支払うというものである。例えば広告アローワンスには，おせち料理や中元歳暮のカタログ掲載などが該当する。一方，陳列アローワンスとは，小売業者が，取引先メーカーの製品を大量陳列したり特設スペースを開設したりするなど，ある特定のメーカーの販売に貢献するような売場づくりをした際に，メーカーからそれらに関わるコストを支払うといったもので

ある。例えばSMでは試食販売を目にした機会があるかと思うが，それらの販促イベントは基本的にはメーカーのコストで担われている。

　「リベート」とは割戻金を指すものであり，その代表的なものには目標達成リベートがある。ここでいう目標とは年間の仕入量や金額が対象となる。事前に取り決めた目標が達成されると，例えば仕入れ金額の1%が払い戻されるといったことが該当する。

　SMは仕入れの総量を高め，メーカーの当該SMに対する販売依存度を高めること，つまり後述する⑤バイイングパワーを高めることで，①NBの仕入れの優位性の獲得を実現し，発展した。

②　PBの開発可能性

　SMはチェーンストア方式を採用し，自らの顧客をある程度確保することで「PBの開発可能性」を享受することができる。実際，市場を観ても，イオンの『トップバリュ』や西友の『みなさまのお墨付き』などのように，多くのSMは他社との差別化のため，PBの開発に着手している。PBに着手するSM側の動機は，NBよりもPBの方が高い粗利率を設定できるからである。加えて，競合他社で販売していないPBに対して顧客が愛顧してくれることで，店舗に対するロイヤルティ（ストア・ロイヤルティ）が高まり，結果，市場での競争優位性を獲得することができる。

③　広告費の削減

　「広告費の削減」とは，個店経営よりチェーンストア方式を採用することにより，各店舗が発行するチラシは基本的には除き，新聞広告やテレビコマーシャルなどストア全体として広告する際，全店として広告費を分散することができる。また多くの店舗を保有するからこそマス広告が可能となり，それによってSMの認知を高めることができ，さらなる集客の誘因となる。

④　人員確保の優位性

　近年，小売業はますます人員確保が難しくなっている。マス広告が可能な

SMは先述したように，それをできない競合他社よりも認知度が高い。市場での認知が高いことは，従業員を確保する際にも有効である。なぜなら，認知が高い企業になればなるほど，就職先候補としても想起しやすくなるからである。

⑤　バイイングパワーの実行可能性

先述した①「NBの仕入れの優位性」と一部重複するが，仕入れの総量に応じて，SMは取引先であるメーカーや卸売業者に対して行使できる交渉力が高まる。この取引上の交渉力をバイイングパワーと言う。バイイングパワーを行使した結果，「割引」，「アローワンス」，「リベート」をSMは獲得することができるだけでなく，メーカーや卸売業に自社店舗の売場づくりをする際に協力を要請することも含まれる。このようなバイイングパワーによる労働力の提供は，SMよりも百貨店や家電量販店の売場において見受けられる。つまり，販売員・説明員の派遣などである。この際，小売業は彼らに給料を払うということは当然しない。よって，自社の人件費を削減しつつ，効率的な売場運営が可能となる。

4-4　チェーンストア方式のデメリット

一方，チェーンストア方式の課題点とはどのようなものであるか。それはひとえに，消費の「地域性」および「個人化」への対応である。近年，SMのみならず，百貨店の支店経営においても，「地域性」と「個人化」への対応が求められている。

チェーンストア方式の利点の1つは標準化による効率的な売場マネジメントであるが，経済が発展し消費者のライフサイクルが多様化・個人化するようになり，加えて地域ごとに人口動態（高齢者の割合など）が分散するようになると，消費者の生活に関わる需要は，全国的な需要から地域ごとの需要へとシフトするようになった。現在のように，チェーンストア方式であっても個店ごとの経営が人気を博しているように，その立地する地域の需要に対応することで地域一番店となることがSMに求められている。さらに，多くの小売業ではPOS

を導入し，特にコンビニエンスストア（以下，CVS）を筆頭に顧客の個人特性的需要に対応しようとしている。

4−5　チェーンストアの形態

チェーンストアの形態には，自社で複数店舗を運営するというRCの他に，初期の主婦の店全国スーパーマーケット（風車会）が採用したようなVC，そしてファーストフードやCVS業態で一般的なフランチャイズチェーン（以下，FC）がある。

VCとは，独立した経営主体の協力関係を基盤とし，チェーン組織を形成するものである。後述するFCとの大きな違いは，事業主であるオーナー間のつながりが強いこと，店舗運営において事業主の独自性が比較的許容されている点である。SMに関わるVCには「全日食チェーン[2)]」が，CVSに関わるものとしては山崎製パンによる「Yショップ[3)]」が存在する。

一方，FCとは，本部であるフランチャイザーが店舗である加盟店（フランチャイジー）との相対の契約を結びチェーン化するものである。VCでは横のつながり（店舗間のつながり）からチェーン化されていたのに対し，FCでは本部との縦のつながりが束になってチェーンとなる点が大きな違いである。フランチャイジーである店舗は，本部に経営ノウハウを使用するためのロイヤリティを支払い，また本部から商品を仕入れることで，標準化された営業・経営マネジメントが可能となる。

GMSの多くはRCで基本組織化されているが，海外出店において，合弁会社を設立しての出店と共に，現地企業に経営ライセンスを付与するFC方式を採用した出店も存在する。

5 ── GMSの課題

本章ではGMSの発展過程を第2節で，そしてその発展の背景にあった特徴を第3節で紹介した。本節ではそれらを受けて，現在のGMSの動向と，そしてGMSが抱える課題とはどのようなものかについて言及する。

5 − 1　現在の GMS の動向と課題

　商業統計を観ると，近年 GMS の売上および店舗数（事業所）が減少していることがわかる（図表 8 − 8）。1997 年をピークとして下降傾向にあり，2014 年には事業所数が 1997 年から約 25％減，販売額が約 40％減と大幅に減少している。

　この GMS の減少は，消費の多様化・個人化，つまり個人特性に応じた需要が出現したことにより，品揃えの標準化・総合化というその特徴的な魅力が市場において低減したことを背景にもつ。また GMS に比べ，食料品スーパーが地域性に適応した個店経営を実現したことも，GMS 減少の 1 つの要因であろう。加えて，2000 年以降，食料品スーパーによるネット通販が開始され，2013 年にはアマゾンやヨドバシカメラが耐久財だけでなく食品を販売するようになったように，現在の情報化社会ではリアル店舗からネット店舗へと，消費者の買物行動の比重がシフトしつつある。その結果，年々下降傾向にあるGMS はさらに弱体化するようになった。

　このような市場環境の変化により GMS の経営主体は，ネット通販企業に対

図表 8 − 8　総合スーパー（GMS）の事業所数と年間商品販売額の推移

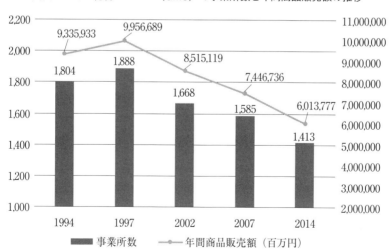

出所：商業統計調査（1994，1997，2002，2007，2014）より著者作成。

応すべく，実店舗の有用性を生かし，かつインターネット社会に対応する新た
な営業・経営革新の必要性に迫られるようになる。近年，消費者と小売業との
接点（タッチポイント）を，販路としてのみならずコミュニケーションの場とし
て捉え，それらを包括的・統合的にマネジメントしようという動きがある。そ
れは，イトーヨーカドーやセブン‐イレブンの経営主体である，セブン＆アイ・
ホールディングスが2013年から着手した「オムニチャネル」である。

５－２　シングル・チャネルからオムニチャネルへの買物行動の移行

　2011年に全米小売協会（National Retailing Federation）は報告書を通じて，顧
客接点（タッチポイント）からみた小売業と消費者の関係の発展過程は，シング
ル・チャネル（Single Channel）→ マルチチャネル（Multi-Channel）→ クロスチ
ャネル（Cross-Channel）→ オムニチャネル（Omni-Channel）と進化してきたこと，
そして情報化社会においてはオムニチャネルが重要であることを示唆した。
　もともと小売業と消費者とは一対一の取引関係，つまりシングル・チャネル
であったが，さまざまな小売業態や同業態であっても多くの店舗を出店するこ
とによって，消費者の購買する場は多様となりマルチチャネル化するようにな
る。GMSの発展過程において，GMSからSCへの転換とは，同一商業施設内
でGMS以外の小売業との接点を形成するという，まさにシングル・チャネル
からマルチチャネルへの転換であったといえよう。マルチチャネル化した場に
おいて，消費者は，各テナントの小売業で総合化された品揃えを比較し購買す
ることが可能となった。
　そして時代が進み，店舗に対するリテール・ブランドが形成され，さらにそ
の小売店舗を統率する経営主体である企業ブランドが消費者に知覚されるよう
になると，クロスチャネル化を迎えるようになる。クロスチャネルの特徴は，
マルチチャネルが個別店舗ごとの接点の集積であったのに対し，店舗（あるい
はリテール・ブランド）横断的な接点である点である。また，たとえ業態や業種
が異なっていても，各店舗が消費者にとってシナジーを産むチャネルとして機
能する点も特徴といえよう。
　そして最終段階であるオムニチャネル化を迎えると，クロスチャネルやマル

チチャネルでは相互に関係性がありながらも消費者にとっては分断されたチャネルであった各店舗が 1 つの集約されたチャネルとして機能することで，消費者と経営主体がさまざまな接点から，消費者が望むときに，欲する商品・サービスを取引することができるようになった。近藤（2019, p.3）の定義では，オムニチャネルとは「すべてのチャネルを統合し，消費者にシームレスな買物経験を提供する顧客戦略」とされている。ここで言うシームレスとは，小売サービス間を横断する垣根が低く，消費者にとって容易に相互利用可能なことを意味する。

　この定義からもオムニチャネルの特徴とは，①コミュニケーションに関わる経路（例えば SNS）も含むすべてのチャネルを対象とし，②提供されるサービスは消費者の意思で自由に間断することなく利用（経験）が可能であり，③顧客基点に立った戦略，という 3 つの点であり，旧来のチャネルと異なる視点である。またオムニチャネルにおいては，マルチチャネルとは異なり，業種・業態を横断する在庫の一元化にも取り組んでいることも特徴といえる。

　全米小売協会の提言以降，米国のみならずわが国の GMS を展開する経営主体にとっても，ネット通販だけでなく実店舗を活用するオムニチャネル化の必要性が重要視されるようになった。先述したように，わが国において率先してオムニチャネル化を推進したのがセブン＆アイ・ホールディングスであった。しかし，2013 年から着手されてから約 5 年，オムニチャネル化実現の問題も顕在化するようになっている。多くの企業がオムニチャネルについて注目する一方で，なぜその実現が難しいのであろうか。

　次節では本章の最後として，GMS を中心に置き，情報化社会における実店舗小売業の在り方について，セブン＆アイ・ホールディングスのオムニチャネル化の事例を通じて議論する。

6── 情報化社会における GMS の在り方：
セブン&アイ・ホールディングスの
オムニチャネル化の事例を通じて

　2006 ～ 2007 年にかけて，子供衣料品を中心とする専門店「赤ちゃん本舗」
や，そごうおよび西武百貨店を買収したセブン&アイ・ホールディングスが自
社の「第 2 の創業」であるとし打ち出した戦略がオムニチャネルであった。彼
らの戦略の最たる特徴は，イトーヨーカドーやセブン-イレブンだけでなく，
高級商品を取り扱うそごう・西武百貨店やバーニーズ・ニューヨーク，赤ちゃ
ん本舗（子供服用品），LOFT（雑貨），Francfranc（家具）といった専門店，通
販のニッセン，そしてレストランのデニーズなど，業種・業態を超えた商品を，
消費者はネットを通じて（あるいは CVS の端末等で）好きな時に好きなものを購
入することができるという利便性である。

　当時，セブン&アイグループとしてのオムニチャネル戦略を採用した目的は
以下のようなものである。つまり，①消費者が望むいかなる時においてもグ
ループを横断して購買できる場の形成，②（ビッグデータ解析を踏まえた）横断
的チャネルに対応した新商品開発，③（主に高齢者を対象に）新たな外商サービ
スの実現である。

　このように実店舗とネット販売を融合させた利便性や，自社独自の PB の活
用と開発，さらに高品質な商品・サービスの提供を実現することで，アマゾン
や楽天に対応すること，また小売業におけるシェアのさらなる獲得のためオム
ニチャネル化が着手され，2015 年 11 月に EC サイト「オムニ 7」を開業した。
2017 年 10 月には北海道の一部エリアでセブン-イレブンの商品を注文・宅配
するサービスを開始し，翌月の 11 月にはアスクルと協働し東京新宿区と文京
区で生鮮食品中心の E コマースである IY フレッシュ（2019 年 11 月末日でサー
ビス終了）のテスト販売が開始されるようになった。また同年同月には，ニト
リ（家具），ゼビオグループ（スポーツ用品），Sakaseru（フラワー）などと提携し，
それらの商品・サービスもネットを介して購入できる，Omni モールを開設し

た。その名のとおり，このサービスは，ネット上のSC化を意味し，自社ブランドのみならず提携する企業のブランドもネット上でワンストップ・ショッピングすることが可能となっている。

　しかし，当初の目標では2018年後半までに取引600万点，売上高1兆円を掲げていたこのセブン&アイ・ホールディングスのオムニチャネル化は，2017年度，その事業化に伴う減損234億円を計上することとなる[4]。戦略の推進を担っていた前鈴木会長が退任したこともあり，2016年より就任した井坂隆一社長のもと戦略の修正が求められている。

　オムニ7の抱える問題点を一言でいうと，「ECに注力を置きすぎたため店舗との連動が十分でなかった」といえる。ECサイトの構築に比重を置きすぎたため，それまでの店舗で収集したPOSデータとの連動が不十分であった。そこで現在では，実店舗で利用できるnanacoカードと7iDに統合することをさらに推進し，グループ各社として顧客IDを把握し，彼らの購買行動に理解と，ネットを介したOne to Oneのコミュニケーション・チャネルの形成を目指している。

　ここにおいて，セブン&アイ・ホールディングスのSMであるイトーヨーカドーの役割は，さまざま多様な商品を取り扱う販路としての役割のみならず，消費者の生活の多様な側面に寄り添い，長期的な視点で消費者との接点になる場となることが求められている。具体的には，顧客生涯価値（Life time value）を高めるため，彼らがどのように消費するのかということだけでなく，入学や就職，結婚などの人生におけるイベント（ライフイベント）を人口統計的要因（年齢，性別，居住区など）や購買履歴から把握するとともに，将来的にどのような需要が必要となりうるか，他の顧客データと照合することで，商品・サービスの提案をする場となり，またそのデータを収集する場として機能する必要がある。

　セブン&アイ・ホールディングスの2020年度2月期第2四半期決算を観ると，イトーヨーカドーでは，不採算店舗の閉店を検討する流れにある一方で，SC化の推進が計画されている。実店舗のみならずネット上においてもワンストップ・ショッピングを可能とする，大型小売店舗としての変貌ができうるか

が，今後の GMS としての成長の要となるといえよう。

【注】

1）株式会社紀ノ国屋公式サイト「紀伊国屋の歴史」（https://www.e-kinokuniya.com/corporate/about/history/）を参照のこと。

2）詳しくは，全日食チェーン公式サイト（https://www.zchain.co.jp）参照のこと。

3）詳しくは，Yショップ公式サイト（https://www.yamazakipan.co.jp/shops/yshop/index.html）参照のこと。

4）東洋経済オンライン「セブン『オムニ減損』でネット戦略を大転換」（2018.4.23）（https://toyokeizai.net/articles/-/217680）

参考文献

石原武政・竹村正明（2008）『1からの流通論』碩学舎.

大阪市立大学商学部編（2002）『ビジネス・エッセンシャルズ⑤流通』有斐閣.

懸田　豊・住谷　宏（2009）『現代の小売流通』中央経済社.

木綿良行・三村優美子（2003）『日本的流通の再生』中央経済社.

近藤公彦・中見真也編（2019）『オムニチャネルと顧客戦略の現在』千倉書房.

瀬岡和子（2014）「昭和30年代におけるスーパーマーケットの誕生と「主婦の店」運動：吉田日出男と中内功を中心にして」『社会科学』同志社大学人文科学研究所, 44(1).

関根　孝（2004）「流通政策—大店法からまちづくりへ」石原武政・矢作敏行編『日本の流通100年』有斐閣.

建野堅誠（2001）「スーパーの日本的展開とマーケティング」マーケティング史研究会編『日本流通産業史　日本的マーケティングの展開』同文舘出版.

矢作敏行（2004）「チェーンストア経営革新の連続的展開」石原武政・矢作敏行編『日本の流通100年』有斐閣.

第9章

コンビニエンスストア

1 ── コンビニエンスストアとは

　私たちの生活の側にはコンビニエンスストア（以下，CVS）が存在している。学生の皆さんであれば，朝，大学に行く途中に，そしてお昼休みに，また授業後に居残り勉強をしているときに，飲み物や食べ物を買いに行く機会があるだろう。24時間営業しており，お店に行くときには，自分の欲しいものが手に入るし，料金収納代行，荷物の受け取り，チケットの発券など各種サービスも充実しているCVSは，まさに文字どおり，日本語訳すると便利商店である。

　私たちは顧客としてお店を利用するときに，上記のような利便性を享受しているが，そうしたお店を実現するためには，さまざまなことを工夫しなければならない。お店側からすれば，いつ顧客が来店するか，またどういったものを買っていくのかを把握しなければ，売れないものは過剰な在庫として抱えてしまうことになるし，売れ筋の商品はすぐに品切れとなり，顧客が来店したときに望む商品が売っておらず，買わずに退店してしまう販売機会ロスを招いてしまう。また，CVSは，一般的に百貨店，スーパーマーケット（以下，SM），ドラッグストア（以下，DgS）といった他の業態に比べて，店舗が狭いという特性があるため，在庫をもたずに，顧客が望む商品を品揃えしておかなければならない。すなわち，顧客が欲しいと思う商品を正確に予測し，かつ顧客が望むときに店頭に陳列されているというタイムリーな配送が求められるのである。

　本章では，CVS が店舗運営するにあたって実践しているシステムについて学ぶことを中心テーマとするが，まずは，日本国内における店舗数をはじめとした現状を概観し，その史的展開から見てみよう。加えて，昨今の問題として，日本国内では成熟期に差し掛かった，現代の CVS の課題や，近年見られる店舗の海外展開についてもふれてみたい。

1－1　コンビニエンスストアの現状

　まず，CVS の定義について確認してみよう。経済産業省が作成している商業統計調査によれば，CVS とは，「飲食料品を扱い，売場面積 30m^2 以上 250m^2 未満，営業時間が 1 日で 14 時間以上のセルフサービス販売店」と定義されている[1]。この定義によれば，現在主流となっている 24 時間営業が定められているわけではない。あくまで飲食料品を中心とした小型店舗であるという特徴が捉えられていることに留意しよう。

　次に，店舗数について見てみよう。ここでは日本フランチャイズチェーン協会で集計が開始された 1983 年から 2020 年 12 月までのデータを用いることとする。そのデータをもとに店舗数推移をまとめたのが，図表 9 － 1 である。日本における CVS の店舗数は，2020 年 12 月時点のデータによれば，55,924 店舗存在している。集計が開始された 1983 年の 6,308 店から約 40 年間で驚くべき成長を遂げたことがわかる。なかでも 4 大チェーンを見てみると，セブン－イレブンは 21,069 店（2021 年 1 月末時点），ファミリーマートは 16,663 店（2020 年 12 月末時点），ローソンは 14,444 店（2020 年 2 月末時点），ミニストップは 2,001 店（2020 年 12 月末時点）で，合計 54,177 店舗と大多数を占めている[2]。日本の人口密集地においてはまず見かけないことがない CVS であるが，この店舗数データを見れば納得である。また，2020 年 12 月時点での CVS 全店舗での売上高合計は，10 兆 6,608 億円であった。参考までに，百貨店が約 6 兆円，SM が約 13 兆円の売上規模なので，CVS は SM に迫る勢いを見せていることがわかる。

　次節では，日本でここまで成長した CVS について，そもそも日本でなぜ CVS が登場したのか，そしてどのようなプロセスを経て現在のような私たち

図表9－1　日本の CVS 店舗数推移（1983 年～ 2020 年）

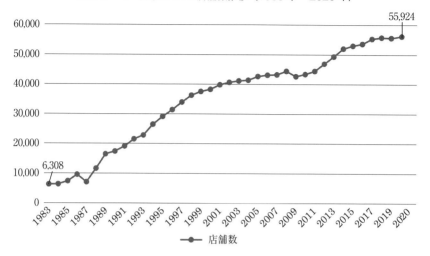

（注）出所元の統計データでは，1986 年～ 1987 年，2008 年～ 2009 年で店舗数の減少が
　　　見られる。しかし，2019 年に前年比較で初めて店舗数の減少が報じられたため（日
　　　本経済新聞，1 月 21 日付朝刊）[3]，上記 2 つの期間における数値減少は集計区分の
　　　変更によるものであると考えられる。
出所：一般社団法人日本フランチャイズチェーン協会の各年度コンビニエンスストア統
　　　計調査レポート [4] をもとに筆者作成。

の生活に密着した小売業態に至ったかについてふれてみよう。

1－2　コンビニエンスストアの史的展開

　本項では，日本における CVS の登場，そしてどのようなプロセスを経て現
在に至ったかについてふれる。日本の CVS の発展についての詳細な分析は，
すでに川辺（2003）によるセブン-イレブンの経営史によってなされている。以
下では，川辺を参考にしつつ，CVS の史的展開についてふれてみたい。なお，
本書では，紙幅の都合上，日本における CVS 登場以降を扱うこととする（ア
メリカで創業したセブン-イレブンの史的展開については川辺を参照されたい）。

　日本における CVS の誕生は 1970 年代に遡る。当時，CVS が登場する前の
小売業界の状況はいかなるものであったのだろうか。1950 年代から 1960 年代
にかけて高度経済成長期を遂げ豊かになった日本人の買い物を支えていたの

はSMであった。そして1970年代になると，そうした豊かさはライフスタイルの多様化を促した。これにより，人々の労働時間帯や生活時間帯は大きく多様化することとなった。いまの私たちの生活では，さまざまな職業があり，昼夜問わず世の中では仕事がまわっている。そうなると食事を取る時間も買い物をする時間も個々人によって変わってくるが，そうした需要はCVSや外食チェーンの24時間営業によって支えられている。しかし，1970年代当初は，今のように24時間で営業しているお店がなく，当時の主力小売業態であったSMや地元の商店街であっても，夕方過ぎには閉店するのが当たり前の時代であった。ライフスタイルの多様化を支えるための商店への欲求がソーシャルニーズとして高まったのである。

　同時期に小売業界では，SMと地元中小商店街との対立関係が表面化し社会問題化していた。1950年代から1960年代の高度経済成長は日本を豊かにし，その需要の増大がSMの発展を促し，SMが小売業界での覇権を握ることとなった。SMの競争力は，チェーンオペレーションに基づいたそのコストパフォーマンスにある。SMは，本部機能と店舗機能が分離されており，本部は各店舗で必要な取扱商品を集約し，一括でメーカーと交渉し仕入れる。SMはその商品取引量をベースとした強いバーゲニングパワー（価格交渉力）を武器に，メーカーから商品を低コストで仕入れることができる。こうしたコスト優位性に基づいた商品の低価格戦略とワンストップ・ショッピングを可能とする商品の幅広い品揃えは，当時の顧客にとっても魅力的なものであった。結果的に，自然とこれまで購入していた地元の中小商店街からは足が遠のくこととなる。こうした事態を解消するため，国は大規模小売店舗法（以下，大店法）を制定し，一定規模以上のSMの営業時間や開店日数などを厳しく制約した。SMとしても，こうした規制が制定されると，自由な競争を行うことができなくなるため，活路を見いだす必要性が生じた。

　すなわち，1970年代の日本は，ライフスタイルの多様化による市場要因の変化，そして小売業界が抱える大型店と中小商店街との対立問題という産業要因の2つの要因が存在していた。このような状況下において，大手SMのイトーヨーカ堂は，アメリカへの小売業視察を行った。その際，現地でサウスラ

ンド社が展開しているセブン–イレブンという CVS との出合いを果たすことになる。その視察団には，当時，人事・広報にいた鈴木敏文氏（前セブン＆アイ・ホールディングス代表取締役会長）がいた。彼は日本にこの CVS を展開しようと社内でもちかけたところ，日本には小型店舗をチェーンで管理する手法が確立されていないことを理由に多くの反対意見にあったという。しかし彼の主導により，イトーヨーカ堂はサウスランド社とエリアフランチャイズ契約を結ぶに至った。こうして，1974 年 5 月に，東京の江東区豊洲にフランチャイズ店として 1 号店が開店した。この CVS という小売業態こそ，先に掲げた 2 つの要因を打開する特性をもっていた。大型小売店を規制する大店法は小規模な店舗面積である CVS の対象外となったため，営業時間や開店日数などが規制されることはなかった。もう 1 つは，CVS がアメリカ同様，日本においてもフランチャイズシステム（加盟店を募り，マニュアル化されたビジネス手法をとらせる方法）を採用したことであり，これがイトーヨーカ堂が掲げていた地元中小商店街との共存共栄の可能性を広げた。イトーヨーカ堂はセブン–イレブンの展開を進める上で，こうした地元の中小小売商にセブン–イレブンへの業態変換を促すことで，対立を避け店舗数の拡大に着手していくこととなったのである。こうして，CVS が日本で新たな小売業態として着座することになった。

　さて，セブン–イレブンを例に CVS の史的展開にふれてきたが，セブン–イレブン，ファミリーマート，ローソンの創業から今日に至るまでの沿革のなかでも代表的な経営的出来事についても確認してみよう（図表 9 – 2 ～図表 9 – 4）[5]。まず 3 社に共通していることとして，1970 年代に創業していること，そして当時，総合スーパーを営んでいた企業が事業主体であったことである。また，3 社ともに，総合商社が CVS のシステムを支える形で出資していることも共通事項としてあげられる（三井物産はセブン–イレブンに出資，伊藤忠商事はファミリーマートに出資，三菱商事はローソンに出資）。総合商社がもつ，商品調達能力そして物流能力は，各社の商品配送業務や海外店舗の運営において大きな強みとなっている。近年，総合商社は CVS 各社への出資比率をますます高めている。ほかにも，3 社のこれまでの経営的出来事を概観すると，ファミリーマートは 1980 年代にいち早く海外への進出に先鞭を付けていることがわかる。周

図表9－2　セブン-イレブンの代表的な経営的出来事

年月	内容
1973 年 11 月	「(株) ヨークセブン」設立 米国サウスランド社 (現 7-Eleven, Inc. 以下同じ) とエリアサービスおよびライセンス契約締結。
1974 年 5 月	第 1 号店出店 (東京都江東区・豊洲店)。
1975 年 6 月	24 時間営業開始 (福島県郡山市・虎丸店)。
1978 年 1 月	社名を「(株) セブン-イレブン・ジャパン」に改称。
1988 年 4 月	セブン-イレブンと三井物産が弁当類の配送で業務提携。
1989 年 12 月	米国サウスランド社からハワイ事業部を買い受ける。
1991 年 3 月	米国サウスランド社の株式を取得し経営に参画。
2000 年 2 月	電子商取引 (EC) 事業の「株式会社セブンドリーム・ドットコム」設立 (同年 7 月よりサービス開始)。
2004 年 1 月	合弁会社「セブン-イレブン北京有限会社」設立。
2007 年 3 月	セブン-イレブンが小売業として世界最大のチェーン店舗数を達成。
2015 年 2 月	チェーン全店売上高 4 兆円を突破。

出所：セブン-イレブン Web サイトに掲載されている沿革情報，新聞記事などをもとに
筆者作成。

図表9－3　ファミリーマートの代表的な経営的出来事

年月	内容
1978 年 3 月	(株) 西友ストアー (現・合同会社西友) が，フランチャイズ・システムによるコンビニエンスストア事業を開始。
1981 年 9 月	前身の (株) ジョナス (当時休眠会社) が，(株) 西友ストアーから営業と資産の譲渡を受け，商号を (株) ファミリーマートに変更し事業を開始。
1988 年 8 月	全家便利商店股份有限公司を設立。
1992 年 9 月	タイ王国に Siam FamilyMart Co., Ltd. (現・Central FamilyMart Co., Ltd.) を設立。
2000 年 5 月	(株) ファミマ・ドット・コム (現・(株) ファミマデジタルワン (旧 (株) UFI FUTECH)) を設立。
2009 年 12 月	(株) エーエム・ピーエム・ジャパンを株式の取得により完全子会社とする。
2015 年 10 月	(株) ココストアを株式の取得により完全子会社とする。
2016 年 9 月	ユニーグループ・ホールディングス (株) を吸収合併し，ユニー・ファミリーマートホールディングス (株) に商号変更。ユニー (株)，(株) サークル K サンクス，カネ美食品 (株) を含むユニーグループと経営統合する。コンビニエンスストア事業を (株) サークル K サンクスに承継し，(株) サークル K サンクスは (株) ファミリーマートに商号変更。
2018 年 4 月	伊藤忠がファミリーマートを子会社化。

出所：ファミリーマート Web サイトに掲載されている沿革情報，新聞記事などをもとに筆者作成。

図表9－4　ローソンの代表的な経営的出来事

年月	内容
1974年12月	ダイエー，米国コンソリデーテッドフーズ社とコンサルティング契約締結。
1975年4月	ダイエーローソン（株）設立。
1975年6月	ローソン1号店「桜塚店」（大阪府）オープン。
1976年11月	サンチェーン1号店オープン。
1979年	「（株）ローソンジャパン」に社名変更。
1980年9月	ローソン・サンチェーン業務提携。
1989年3月	ローソン・サンチェーン合併（株）ダイエーコンビニエンスシステムズ誕生。
1996年7月	初の海外出店，上海1号店オープン。
2000年2月	三菱商事との業務提携。
2002年12月	郵政事業庁とコンビニエンスストア大手のローソンは10日，郵政事業で業務提携。
2014年9月	株式会社成城石井の株式を取得。
2017年10月	次世代型コンビニの研究施設「ローソンイノベーションラボ」を開設。

出所：ローソンWebサイトに掲載されている沿革情報，新聞記事などをもとに筆者作成。

知のとおり，日本においてCVSはすでに成熟期を迎えている。後にも述べるように，日本のCVS企業にとって，海外市場の重要性はますます高まっている。そして，2000年代に入ると，インターネットの普及とともに，各社電子商取引（EC：Electronic Commerce）事業に投資を行っている。2010年代には，CVS業界の覇権を握るべく，各社ともに差別化そして規模の拡大を狙った合併や買収が盛んに行われるようになった。例えば，ファミリーマートはエーエム・ピーエム・ジャパンやユニーグループのCVSを吸収合併し，業界内でセブン-イレブンに次ぐ地位を手に入れた。ローソンは高級スーパー業態の成城石井の株式を取得し，これまでにない魅力的な商品展開によって新たな顧客層の獲得を目指している。

　今日，CVSは小売産業のなかでも高収益で競争的なポジションを獲得しているが，そのプロセスには多くの困難が待ち構えていた。これまでなかった小型店でありながら多数の店舗をマネジメントし，顧客の利便性を満たすような店舗を構築することは容易ではなかったのである。そこで，次節ではCVSのビジネス・システムの内容について紹介し，そうしたシステムの構築にいかなる困難があって，それをいかに解決してきたのかについてふれることにしたい。

2—— コンビニエンスストアのビジネス・システム

　顧客が商店に訪れ，自分の好きなものを当たり前のように購入できる店舗を構築することは容易ではない。皆さんのなかには，実家が商店を営んでいたり，また学生生活のなかでは文化祭などのイベントを通じて，模擬店で食品を提供することで商売の難しさを体験した人もいるだろう。お客さんが何人くるのかがわからなければ，材料をどの程度仕入れたら良いかわからないし，またお客さんがどのメニューを好んで選んでくれるかもわからなければ，営業中にもかかわらず材料の過不足が生じるだろう。このように，顧客の需要というものは常に不確実なものである。ただ，こうした需要の不確実性に対処する必要性は必ずしも CVS だけではない。例えば，SM や大型専門店はその広いスペースを利用して在庫を抱えることができるため，ある程度の品切れ（欠品）リスクを回避することも可能であろう。しかし，CVS は店舗にほとんど在庫スペースをもつことができないほど狭小のため，この解決策を取ることができない。このように CVS の業態特性ゆえに固有に生じる問題点が少なからず存在する。

　本節では，日本においてアメリカから導入した CVS が店舗展開していくうえで立ちはだかった問題について，現在の CVS が構築したビジネス・システムの視点からふれてみたい。ここで手がかりになるのは，矢作（2003）による，コンビニエンスストア・システムのイノベーション三要素のモデルである。矢作によれば，1970 年代に日本に登場した CVS は，多様化する顧客の欲求を満たすために，その小売業務，商品供給およびそれを支える組織構造の３点でイノベーションを起こし，それが今日の CVS の競争優位の確立につながっているという。ここでは，矢作のモデルを参考に，小売業務，商品供給，組織構造の３点に整理して，それぞれ考察することとする（図表 9 − 5 参照）。

2−1　小売業務
　前節でふれたように，1970 年代から顧客のライフスタイルの多様化が見ら

図表9－5　コンビニエンスストア・システムのイノベーション三要素

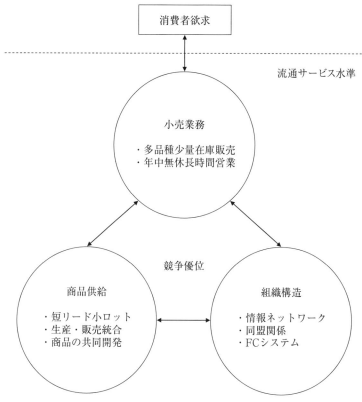

出所：矢作（1994：17）。

れるようになり，そうしたライフスタイルを支える新たな顧客欲求が発生した。例えば，労働時間帯の多様化によって，昼夜逆転している人にとって，それまでの夕方には商店が閉まって買い物をすることができなくなるという状況はとても不便な状況であった。今のように24時間対応の外食チェーンが存在していたわけではなかった。また，ライフスタイルの多様化は，顧客の嗜好性の多様化にもつながる。顧客の価値観やライフスタイルは，顧客の消費行動（どういったものを好むかなど）にも影響を及ぼす。こうした，より多様な顧客欲求を満たすために，CVSは，多品種少量在庫販売，年中無休長時間営業という小売業務を営業するに至った。

　CVS が追求するのは，商品の販売データ（どのような顧客がどのような商品を購入していったか）の徹底的な分析に基づいた，精度の高い商品発注である。そのため，CVS では，商品管理の手法は単品管理といわれる，それ以上細分化することができない商品単位（絶対アイテム単位）にまで掘り下げて販売データを記録している。これは，牛乳という商品を例にとった場合，まず複数のメーカーの商品があり，さらにメーカーごとにさまざまなサイズ展開がなされているが，それらすべてを，同じ牛乳という商品であっても，まったく別の商品として捉えることを意味する。すなわち，1,000ml 容量の牛乳と 180ml 容量の牛乳では，同じメーカーが生産していたとしても別の商品と考えるわけである。商品カテゴリー単位で商品管理をしていると，もし店頭で 180ml 容量の牛乳が品切れ（欠品）したときにそれがわからない。同じ牛乳であったとしても，住宅街に立地した店舗であれば，大きいサイズのものが売れる可能性が高いだろうし，オフィスや大学の近くに立地した店舗ではそうしたサイズのものは売れず，飲みきりサイズが売れる可能性が高い。CVS は，立地している地域特性によってこうした売れ筋が異なることが大いに想定される。この単品管理によって，店舗によってどのような商品が売れ筋にあるかを細かく分析することができるようになるわけである。

　また，CVS では，商品の販売データを蓄積し分析に活用するために，販売時点情報管理（POS：Point of Sales）システムが組み込まれたレジが利用されている。これは年齢層や性別といった顧客情報を会計開始時にレジに打ち込まなければレジが作動しない仕組みである。最低でも年齢層や性別といった顧客情報が，販売実績データと紐付けられるわけである。近年では，CVS 各社が顧客の自社チェーンの囲い込みのためにポイントカードや電子マネーカード（例えば，ファミリーマートの T カード，セブン–イレブンの nanaco カード，ローソンの Ponta カード，イオンの WAON カードなど）を顧客に作ってもらい，会計時，店員が顧客にその利用を促すことがあるだろう。こうしたポイントカードや電子マネーカードには，性別や年齢以外にも氏名や現住所など詳細な顧客プロフィールが記録されているため，店舗側にとっては，重要な販売時点情報となり得る。また，最近ではスマホアプリ型のポイントシステムも普及しており，こ

3

うしたアプリを通じて，企業側は顧客ごとにカスタム化したプロモーションを実現することが可能になっており，顧客のさらなる来店頻度の増加も期待できる。どの顧客が，どういった頻度で来店し，どういった商品を購入していくのか。CVSはこうした情報を重要視し，くまなく蓄積し分析することで精度の高い品揃えを形成しているわけである。

　また，CVSは地域に分散する顧客にとって，どこからでもアクセスが容易であるという立地的な利便性を提供するために，ドミナント出店とよばれる出店戦略を採用してきた。これは，同一チェーンのCVSがある特定の地域に集中的に出店する戦略である。CVSの商圏は半径500mの円上に設定され，徒歩数分でたどり着けるように立地されているわけである。顧客の店舗へのアクセス上の利便性だけでなく，このドミナント出店戦略は，次項の商品供給の観点からもメリットが大きい。

２−２　商品供給

　前項の小売業務のなかでも多品種少量在庫販売を実現しようとしたとき，商品供給体制そのものについても見直す必要が生じた。CVSのように多くの品目を少量ずつ店頭に陳列し，しかもバックスペースにはほとんど在庫スペースがないため，陳列商品そのものが在庫でもあるという状況は品切れ（欠品）リスクをより一層高める。一般的に欠品を避けるためには，在庫をもつか，そうでなければ商品を仕入れ続ける方法以外にはない。しかし，CVSは店舗規模が小さいため，店頭在庫を除いて別のスペースに在庫をもつことができないので，商品を仕入れ続けるしかない。すなわち，短いリードタイムでかつ小ロット（仕入れる商品のボリュームが少ないこと）で仕入れるという仕組みが必要となった。CVSは，メーカーや問屋（卸売と同義）に対して店頭で品切れ（欠品）しないように，頻繁にかつ少量の商品の配送を要求するわけであるが，当時メーカーや問屋が採用している一般的な発注ロットサイズの壁に阻まれることになった。メーカーや問屋としては，そうした多頻度小口配送は非効率だからである。

　さらに，多品種の商品を扱うがゆえに，多くの問屋と取引を行わなければな

らないことも CVS の頭を悩ますことになった。これまでは，ある地域で特定の商品カテゴリーのメーカー商品を取り扱っていた特約問屋それぞれから商品が配送されていた。そのため，初期の CVS では，1 日に何十台もの配送トラックが店頭に引っ切りなしに商品配送に訪れたため，現場のオペレーションは大変混乱したという（図表 9 - 6 の (1)）。そこで，それらを解決する仕組みと

図表 9 － 6　配送の合理化

(1) 合理化前（特約問屋制度の流通経路）

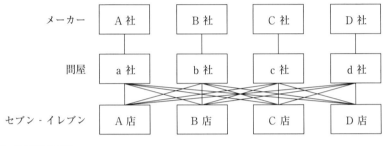

(2) 物流経路集約

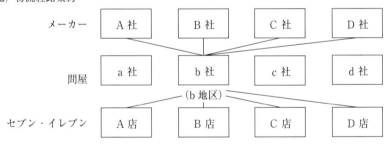

(3) 共同配送

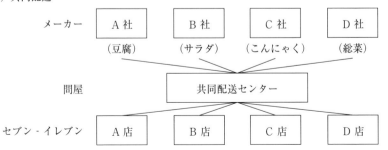

出所：川辺（2003：222）。

して物流経路の集約化（問屋の集約化）が行われた。これは，1つの問屋を窓口問屋として，各メーカーからの商品の取り扱いを集約化し，その窓口問屋が一括して配送する仕組みである（図表9－6の(2)）。さらに，CVSは問屋を自らの組織に内部化し，共同配送の仕組みを作り上げた（図表9－6の(3)）。外部企業に依存していた問屋機能を，CVSの内部機能として垂直統合したのである。共同配送センターに納品された商品は，自社の配送トラックに積載される。そこでは，CVSの店舗ごとに必要な商品が異なるため，あらかじめ店舗ごとに仕分けされて積載される。このように，複雑な配送問題は，物流経路の集約化，そして共同配送の仕組みの構築により大幅に改善し，店舗に訪れる配送車両の減少に貢献した。そして，店舗スタッフは，店頭オペレーション（販売業務）に集中することができるようになった。

　その後，この共同配送の仕組みは，商品の特性にあった温度帯別の配送システムによってさらに高度化されている。CVSで取り扱う商品は多岐にわたるがそれを温度帯別に管理し配送しようという取り組みである。例えば，①氷，アイスクリーム，冷凍食品などのフローズン温度帯は－20℃，②牛乳，乳製品，総菜などのチルド温度帯は5℃，③米飯類といった定温帯は20℃，④その他缶詰や菓子などの常温帯など，さまざまな温度帯があるが，商品の配送頻度はこの温度帯で異なることが多い。CVSは中食（外食と内食の中間。外で買って家で食べることを言う）産業であり，売上の多くを占める主力商品は，おにぎり，サンドイッチ，弁当といった商品である。こうした商品は，顧客の胃袋にあわせて朝昼夕の3つの時間帯に応じて配送されなければならないが，それ以外の商品については売れ行きに応じて，また季節に応じて，その配送頻度を調整していくわけである。このように，伝統的な商習慣に基づく当時の日本の流通制度は，CVSにとって馴染まないものが多く，CVSは自らイノベーションを起こして顧客に対応する小売業態を実現する商品供給システムを構築していったのである。

　最後に，前項でふれたドミナント出店であるが，特定地域に集中的に出店することは，配送の効率化にも寄与している。とくに都心部では主要幹線道路を中心に交通渋滞が発生することも少なくない。配送センターから店舗までの距

離，そして店舗間の移動距離を短くすることで，配送の効率化を図るとともに，遅配リスクも最小化している。遅配リスクの最小化は，店舗規模が小さく商品の回転率を上げることが売上高に直結する CVS にとっては極めて重要な問題である。遅配が生じれば，在庫をもたない CVS の店頭には本来来客して購入してくれたはずの商品を陳列することができず，販売機会ロス（来店したのに欲しい商品がなく買わずに退店してしまうこと）を招いてしまう。

2−3　組織構造

　多くの店舗をもつ CVS 企業本部は，加盟店の売上を向上させるために，いかに組織的なマネジメントができるかが鍵となる。CVS は，先にも述べたとおり，一部，本部による直営店はあるものの，フランチャイズシステムを採用している。フランチャイズシステムとは，チェーンストアのマネジメント手法の1つで，オーナーを募集しチェーンに加盟してもらい店舗営業を任せることである。ビジネスの手法はすべてマニュアル化され，営業を開始するまで一定の期間，研修を行う。営業開始後は，本部が仕入れ業務や店舗に対する売上向上のためのアドバイスを行い，加盟店は店舗でのオペレーションに注力するという協力体制が取られている。利益分担に関しては，加盟店が粗利益（売上高−売上原価）の一部を本部に支払うという方法が取られている。したがって，本部の利益は店舗の利益に依存するため，本部は加盟店の売上を底上げするための仕組みが必要となる。CVS は立地しているエリアによっても状況が異なるし，また店舗オーナーや店長の能力も異なる。CVS 本部は，人的なサポートとして，スーパーバイザー（SV：Supervisor）といわれる本部の社員に，複数の店舗からなる担当エリアを割り当て，定期的に売上向上のためのアドバイスを提供するという組織的な取り組みを行っている。

　もう一点，本部が行っているサポートは情報システムの構築である。例えば，セブン-イレブンが行ってきたこれまでの情報システム革新をまとめたものが図表9−7である。セブン-イレブンでは1978年から現在に至るまで，大きく分けて6つのカテゴリー区分で情報システムの革新が行われてきた。図表9−7に基づいて CVS の情報システム革新についてふれてみよう。

図表9－7　セブン-イレブンの情報システムの変遷

第1次店舗システム 1978年～1982年		
1978年8月	発注端末機「ターミナル7」の導入開始 ［日本電気（株）との共同開発］	・発注番号のバーコード化と，商品台帳兼発注表の作成。 ・発注業務のコンピューター化に伴い，会計処理の面では注文データを先行記録とするターン・アラウンド方式が可能となり精度及び効率が大幅に向上。
第2次総合店舗情報システム 1982年～1985年		
1982年10月	TC（ターミナルコントローラー） ［日本電気（株）との共同開発］ POSレジスターの導入開始 ［（株）東京電気との共同開発］	・世界で初めてマーチャンダイズ・マーケティングにPOS情報を活用。 ・発注精度の向上と欠品防止，個店対応と単品管理の深耕，POS情報の活用，共同配送の推進等が大幅に進展。
1982年11月	発注端末機EOB（エレクトリック・オーダー・ブック）の導入開始 ［日本電気（株）との共同開発］	
第3次総合店舗情報システム 1985年～1990年		
1985年5月	グラフ情報分析コンピューターの導入開始 ［ロジックシステム・インターナショナル社との共同開発，日本電気（株）との保守契約］	・販売データがグラフで表示できるようになり，イメージとして把握しやすく，販売データが本格的に活用されるようになるとともに予約商品在庫問い合わせなどネットワーク活用ビジネスの可能性が開ける。
1985年8月	双方向POSレジスターの導入開始 ［（株）東京電気との共同開発］	
第4次総合店舗情報システム 1990年～		
1990年9月	GOT（グラフィック・オーダー・ターミナル），ST（スキャナー・ターミナル），SC（ストア・コンピューター）の導入開始 ［日本電気（株）との共同開発］	・POSデータの分析情報に加えて，商品情報や催事・温度変化などに応じた商品の動きの変化を先行的にアドバイスする文字情報の提供等店舗内でレベルの高い発注・単品管理を行う仕組み作り。 ・店舗－ベンダー－本部間でやり取りされる大量のデータをリアルタイムで伝達することにより本部が直近の情報を把握でき商品調達や店舗への情報発信の飛躍的な迅速化が可能。 ・店頭のサービスレベルの向上と情報サービスへの広範な活用。
1991年4月	ISDN（総合デジタル通信網：NTT）の導入開始	
1992年3月	新型POSレジスターの導入開始 ［（株）東京電気との共同開発］	
第5次総合店舗情報システム 1996年～		
1996年11月	「ネットワークシステム」，「発注・物流・取引先システム」の導入開始	・衛星通信とISDNを統合した世界最大規模のネットワークを構築。 ・動画，音声などのマルチメディア技術を本格的に活用。 ・営業部門約1,500名全員へ携帯パソコンを配備。 ・オープンアーキテクチャへ全面移行。 ・専用ハードウェア・ソフトウェアなどの共同開発による信頼性，メンテナンス性，サービスレベルの向上などを特徴とした世界でも最先端のシステム構築。 ・ECなどの新規ビジネスを支援する事業インフラを確立。 ・（株）野村総合研究所，日本電気（株）など12社のパートナーメーカーの協力により統合された総合システム。
1997年5月	「グループウェアシステム」の導入開始	
1997年6月	「マルチメディア情報発信システム」の導入開始	
1997年11月	「店舗システム」の導入	
1998年9月	「POS情報システム」の導入開始	
1999年3月	「店舗POSレジシステム」の導入開始	

第6次総合店舗情報システム 2003年〜		
2003年7月	「会計システム」の導入開始	・伝票，帳票のペーパーレス化とデータの電子保存によるコスト削減。 ・店舗ネットワークを光ファイバに統合。 ・店内LANの無線化により，売場での商品情報やPOS情報の参照を実現。 ・「日本語入力キーボード」を新設し，店舗内コミュニケーション・情報共有を促進。 ・大規模データベース活用によるマーチャンダイジングの情報の充実。 ・国内初となる非接触ICカードの“マルチリーダーライター”の搭載。
2004年11月	「ネットワークシステム」の導入開始	
2006年3月	「マルチメディア情報発信システム」の導入開始	
2006年5月	「店舗システム」の導入	
2006年7月	「本部情報システム」の導入開始	
2006年11月	「POSレジスターシステム」の導入開始	

出所：セブン-イレブン・ジャパンWebサイトより。

第1次店舗システム（1978年〜1982年）では，バーコードの導入と発注業務のコンピュータ化が図られた。バーコードの導入による商品管理はその後のPOSシステムの発展を左右するものであった。また，このバーコードの導入によって，レジ作業が効率化したことは想像に難くない。今ではどの商品にもソースマーキングされているバーコードであるが，当時，通産省が普及を推進していたにもかかわらず遅々として進んでいなかった。メーカーがその印刷コストを嫌ったからである。しかし，CVSが社会的に大きなパフォーマンスを占めるようになりバーコードのソースマーキングを取引条件に加えたことが，日本でのバーコード普及に寄与したと言われている。次に，第2次総合店舗システム（1982年〜1985年）では，POSレジスターが導入されることとなり，世界で初めてPOS情報が活用された。これにより発注精度が向上し，そして単品管理が深耕することとなった。そして，第3次総合店舗システム（1985年〜1990年）では，販売データ表示のインターフェースが向上し，またPOSは本部と店舗の双方向で情報共有できる仕組みに発展した。続く第4次総合店舗システム（1990年〜）では，ISDN（NTTの総合デジタル通信網）を利用して，店舗，ベンダー，本部間での大量データをリアルタイムに伝達することができるようになったため，本部から店舗への情報発信が飛躍的に迅速化した。またPOSデータの分析情報に加えて，温度変化や催事の開催状況など，発注の際に参考になる重要なデータが本部から店舗へ提供される仕組みも構築された。第5次総合店舗（1996年〜）は，さらにネットワークの整備が行われ，ECの先駆け

となる事業インフラが確立された。最後に，第6次総合店舗情報システム（2003年〜）では，ITインフラの技術進化に基づく，システム革新が行われ，伝票のペーパーレス化や無線LAN構築による売り場での商品情報ないしPOS情報の参照を実現するなど，業務の効率化に一層の磨きがかかっている。

　こうした情報システム革新に対する取り組み（ハード面）と，それを支えるSVのサポートシステム（ソフト面）の双方を組織的に行ってきたことが，店舗パフォーマンスの向上そして今日の成長につながっているわけである。

2－4　第1節と第2節の小括
　さて，ここまで日本におけるCVSの登場に至るまでの史的展開と，その業態特性がゆえに，いくつもの克服しなければならない問題を乗り越えて，今のシステムが構築されたことについてふれてきた。セブン-イレブンの第1号店の出店を日本におけるCVSの出発点と考えると，2020年1月現在，45年という歳月をかけて成長し続けてきたことになる。CVSの日本への導入は，経路依存的な経緯があり，独自の発展を見せた（矢作，2007）。1991年にはもともとのライセンス元であるアメリカのサウスランド社をイトーヨーカ堂が買収し子会社化し，親子逆転を成し遂げた。しかし，第1節で触れたように，2018年から2019年に日本のCVSは初めて総店舗数が減少した。産業ライフサイクルでは成熟期に差し掛かっているという認識を抱かざるを得ない。日本はこれからさらなる少子高齢化，人口減によって，国内市場の需要は落ち込んでいくだろう。また，地方の過疎化に伴い，高齢者を中心に食料品の購入や飲食に困難を伴う買い物難民（あるいは買い物困難者）問題も社会問題化している。

　そこで次節では，CVSの成長戦略としての海外進出と，CVSを取り巻く昨今の課題について考えてみたい。

3──近年におけるコンビニエンスストアの動き

3－1　海外進出
　日本のCVS企業は現在，積極的に海外に店舗展開を行っている。東南アジ

アをはじめとしたアジア地域が最も多い進出先であるが，その理由としては，これらの地域の経済的な発展があげられよう。日本でも1970年代に経済的豊かさからライフスタイルの多様化が進み，CVS発展の1つの要因となった。例えば，経済成長が目覚ましいフィリピンでは公用語が英語であるために，多くの企業がその堪能な英語力と人件費コストに魅力を感じ，コールセンターのアウトソーシング先として活用しているという。世界を相手にしているビジネスであるがゆえに，24時間体制で営業していることもあり，勤務者のなかには深夜族の人も少なくない。例えばこうした顧客層の買い物先として，日本のCVSが適合するわけで，現地でソーシャルニーズが高まっているわけである。

　図表9－8は，セブン-イレブン，ファミリーマート，ローソン，ミニストップの国内店舗数と海外店舗数を示したものである。セブン-イレブンについてはアメリカのサウスランド社が本社時代に海外に展開したものが含まれており，その歴史も長いため店舗数は最も多くなっている。ミニストップは海外店舗数が国内店舗数よりも多い結果となっている。この図表を見てもわかるように，日本のCVSは海外市場に積極的に展開しているが，必ずしもすべての進出国でうまくいっているわけではない。ファミリーマートはすでにタイやベトナムから撤退しており，インドネシアからはすでにセブン-イレブンとミニストップが撤退している。国が変われば，政治的，経済的，文化的に異なった制度環境のもと店舗を運営しなければならない。こうした制度環境の違いは，現地の市場環境や流通環境の違いとして現れている。日本のCVSは先にも見たとおり，小売業務，商品供給，組織構造の3つのシステムが成り立ったうえで

図表9－8　4大CVSチェーンの国内店舗数と海外店舗数

	国内店舗数	海外店舗数	主な進出先
セブン-イレブン	20,988	約46,800	北南米，アジア，欧州など18カ国
ファミリーマート	16,556	7,794	中国，台湾
ローソン	14,659	2,210	中国，タイ，インドネシア，フィリピン
ミニストップ	2,002	3,332	韓国，フィリピン，中国，ベトナム

（注）セブン-イレブンの海外店舗数は2018年12月時点，ローソンは国内・海外ともに2019年2月時点，その他のデータは2019年12月時点の数値である。
出所：各社Webサイト，IR情報をもとに筆者作成。

図表9－9　「工場立地の国際化」と「店舗立地の国際化」との相違

	工場立地の国際化 （製造業者）	店舗立地の国際化 （小売業者）
①立地の際に重要な因子	費用因子	費用因子，収入因子
②国際立地の特徴	空間的・地理的分割 （国際分業）	空間的・地理的分割不能
③市場空間規模	広域市場	狭域市場（「店舗」立地を軸）
④内部化の度合	大きい	小さい
⑤移転技術	ハード （工場＝生産設備）	ソフト （環境に対応できるソフト技術）

出所：川端（2000：24-26）をもとに筆者作成。

競争優位性を発揮しているため，海外市場においてそのシステムを構築するには多大なコストがかかることも留意するべきであろう。

　この点について，製造業者（メーカー）の国際化との比較で考えてみよう。図表9－9は，製造業者の国際化と小売業者の国際化との相違についてまとめたものである。例えば同図表中の「②国際立地の特徴」の観点から比較すると，製造業者の場合，例えば製品開発は本国で行い，生産に関してはコストが最も低い国に工場を立地し生産を行い，販売を先進諸国で行うといったことが可能である。すなわち生産と販売（消費）を分離することが可能なのである。しかし，サービス産業である小売業者の場合，この生産と販売を完全に分離することは難しい。なぜならば，サービス産業であるがゆえ，基本的に提供されるサービスは進出国内で完結することが多いからである。これは例えば，進出国の顧客のニーズにあった商品を現地企業との取引で調達したり，従業員を現地で採用し教育したり，現地のインフラを考慮したうえで進出国特有の物流網を構築したりするなど，進出国の制度環境にあわせてビジネスシステムを構築する必要があることを意味する。また，同図表中の「③市場空間規模」に関しては，小売業者の場合，あくまで立地している店舗を軸とした市場空間規模になることも改めて留意するべきであろう。製造業者であれば単一の製品を世界で広く販売することが可能であるが，小売業者の場合，同じ進出国内であっても，日本と同様，店舗立地によって商品構成が変わることも大いにありえるため，

店舗を軸とした商圏の顧客を相手にする必要がある。

　海外であっても顧客が望むニーズを的確にとらえ，それを実現するシステムを構築するのは容易ではないが，幾多の課題をクリアして発展した日本のCVSが海外で成長するためには，丁寧なマーケティング・リサーチを行うことはもちろん，有望なパートナー企業を活用することも重要であろう。

3－2　日本におけるCVSを取り巻く今日的課題

　2019年，今後の日本のCVSのあり方を考えさせられるニュースがあった。1つは，CVSの加盟店オーナーあるいは店長への過度な業務負担である。この問題は，24時間営業が原則のCVSでは，昨今の人手不足の問題も相まって，その立地によっては非常に難しくなっていることを示している。深夜営業をしていても，その売上では人件費をまかなえない店舗も多数存在しているという。一部のチェーンストアでは，セルフレジのさらなる導入といった省人化のためのインフラ整備や，時短営業を実験的に行っており，これから本格的にこの問題への対応が進んでいくことであろう。

　また，これはCVSに限った話ではないが，食品ロス問題でCVSが取り沙汰されることも多い。季節商品であるクリスマスケーキや節分の恵方巻など売れ残った商品が大量に廃棄される様子は深刻である。各店舗ともに，高度な情報システムを構築していてたとえ店舗レベルでは少量の廃棄であっても，CVS全体で見ると大量の食品ロスを生じさせてしまっていることが現実である。

　こうしたCVSを取り巻く社会問題を解決していくためには，CVS運営のあり方を見直すだけではなく，私たち消費者としてもその消費行動を見直す必要があろう。

【注】
1）　経済産業省 Web サイト「商業統計」
　　https://www.meti.go.jp/statistics/tyo/syougyo/index.html（2021年1月31日最終アクセス）。
2）　セブン-イレブン・ジャパン Web サイト「国内店舗数」
　　https://www.sej.co.jp/company/tenpo.html（2021年1月31日最終アクセス）。

ファミリーマート Web サイト「店舗数」

https://www.family.co.jp/company/familymart/store.html（2021 年 1 月 31 日最終
アクセス）。

ミニストップ Web サイト「店舗数一覧」

https://www.ministop.co.jp/corporate/about/shop/（2021 年 1 月 31 日最終アクセ
ス）。

ローソン Web サイト「企業情報／店舗数」

http://www.lawson.co.jp/company/corporate/data/sales/（2021 年 1 月 31 日最終
アクセス）。

3）日本経済新聞「コンビニ店舗数，初の減少　昨年 123 店少なく　新規出店抑制にか
じ」（2020 年 1 月 21 日付朝刊）。

4）一般社団法人日本フランチャイズチェーン協会 Web サイト「コンビニエンススト
ア統計データ」

https://www.jfa-fc.or.jp/particle/320.html（2019 年 12 月 27 日最終アクセス）

5）セブン-イレブン・ジャパン Web サイト「沿革」

https://www.sej.co.jp/company/enkaku.html（2020 年 2 月 8 日最終アクセス）。

ファミリーマート Web サイト「沿革」

https://www.family.co.jp/company/familymart/development01.html（2020 年 2 月
8 日最終アクセス）。

ローソン Web サイト「沿革」

http://www.lawson.co.jp/company/corporate/data/history/detail/development.
html（2020 年 2 月 8 日最終アクセス）

参考文献

川端基夫（2000）『小売業の海外進出と戦略―国際立地の理論と実態―』新評論.

川辺信雄（2003）『(新版) セブン-イレブンの経営史』有斐閣.

矢作敏行（1994）『コンビニエンス・ストア・システムの革新性』日本経済新聞社.

矢作敏行（2007）『小売国際化プロセス―理論とケースで考える―』有斐閣.

第*10*章

カテゴリーキラー

1── カテゴリーキラーの特徴とその成長の背景

　既存の商品分野や業界に存在するプレイヤーから顧客を奪い成長していく小売企業を「カテゴリーキラー」と称することがある。1980年代以降台頭してきたこの言葉は，ある特定の商品分野で強さを発揮する小売企業に対して，いわば慣用句のように多義的に用いられてきた。本章では，このカテゴリーキラーとは何か，その定義を確認し，代表的企業が出現してきた背景や経営的特徴について整理していくこととする。

1－1　カテゴリーキラーとは

　カテゴリーキラー（Category Killer）とは，『最新商業辞典［改訂版］』（2002）によると「家電，玩具，住居用品など特定の商品分野（カテゴリー）に販売を特定し，低価格と深い品揃えを武器に圧倒的な販売シェアを上げる小売業態」のことを指す（久保村・荒川監修，鈴木・白石編 2002，p.47）。

　高井（1996）は，カテゴリーキラーを「専門ディスカウントストア（専門DS，スペシャルティー・ディスカウントストア）」とし「特定の商品分野（カテゴリー，例えば玩具，家具，事務用品，化粧品，ペット用品など）に焦点を絞りこみ，そのカテゴリーを豊富な品揃えと低価格で販売する大型店（スーパーストア）。店舗は，低コスト運営（しばしば倉庫型），広告マーケティングを活発にして消費者

に買物のバリュー（お買い得）を認知させ，低い粗利益で大量にディスカウント販売する，低価格型の量販専門店」としている。また大型店（スーパーストア）については「店舗面積は 3 万平方フィート（2,800m²）から 6 万 5 千平方フィート（6,000m²）。年々大型化する傾向にある」と指摘する（高井 1996, p.10）。

ロバート・スペクター（2005）は，「カテゴリー・キラーは売り場面積が 1,800 ～ 1,900m² 超と規模が大きいため，『ビッグ・ボックス』とも呼ばれており，玩具，オフィス用品，ホーム・インプルーブメント用品など，明確に区分された特定の商品分野に専門特化し，広く深い品ぞろえを実現して，『エブリデー・ロープライス』で販売している。『カテゴリー・キラー』という名前は，当該のカテゴリーを支配し，個人商店，規模の小さい地元チェーン，総合小売店に関係なく，価格や品ぞろえで対抗できない競争相手をつぶすことをめざしていることからつけられた」と指摘する（スペクター 2005, pp.12-13）。

田村（2001）は，カテゴリーキラーの特徴を品揃え（総合化・専門化）と立地（郊外・都心）という 2 つの軸を用い，他業態と比較するなかで以下の図表のように位置づけている（以下，図表 10 - 1 参照）。

図表 10 - 1　他業態と比較したカテゴリーキラーの位置づけ

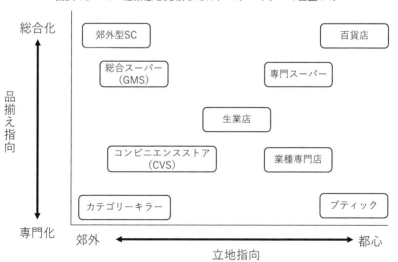

出所：田村（2001：224）参照。

　このように，上記定義よりカテゴリーキラーを考えると，狭義の意味として
は，特定の商品分野（カテゴリー）に対象を絞り，そのなかで深い品揃えを大
型店舗で実現した専門量販店であり，低価格販売を実現するために郊外に立地
するなど，ローコスト・オペレーションでの運営を実践し，圧倒的なシェアを
上げる小売業態となる。他方，広義の意味としては，必ずしも低価格での販売
ではなく，特定分野においてライバル企業以上に集客する力があり，当該カテ
ゴリーを支配するほどの競争力をもつ専門的な小売業態や，従来の業界の秩序
（ルール）を脅かす，ないし変えていく存在に対して用いられていると考えられ
る。

　このカテゴリーキラーと称される企業は，玩具や家電など非食品分野を中心
に発展してきた。関根（2005）は，日本における代表例として家電製品ではヤ
マダ電機やヨドバシカメラ，紳士服では青山商事，アオキインターナショナル，
婦人・子供服ではしまむら，カジュアル衣料ではユニクロ，靴ではチヨダ，ス
ポーツ用品ではアルペン，家具ではニトリ，玩具では日本トイザらスを挙げて
いる（関根 2005, p.59）。

1－2　トイザらス誕生にみるカテゴリーキラー台頭

　ここでは，カテゴリーキラーの代表格とされるトイザらスがどのように誕生
し，カテゴリーキラーといわれるまでに成長したのかについて注目する。まず
はその誕生の背景と品揃えの拡大の歴史を確認し，その後，経営的特徴につい
て整理していこう。

（1）トイザらス誕生の歴史的背景[1]

　トイザらスの創業者であるチャールズ P. ラザラス氏は，1923 年に生まれて
いる。1948年，25歳となったラザラス氏は，戦後のベビーブームを背景として，
米国ワシントン D.C. に「Children's Bargain Town」という子供用家具店を開
店している。この店舗経営のなかで消費者の満足をより高めるため，ベビーベ
ッドだけでなくベビー用品，さらには三輪車や書籍，玩具など子供向け商品の
品揃えを拡充していくこととなる。また，こうした品揃え幅の拡大を通じて商

品特性の違いを学んでいる。特に，当初取り扱っていた主力商品であった家具
は，耐久性があり壊れにくいために来店頻度が低くなるという特徴を有する。
一方，玩具は壊れやすく，かつその時々の流行があるため，家具と比べると来
店頻度が高い傾向がある，といった違いを理解していく。こうした理解を通し
て来店頻度が高くなりやすい玩具の取り扱いを重視していくこととなるが，玩
具に着目したのは商品特性以外にも 1950 年代における玩具業界にとっての追
い風があった（日本トイザらス株式会社 HP）。

　第 1 に，家庭におけるテレビの普及率の高さである。テレビを所有する世帯
のうち，12 歳以下の子供のいる世帯が全体の 3 分の 2 を占めており，広告媒
体としてのテレビの役割が重視されてきた。玩具として初めてテレビ広告され
た「ミスター・ポテトヘッド」は，1952 年にシリアルのおまけとして誕生し
た玩具だが，1953 年には一般販売され，1964 年にはポテトヘッドファミリー
が登場するほどの人気を博していた（スペクター 2005，pp.49-50）。

　第 2 に，玩具メーカーによる広告プロモーション活動である。1945 年に創
業したマテル社は，1955 年に ABC テレビにてウォルトディズニー提供で放映
された「ミッキーマウス・クラブ」で，ミッキーマウスの絵のついた「ミッキー
マウス・ギター」のテレビ広告などが子供の消費欲求を刺激する。このように，
テレビを用いたプロモーション活動を行った玩具は，クリスマスシーズンに大
人気商品となっていった（スペクター 2005，pp.50-51）。

　第 3 に，バービー人形の登場による玩具商品の通年化である。1959 年，マ
テル社により開発されたバービー人形は，テレビ CM を通じて少女たちを中
心に人気となった。この人気に伴い，それまでクリスマスだけの季節商品であ
った玩具は，1 年中販売可能な通年商品へと変わることができたのである。こ
のように玩具を取り巻く諸環境の変化は，小売企業にとって玩具の取り扱いを
魅力的なものにさせた（スペクター 2005，p.51）。

　こうした変化のなかで，1950 年代には，キャラクターに基づくプロモーショ
ン活動を行っていく。具体的にはその後，同社の公式キャラクターとなるジ
ェフリーの前身である Dr. G. Raffe と名付けられたキリンを紙面広告に掲載さ
せる。Dr. G. Raffe の「Toys are us!（おもちゃなら私たち！）」というセリフは，

その後の同社の社名となる大切なメッセージであった。

　1957 年に行われた社名変更は，Children's Bargain Town から短くてインパクトのある「Toys "Я" Us（以下，トイザらス）」への変更である。"Я" は，人々の関心を引くようにあえて左右逆に表記している。また，社名変更とともに，Dr. G. Raffe のデザインや名前も変更し，店舗スタッフによってジェフリーと名付けられた。そして，ジェフリーは，1960 年に公式キャラクターとして人気を博し，イベントなどにも登場するようになる。「I Don't Want to Grow Up, I'm a Toys "Я" Us Kid」（大人になんてなりたくない，僕らはトイザらスキッズ）という CM ソングもジェフリー同様に話題となっている（日本トイザらス株式会社 HP）。

　1960 年代半ばになると，ラザラス氏は当時 4 店舗を展開していたトイザらスをインターステート・ストアーズに売却している。ただし，売却時の取り決めにより売却後もラザラス氏は店舗運営には携わっていた。その後 8 年間において年率 30％の成長を遂げたトイザらスであったが，1974 年に親会社のインターステート・ストアーズの展開するディスカウントストア（以下，DS）であるホワイトフロントの経営不振を理由に破産法の適用を申請する。これを契機として，企業再建を託されたラザラス氏は最高経営責任者として玩具事業に特化していき，4 年後の 1978 年にインターステートはトイザらスとしての再出発を果たしている（スペクター 2005, pp.53-54）。

　そして 1980 年代，90 年代を通してさらに品揃えの幅の拡充をしている。1983 年には子供服の事業に進出し，「Kids "Я" Us」（キッザらス）をオープンさせる。こうして 1975 年に 2 億ドルだった売上も 1985 年には 20 億ドルを超えるまでに至っている。その後，1996 年には「Babies "Я" Us」（ベビーザらス）をオープンさせ，日常の買い物としての玩具や子供の成長に寄り添う商品群に特化して品揃えを充実させてきたのである（日本トイザらス株式会社 HP）。

（2）トイザらスの経営的特徴

　上述のように誕生したトイザらスについて，ここでは品揃えや販売方式などの経営的な特徴について整理していこう。

　品揃えの特徴は，日常の買い物としての玩具ならびに子供の成長に寄り添う品揃えに限定していることである。子供の成長や教育に応じて玩具や衣類は，その都度必要となり，深い品揃えは重要となる。もちろん玩具や子供服自体は，商品の耐久性から考えれば，本来，耐久消費財として位置づけられる。しかし，子供の発育の成長スピードに合わせて用いられると考えると，玩具や衣類は日々の成長のなかで適宜提供することが不可欠であり，耐久性よりもむしろ消耗品としての性格が色濃くなる（石原 1991，pp.187-190）。したがって，子供の成長に合わせた消耗品としての玩具や子供服が消費者に購入されるためには，低価格販売の実現が望ましい。

　こうした販売を可能とするために，スーパーマーケット型の販売モデルが参考とされている。それは，第1にセルフサービスの導入である。1950 年代後半より導入が実施されたが，消費者自身に商品を選択させることで，販売員を抑制し，人件費を最小限に抑えることも可能となる。第2に，コスト削減のための倉庫型店舗での運営である。できる限り無駄を抑え，18,000 アイテムという膨大な商品の在庫を確保することで競合店よりも低価格での販売を実践できたのである（スペクター 2005，pp.51-52）。

　これらの販売方式を可能とした背景には，当時の玩具業界の構造や当時，消費者に支持された小売企業などが影響している。かつてアメリカの玩具業界では，感謝祭からクリスマス，ハヌカーまでの6週間で1年間の玩具の売上高の7割以上を占めており，1970 年代半ばまでは，年間に占める玩具販売額の5割はクリスマスシーズンによるものであった。毎年の売れ筋商品は，毎年2月にニューヨークシティで開催される業界関係者向けのトイ・フェア（製品発表会）で発表されていた。そのためバイヤーはトイ・フェアで商品を確認後，夏に発注を行い 10 月頃には新商品が店頭に並び，販売のピークとなる時期に備えることができた。そして，販売のピーク時期ないしその終わりとなる 12 月〜翌年1月にかけて代金の支払いが行われていた（スペクター 2005，p.53）。

　こうした長年の慣習化されたサイクルにより，年末の売れ筋商品は早期に判明するため，大量発注することで仕入れ価格を抑えることが可能であった。また，代金の支払いについても商品販売後に行うことができたため，比較的余裕

のある支払いサイトであったといえる。

　また，倉庫型の簡素な店構えの店舗自体も DS での買い物に慣れた消費者からすれば，玩具メーカーの主要な商品を豊富に揃え，いつ来店しても低価格で販売する EDLP（エブリデー・ロープライス）を基本とする販売方式の一環として理解されていた（スペクター 2005，p.47，52）。この状況を利用して調達された商品を低価格で販売することで，玩具を販売していた競合他社となる百貨店や DS 以上に消費者に支持されたのである。

　一方，簡素な店舗やローコスト・オペレーションを目指した店づくりは，売り場とバックヤードを一体化させることにもつながっている。それは商品補充にかかる作業コストを削減するだけでなく，ボリューム感のある豊富な品揃えの演出にも役立っている（石原 1991，pp.193-194）。

　さらに，トイザらスが意図した豊富な品揃えは，玩具メーカーにも恩恵をもたらしている。玩具はこれまで百貨店や DS などで季節商品として位置づけられていた。しかし，1950 年代後半にバービー人形などが人気となり，徐々に季節商品から通年商品へと玩具の位置づけが変わっていくなかで，玩具メーカーはトイザらスを消費者に対する自社製品を展示するプロモーションの場として利用でき，トイザらスに対して新商品を積極的に投入することができたのである。メーカーによるトイザらスの評価は，ラザラス氏がトイザらスをインターステートへ売却し，その後インターステートが破綻，トイザらスとして再建を図るなかでも変わることなく重要な売り場として捉えられていた。玩具メーカーは，トイザらスの存在が自身の利益につながるため，再建を図る際には取引条件を寛大にするなどの支援を行っている。その後，トイザらスの成長に伴い，玩具メーカーでも，トイザらスの販売状況に合わせて自社の玩具の増産を決定する，トイザらスの店舗の陳列棚を考慮してパッケージをデザインするメーカーなども存在していた（スペクター 2005，pp.52-55）。

　加えて，トイザらスは返品制度を導入している。これにより買い物客に対して安心して買い物できる環境を提供したのである。さらに，最低価格保証を行うことで消費者の安さに対する認識を定着させていった（渥美 1998，p.151）。

　出店についても低価格販売を実践できるコスト削減の工夫がなされている。

具体的にはスーパーリージョナルセンターとよばれるショッピングセンター（以下，SC）の周辺に出店するという方法である。スーパーリージョナルショッピングセンターは，核となるテナントが4店程度，その他専門店が200～300店出店する大型の店舗であり，商圏人口を12～30万人程度とする。このSCの周辺に出店することで，コストを抑えた形でSCと同様の集客を見込むことができたのである（石原1991, pp.191-193）。

そして，多店舗展開していくなかで，大量一括仕入れとコンピュータによる在庫管理を通して成長していく。具体的には多店舗展開により低価格での大量仕入れが可能となり，商品の売れ行きを把握するなかで在庫管理を徹底させ売れ筋商品の欠品を防ぎ，死に筋商品を撤廃する努力を行っている（スペクター2005, p.54）。

そもそも玩具の回転率はそう高くはない。そのために売れる商品か売れない商品かを見極める工夫を行っている。その1つが試売（トライアルセリング）である。ある商品の価格が適切かを確認することで売れないものを排除している。加えて品目ごとの最小陳列量を24個とし，3週間以内にその販売量をクリアできない場合は，取り扱いを行わないようにしている。また，売れ行き状況を確認するなかで，店舗への商品補充は流通センターが管理し，店ごとの出荷量，品目ごとの出荷量を決定していく（嶋美1992, pp.63-65）。

このように，トイザらスは徹底したローコスト・オペレーションの実施のなかで「子供の成長」に関連する深い品揃えを低価格で提供し，結果として百貨店や総合DS，玩具を中心に品揃えする小売企業を圧倒していったのである。

（3）トイザらスの日本進出とその影響

その後，トイザらスは日本にも進出している。日本トイザらスは1989年11月に米国トイザらス社と日本マクドナルド社の合弁により設立される。2年間のリサーチ期間を経て，トイザらスの日本1号店は1991年12月に茨城県阿見町（荒川沖店）でオープンしている。1号店はオープンから3日で約6万人の来店があった（商業界編集部1992, pp.59-60）。また，1992年1月にオープンした2号店の奈良県橿原市の橿原店開店時には，当時のアメリカ大統領であった

ブッシュ大統領が視察に訪れ，演説を行っている。ブッシュ大統領は，トイザらスの出店意義について「日本の流通制度に横たわる主要な障壁が取り除かれたこと」，「日本の消費者にとっても商品の幅の選択が広がり，安く購入できるメリットをもたらした」と評価している[2]。

　このように，アメリカからの黒船と称されたトイザらスが日本に進出した背景には，日米構造問題協議を契機とした流通規制緩和があるが，トイザらスの進出は，大店法改正の成果とされ，その後の外資系流通企業の日本進出を勢いづかせることとなった。

　日本でのトイザらスの事業活動は，1号店オープンから5年程度となる1996年10月には50店舗を出店，1997年1月期には売上高約750億円となり，玩具小売業界のトップとなった。そして2000年4月にはジャスダック上場も果たしている[3]。

　トイザらスの日本での事業展開は，日本の玩具業界の流通構造に大きな影響を与えている。当時の日本の玩具業界は，「ヒット商品がひとつ出ると蔵が立つ」と言われたほど好不況の激しい業界といわれており，商品企画が最重要視されていた。また製造段階においては，メーカーの多くは小規模零細であった

図表10−2　トイザらスの調達方法とトイザらス日本進出時の日本の玩具流通チャネル

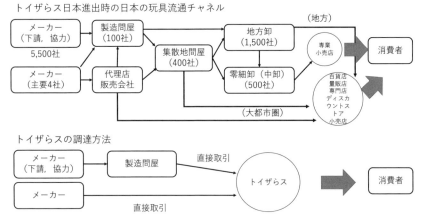

出所：丹羽（1996：23）を基に作成。

ため，流通段階における主導的立場は卸売段階に位置するバンダイやサンリオ，河田（現カワダ）などの製造問屋（卸売企業）であった。また小売段階も小規模零細店が全国に分散していたため，集積地卸や地方卸などが存在し，卸売段階は多段階に構築されていた（丹羽 1996, p.23）。

ただし，1980 年代後半に TV ゲームが人気となるなかで，任天堂やセガ，ソニーなどのメーカーが台頭し，代理店制度や販売会社を組織していく。他方，小売段階においては，チヨダやハローマックなどの郊外型店や DS の多店舗展開のなかで量販店が消費者に支持されてきた（丹羽 1996, pp.23-24）。

こうした状況のなか，1990 年代からトイザらスが進出してきたわけだが，アメリカでの調達や販売方式を前提とするため，日本でもメーカーや製造問屋との直接取引などにより低価格販売を実現していく。

1 号店をオープンさせる際には，日本のメーカーもトイザらスと直接取引をするかしないかといったことが話題となっていたが，トイザらスが徐々にその勢力を伸ばし，出店地域で「地域一番店」となっていくなかで，直接取引は当然のことと理解されていく。

加えてトイザらスはメーカーの新商品にも影響を与えている。トイザらスが消費者に支持され，各地域でのシェアを高めるなかで，メーカーによっては新製品開発の企画段階からトイザらスに商品を取り扱ってもらえるかをトイザらスのバイヤーと打ち合わせを行い，取り扱ってもらえないとなれば，製品開発そのものを取りやめてしまうこともある（葉佐 1998, pp.131-132）。

このように，カテゴリーキラーの代表格としてのトイザらスの日本進出は，流通規制緩和の象徴として登場していくなかで，日本での外資系流通企業の進出のきっかけともなり，またその調達方法を含めた販売形式の実践が日本の従来の玩具流通に影響を及ぼしていく。

結果として，カテゴリーキラーという言葉はある特定の領域において，既存業界の取引慣行や取引秩序などの破壊を示す言葉として，さまざまな業界や企業に用いられるようになっていったものと考えられる。

2── 日本におけるカテゴリーキラーとよばれた 専門チェーン企業の特徴

　ではトイザらスのように，カテゴリーキラーと称された日本の小売業はどのような特徴があるのだろうか。ここでは紳士服と婦人服・子供服，家電，カジュアル衣料品とに絞り，売上高のランキングを確認するとともに，代表的企業の経営的特徴について整理していこう。

　下記のように，1980年度，1990年度，2000年度，2010年度，2018年度の専門店（カジュアル衣料は2000年度以降）の上位10社を見ると，紳士服においては，1990年度以降，青山商事が首位である。一方，婦人服・子供服においては，1980年度，1990年度には上位10社にランクインしていなかったしまむらが2000年度以降首位となり，その地位を維持している。また，家電では，1980年度，1990年度は，ベスト電器が首位であり，その後，2000年度に2位だったヤマダ電機が2010年度，2018年度と首位となっている。そしてカジュ

図表10−3　紳士服専門店の売上高ランキング（1980〜2018年度）

順位	1980年度	1990年度	2000年度	2010年度	2018年度
1位	ロベルト	青山商事	青山商事	青山商事	青山商事
2位	高久	タカキュー	アオキインターナショナル	AOKI	AOKI
3位	三峰	アオキインターナショナル	コナカ	はるやま商事	ワークマン
4位	銀座山形屋	三峰	はるやま商事	コナカ	はるやまホールディングス
5位	ショップエンドショップス	コナカ	ワークマン	ワークマン	コナカ
6位	メンズショップサム	ロベルト	タカキュー	シップス	タカキュー
7位	英国屋	大三紳士服	ユナイテッドアローズ	タカキュー	シップス
8位	二田産業	フタタ	シップス	バーニーズジャパン	坂善商事
9位	青山商事	エフ	フタタ	坂善商事	オンリー
10位	サンキョウ	銀座山形屋	大三紳士服	ブルックスブラザーズジャパン	メーカーズシャツ鎌倉

出所：日経流通新聞「日本の専門店調査」各年度版を基に作成。

アル衣料は，2000年度から2018年度までユニクロ（ファーストリテイリング）が首位となっている。いずれも関根（2005）が指摘するように，特定領域で力を発揮したカテゴリーキラーと称された企業である。それぞれの企業においては，どのような経営的な特徴を有しているのか。以下に整理していこう。

図表10－4　婦人服・子供服専門店の売上高ランキング（1980〜2018年度）

順位	1980年度	1990年度	2000年度	2010年度	2018年度
1位	鈴屋	レリアン	しまむら	しまむら	しまむら
2位	三愛	三愛	ファイブフォックス	西松屋チェーン	ワールド
3位	鈴丹	鈴屋	赤ちゃん本舗	赤ちゃん本舗	西松屋チェーン
4位	レリアン	キャビン	レリアン	三喜	パル
5位	玉屋	玉屋	鈴丹	ハニーズ	赤ちゃん本舗
6位	銀座マギー	オオコシ	西松屋チェーン	レリアン	三喜
7位	マミーナ	エルメ	ブルーグラス	バロックジャパンリミテッド	ジュン
8位	ひよしや	ブルーグラス	三喜	クロスカンパニー	ハニーズホールディングス
9位	キャビン	アイドル	キャビン	フランドル	ナルミヤ・インターナショナル
10位	新宿高屋	ロベリア	パレモ	パレモ	F・O・インターナショナル

（注）1980年度は婦人服ランキング。
出所：日経流通新聞「日本の専門店調査」各年度版を基に作成。

図表10－5　家電専門店の売上高ランキング（1980〜2018年度）

順位	1980年度	1990年度	2000年度	2010年度	2018年度
1位	ベスト電器	ベスト電器	コジマ	ヤマダ電機	ヤマダ電機
2位	第一産業	上新電機	ヤマダ電機	エディオン	ヨドバシカメラ
3位	第一家庭電器	ラオックス	ベスト電器	ケーズホールディングス	ケーズホールディングス
4位	ヤマギワ	第一家庭電器	上新電機	ヨドバシカメラ	エディオン
5位	上新電機	小島電機	デオデオ	ビックカメラ	ビックカメラ
6位	星電社	和光電機	ラオックス	コジマ	上新電機
7位	ラオックス	栄電社	ミドリ電化	上新電機	コジマ
8位	和光電機	星電社	エイデン	ベスト電器	ノジマ
9位	英弘チエン	そうご電器	ケーズデンキ	ノジマ	ベスト電器
10位	そうご電器	サトームセン	ソフマップ	ベイシア電器	ラオックス

出所：日経流通新聞「日本の専門店調査」各年度版を基に作成。

図表 10 − 6　カジュアル衣料専門店の売上高ランキング（2000 〜 2018 年度）

順位	2000 年度	2010 年度	2018 年度
1 位	ファーストリテイリング（ユニクロ）	ユニクロ	ユニクロ
2 位	ライトオン	ポイント	アダストリア
3 位	マックハウス	ライトオン	ユナイテッドアローズ
4 位	コックス	ユナイテッドアローズ	ビームス
5 位	ジーンズメイト	パル	ライトオン
6 位	新光	ビームス	マックハウス
7 位	レオ	マックハウス	コックス
8 位	ポイント	コックス	あかのれん
9 位	エディー・バウアー・ジャパン	ジーンズメイト	TOKYO BASE
10 位	エフ	サミット・コルモ	イーグルリテイリング

出所：日経流通新聞「日本の専門店調査」各年度版を基に作成。

2−1　紳士服専門チェーン：青山商事のケース[4]

　青山商事株式会社は 1964 年 5 月，広島県府中市に設立された。設立当初は紳士服を主としつつも紳士服だけでは商売できなかったため，食料や飲料品，県の特産品販売の事業も行っていた。設立から 10 年後の 1970 年代中頃から紳士服専門店を郊外に立地することで成長し，カテゴリーキラーとしての頭角を現していく。

　2019 年 3 月期時点で青山商事の売上高は 2,503 億円であり，同社の主力事業であるビジネスウェア事業においては，洋服の青山 809 店，THE SUIT COMPANY 60 店，UNIVERSAL LANGUAGE 9 店，WHITE THE SUIT COMPANY 10 店，UNIVERSAL LANGUAGE MEASURE'S 3 店の合計 891 店舗を国内で展開（海外では 31 店舗展開）している（青山商事 HP）。

　ここでは同社がカテゴリーキラーとして成長した特徴を品揃えや出店などから確認していこう。同社の品揃えの特徴は，3 点ある。第 1 にスーツに対する認識を変化させたことである。それまでビジネスマンの仕事着としてのスーツはステイタスであり，値段が高いのは当たり前という認識が強かった。しかし，ビジネスマンにとっての必需品であるスーツを仕事着や作業着と捉えることで消耗品として位置づけた。第 2 に紳士服専門店として品揃えに特化したことである。限定された領域での商品の品揃えは集中仕入れを可能とする。第 3 に完全買取り制の導入である。従来，紳士服は「上手に売っても，2 割残るのが普

通」といわれていた（青山商事 HP）。そのため，小売企業は店頭での売れ残り
が発生したとしても，メーカーに商品を返品することができる委託販売と小売
店舗への店員の派遣といった販売形式が主流であった。これは小売企業にとっ
ては店頭での売れ残りリスクを気にすることなく品揃えが可能となり，かつ販
売員の削減にもつながる。他方，メーカーにとっては自社の販売したい商品を
店頭に並べることができ，かつ店頭に派遣する販売員を通して消費者の情報収
集を可能とする。ただし，委託販売の形式の場合，返品リスクや派遣店員の人
件費を上乗せされた仕入れ価格となるため，販売価格はその分割高となる。一
方，全量買取り制では，商品販売に伴うリスクを負う分，委託販売時に含まれ
る返品リスクや派遣店員コストを差し引いた形での商品の仕入れが可能となる
（小川 1998, pp.174-184）。

　加えて仕入れコストを削減するために，紳士服の素材となる生地の仕入れ原
価も低減させる工夫を行っている。本来，生地の仕入れはメーカー任せである
が，同社の取引先であるアパレルが個別に仕入れ交渉をすることにより，生地
仕入れ値の値引き交渉を同社が一本化することで仕入れ原価の上限を設定し，
コストを抑制している（小川 1998, pp.183-184, 191）。こうして「委託仕入れで
2万円で卸していた商品を，15,000 円に引き下げても，メーカー側に損のない」
ようにしたのである（青山商事 HP）。

　出店については，住宅の郊外化やそれに伴う乗用車を用いた買い物行動が主
流となるに従い，郊外への出店に注力している。その動きは業界内でも早く，
1974 年 4 月に業界初となる郊外立地の西条店を開店し，それ以後，郊外型店
舗を主体としていく（青山商事 HP）。郊外でもロードサイドでの出店を中心と
することで，都心や郊外の駅前に比べ出店コストを抑えている。また店舗の売
場面積を従来の業界内での紳士服売場と比べると非常に大きい 150 坪程度と設
定している。これは顧客アンケートを実施し，紳士服を購入したい店に品揃え
の豊富さと立地の良さをあげる回答が多く，サイズ・色・デザイン別の品揃え
で満足してもらえるには「スーツ 1,200 着，ブレザー 700 着，ズボン 1,200 本，
礼服 400 着」が必要と試算されたためである。顧客に満足してもらうだけの商
品を取り扱うためには，従来の中心街にあった約 30 坪程度の店舗の 5 倍の面

積を必要としたためである。それだけの売場面積を標準的な店舗とするために
も郊外のロードサイドでの出店は適していた（青山商事 HP）。

　郊外ロードサイドでの出店は，標準的な店舗の出店用地確保を可能としてい
る。さらに，店舗の標準化は，資材購入面からもコストを抑制できる。特に店
舗の建築資材だけでなく，内装や空調，看板といったそれぞれの店舗に関する
施工も別々の業者と直接契約しまとめて発注する「分離発注」を行うことでコ
ストダウンを図っている（小川 1998，p.177）。

　こうした郊外出店は販売員数の抑制にも寄与している。都心や駅前立地と比
べ郊外店舗への来店客数は限られており，冷やかし客も少ない。それにより必
要な販売員の人数も制限できるため，立地を通して限られた集客をもローコス
ト・オペレーションに利用しているのである（小川 1998，p.177）。また，1980 年
代中頃以降，同社の出店場所の発見に協力したのは，大和ハウス工業である。
大和ハウス工業と青山は，地方の兼業農家の地主（郊外地主）の土地転用のニー
ズに着目し，郊外のロードサイド店出店に結び付けている。その出店基準とし
ては①車の交通量 2 万台，②視認性の高さ，③行き詰まり的立地や高架下，歩
道橋のある場所には出店しないといった点があげられている（小川 1998，p.181）。

　さらに 1983 年 7 月以降には，全店に POS レジを導入し，情報システムを用
いた在庫管理や消費動向の分析を行っていく。一般的に衣料品の場合，サイズ，
色，デザインなどが同一の商品は商品コードも同一とすることが多い。しかし，
同社では全商品を違ったコードとすることで，1 商品がどの店舗でだれによっ
てどの程度の価格で販売されたのかが本部に収集されている。こうしたデータ
を集計，分析できるのである。具体的には商品一品ごとの管理の徹底により，
過去の消費トレンドや販売状況，売れ筋の把握ができる。またモニタリングの
機能として，仮に不適切に安く販売した店員がいた場合，翌日には本部がチェ
ックできる。さらにはどの店舗にどれだけの在庫があるのか，といった在庫管
理の徹底をも可能としたのである。それにより店舗間の商品移動も迅速に行う
ことができ，売れ残りリスクを抑制することができる（小川 1998，pp.185-186）。

　このように，独自の仕組を確立していくことにより，衣料品分野のなかでも
紳士服という特定のカテゴリーにおいて力を発揮し，消費者に支持されている。

2－2　婦人衣料品チェーン：しまむらのケース[5]

　しまむらは，1953 年に埼玉県小川町で呉服販売の個人商店を株式会社組織に変更し，島村呉服店として設立されている。同町は「武蔵の小京都」ともよばれ，かつては江戸と秩父，北関東を結ぶ街道の要所であり，和紙，絹，木材などの交易の場であったため，いわゆる「お座敷文化」が栄え，芸者や割烹料亭なども多く存在している（小川 2011, pp.49-50）。こうした地域において，呉服店として後発であった同社は，小川町周辺村落の在郷の人たちを主な顧客としていた。その後，取扱品目を呉服だけでなく，既製服や生地，仕立てに拡大し，1957 年には総合衣料の量販店を指向し，セルフサービスシステムを導入する。1961 年には商品の集中仕入れ，仕入れと販売の分離を行うなどチェーンストアの理論を取り入れている。そして，1966 年に呉服などの和装品販売を中止し，実用衣料に品揃えを絞り込んでいく。同社の本格的な多店舗展開は，1981 年の商品管理のデータベース化や全店舗への POS システム導入以降，加速していくこととなる（しまむらグループ HP，月泉 &『販売革新』編集部編 2000, p.129）。そして婦人服・子供服におけるカテゴリーキラーとして頭角を現していく。

　2019 年 2 月期時点でしまむらグループの売上高は 5,651 億円であり，ファッションセンターしまむら 1,428 店，アベイル 320 店，バースデイ 284 店，シャンブル 97 店，ディバロ 18 店，思夢樂 47 店，飾夢楽 11 店とグループ合計で2,205 店舗を展開している（株式会社しまむら「第 66 期決算概要」）。

　同社がカテゴリーキラーと称されるようになった経営的特徴について確認していこう。まず，同社の特徴は呉服店の時代に培われている。呉服店として後発であった同社は，同業他社との競争において，値ごろ感のある価格での販売を行っていく。当時の呉服店は，紳士服と同様に問屋から委託仕入れを行い，商品は掛け売りで販売していた。その代金回収は年に 1 回か 2 回であり代金回収には長い時間を要することが一般的であった。しかし同社は現金仕入れを行い，できるかぎり商品を安く販売していたのである。またその安さをチラシで告知していた（小川 2011, pp.51-52）。こうして安く販売するだけでなく，従来よりも早く代金を回収するとともに，安く商品を購入できることを顧客にもアピールしていった。

　また低価格販売の重要性は，他業態との競争のなかでも学んでいく。特に1970年代後半に，小川町に近い東松山駅前にイトーヨーカドーが出店した時の競争があげられる。当時のしまむらは，10店舗に満たない店舗数で売上高は34億円だったのに対し，総合スーパーであるイトーヨーカ堂は約70店舗の出店，売上高も2,500億円を超える規模であった。当時のイトーヨーカ堂の商品の印象は，消費者にとっては三越や高島屋など百貨店と同様に高く支持されていたのである。そのイトーヨーカドーが東松山駅前に出店してから非常に苦戦を強いられていた。例えば，百貨店で5万円のワンピースがイトーヨーカドーでは29,800円で販売され，しまむらでは14,800円で販売しても売れないという状況である。結局この打開策としてイトーヨーカドーの3分の1の価格となる9,800円での販売で値ごろ感を出していく（小川 2011，pp.103-106）。こうした異業態との競争のなかで低価格販売の重要性が，現在では「しまむら安心価格（良いものをお求めやすい価格で）」を提供するための高効率なローコスト運営につながっている（しまむらグループHP）。

　次に，徹底した多品種少量の品揃えである。安くて良質な婦人服を提供するために，顧客を絞り込んでいる。主なターゲットは25〜45歳程度の主婦層とし，ターゲットに対して普段着（デイリーファッション）を提供するとともに，家族の普段着の買い物もできるよう紳士服や子供服も店頭に並べている（横田1994，pp.70-75）。同社の普段着に絞り込まれた品揃えは，出店戦略とも関連する。同社の出店候補地は，「周囲2km圏内に小学校が3つあること」を最低条件とするが，その商圏範囲は約5,000世帯，1万5,000〜2万人に限定されている（小川 2011，pp.118-119，178-179；月泉＆『販売革新』編集部編 2000，p.140）。この限られた商圏範囲内で普段着を提供するため，同じエリアに住む人たちが「同じ服を着ている」という状態とならないよう1店舗に4〜5万アイテムという深い品揃えを実現するべくメーカーや問屋および商社から商品を調達する（総合スーパーの1店舗のアイテム数は10万アイテム程度）。これらの商品は売り逃しよりも鮮度を重視している。そのため，シーズン商品の追加仕入れを行うことはない。これは上述の同じエリアの住人が同じ服を着ている状態を作らないための工夫といえる（月泉＆『販売革新』編集部編 2000，p.20，p.140）。加えて

この深い品揃えを実現するために，1980 年代後半に完全買取制度を導入している。その特徴は①返品なし（買い取った商品は，どんな事情があれ返品しない），②赤・黒なし（いったん切った伝票を書き換えない，商品を返品したことにする措置をとらない），③値引きなし（商品納入後に，サプライヤーに追加の値引き要求はしない），④未引き取りなし（発注をかけた商品の引き取りを，どんな場合でもキャンセルしない）である。さらにサプライヤーへの商品代金の支払い期間を従来より10 日短縮し，翌月 20 日（30 日後の現金払い，返品なし）とすることで取引先にとっても取引を行っても計算のしやすい企業としてのイメージを確立した。他方，この制度の導入は，同社の仕入担当者であるバイヤーの仕入れに対する意識を変えることにつながっている（小川 2011，pp.174-176）。

　深い品揃えに対する工夫は，バイヤーとコントローラーの役割分担にもみられる。深い品揃えは商品の売れ行き次第では在庫が重くのしかかることもある。こうしたリスクを管理するため，バイヤーとコントローラーを区分している。バイヤーは商品の選定を行う仕入れのプロであるのに対し，コントローラーは店舗の商品数量や売れ行きを管理する売り場のプロという立場である。単品ごとに管理されたデータにより，色別，サイズ別，デザイン別，地域別などから商品動向を分析し，商品がより売れる店舗への移送（店舗間移動）の意思決定をもつ（しまむらグループ HP）。バイヤーとコントローラー両者を同等の立場とすることで，仕入れと在庫管理を徹底する。

　物流面での特徴は，円滑な店舗作業を可能とするために夜間配送を行っている。1980 年から開始しているが，夜間配送により，店舗の開店時に商品の検品や補充などが円滑にできる。また配送の仕組みを地域と全国の 2 階層に分けている。地域レベルでは，配送ネットワークは商品センターと店舗間の商品の移動を行い，全国レベルでは商品センター間での商品の移動を行う。新商品を店舗に配送する場合，基幹となる商品センターから各地域の商品センターを経由し店舗へと配送される。配送された店舗での売れ行きに基づき商品の店舗間移動については，上述のコントローラーの判断により，商品センターを経由して店舗へ配送される。

　立地や店舗の特徴としては，まず，現在の出店は 12,000 世帯程度を前提とし，

日本の平均的な1世帯あたり年間の衣料品購買額が11万円であるため，約13億円（12,000×11万円）の商圏の25％シェアを占有することを基本とする。すなわち，1店舗の売上は約3.3億円としている（しまむらグループHP）。この店舗の基本フォーマットを300坪（当初は200～250坪）とし，①建物は地主に建ててもらう，②建物代金の3分の1程度を負担，③そのほか3分の2は銀行からの借り入れが基本となる。売場面積をこれ以上拡大しないのは，むやみに取り扱い品目を増やさないための制限であるとともに，売場効率の維持である。たとえ「面積を2倍にしても，売り上げは平方根倍（40％程度）にしか増えない」ため，売場面積の拡大が非効率となるからである（小川 2011，p.179）。

　最後に社員の特徴である。M社員制度とよばれる制度を採用している。1985年頃から採用した同制度は，フルタイムとパートタイムの中間に位置し，正社員と同様の条件で働いている（小川 2011，pp.170-171）。能力があるもののフルタイムで働きにくい主婦層を基軸とし，高い処遇と家庭生活の両立をできるシフトとすることで優秀な人材を確保する。現在の店長の約7割が同制度から誕生している（しまむらグループHP）。

　上述の特徴をもつ仕組みを確立していくことにより，婦人服や子供服という限定された領域で力を発揮し消費者に支持されている。

2－3　家電品チェーン：ヤマダ電機のケース

　1973年に群馬県前橋市でヤマダ電化サービスを創業，1983年に本格的チェーン展開を開始し，1984年には物流部門を強化するべく流通センターを設置した。1986年には財務情報，顧客情報の収集のため全店にPOSシステムと大型汎用コンピュータを導入している。1986年からはFC展開を開始する。そして，2005年に専門量販店として初の年間売上1兆円と全国出店を達成している。

　2019年3月期時点での売上高は1兆6,000億円であり，直営店舗数975店（単体直営667店，ベスト電器160店，その他連結子会社148店），FC含むグループ店舗総数は12,570店である（株式会社ヤマダ電機『有価証券報告書（2019年3月期）』）。

　同社がカテゴリーキラーと称されるようになった経営的特徴について確認していこう。まず，「町の電気屋さん（松下電器のお店）」として創業した当初から

「創造と挑戦」を経営理念に掲げた行動である（ヤマダ電機 HP）。1980 年代に 5 店舗まで展開した店舗を閉店し，その閉店した店舗分の在庫品を「全品オール 2 割引き」で販売した消費者に支持を得たことにより，メーカーが主導した流通の仕組に挑戦していく（立石 2010, pp.21-23）。

　当時は，メーカー → メーカー系列の販売会社 → 系列小売店という流通ルートが一般的であり，特定メーカーの専属的な販売店となる場合が多く，価格決定においてもメーカーが主導的立場にあった。そのため，値引き販売自体が従来のルール（メーカー主導の流通システム）からの逸脱と捉えられた。しかし一方で，それが消費者から支持されたわけであり，従来のルールに対する挑戦であった。つまり，カテゴリーキラーとしてのヤマダ電機は従来の流通システムを変革する存在といえる。

　これを実現するために，松下電器の系列店であったにも関わらず，松下以外のメーカーや現金問屋など，従来の正規ルートではなく，非正規ルートから商品を仕入れ，専売店から量販店へと変わっていく。それは幅広い品揃えの強化にもつながる。もっとも，当時の安売りはあくまでもメーカーの指定した価格と比較した安売りであった（立石 2010, p.32）。

　次に，多店舗展開によるコスト悪化とそれに伴う物流や出店に関する徹底的なコスト削減である。ヤマダ電機が他県へと出店地域を拡大していったのは 1985 年以降であるが，その際コストを抑えるために出店予定地を買取せず借地として初期投資を抑え多店舗展開を行っていた。ただし，ローコスト・オペレーションが徹底されていたとはいえず，バブル経済の崩壊や大店法改正のなかで家電量販店との競争激化により，1990 年代中頃には 2 期連続の営業赤字を経験するまでに至る。そのため，より価格競争力を高めるために返品可能な仕入れから買取仕入れへの切り替えによる仕入れ価格の引き下げを行ったり，売場レイアウトの見直しと人員削減，メーカーへの自動発注などによりローコスト・オペレーションにも注力していった（立石 2010, pp.37-40）。

　また，「上州戦争」とよばれるコジマやカトーデンキ（現・ケーズデンキ）など競合他社との価格競争の激化は，新店舗オープン時に「先着〇名にカラーテレビを 1 円や 5 円で販売する」といった方法が用いられた。こうした原価割れ

が生じるほどの価格競争は，その後，全国各地に波及し，メーカー主導の流通システムは崩壊していくことになる。このように，家電という領域において価格競争力を武器とし，メーカーから流通における主導的立場を奪取したカテゴリーキラーといえる。

2-4 カジュアル衣料品チェーン：ユニクロのケース

　ユニクロを展開するファーストリテイリング社は，1949年に山口県宇部市でメンズショップ小郡商事として創業している。1963年に法人化，1984年にはカジュアルウェアを販売するユニクロ1号店を広島に出店した。これ以降，リミテッド，ギャップ，シアーズなどアメリカの大規模チェーン小売企業のようにユニクロも「SPAによるチェーン化」を目指していく（月泉＆『販売革新』編集部編 2000, p.28）。1988年に全店POSシステムを導入し，1990年には商品情報，販売情報を自社処理するためのコンピュータシステム部を導入している。そして1991年に小郡商事からファーストリテイリングに社名を変更し，1992年には，全店をカジュアルウェア販売店「ユニクロ」に統一している（株式会社ファーストリテイリング『有価証券報告書（2019年8月期）』）。同社が本格的に多店舗展開していった1991年から1999年までの年間平均売上の伸び率は40％を超える（月泉＆『販売革新』編集部編 2000, p.28）。こうしてカジュアル衣料品において圧倒的な強さをみせていった同社は，しまむらと同様に総合スーパーの衣料品事業を大きく切り崩し，カテゴリーキラーと称されていく。

　2019年8月期時点における売上収益は2兆2,905億円であり，ユニクロ2,196店（国内817店，国外1,379店），ジーユー421店，グローバル事業ブランドであるセオリー451店，プラステ101店，コントワー・デ・コトニエ296店，プリンセス　タム・タム124店の合計3,589店を展開している（株式会社ファーストリテイリング『2019年8月期決算説明資料 FY2019 FACT BOOK』）。

　同社がカテゴリーキラーと称されるようになった経営的特徴について確認していこう。第1に，そのネーミングとコンセプトである。ファーストリテイリングとは，もともと「ファーストフードのコンセプトを持つ小売業＝顧客要望の即商品化」という思いが込められている（月泉＆『販売革新』編集部編 2000, p.43）。

　第2にカジュアルウェアというマーケットの創造である。「そもそも"若者のボタンダウンのシャツ"とか"年配向けのセーター"などという発想自体が間違いではないか」というカジュアルに対する考え方を前提として，ターゲットを絞り込まず老若男女問わず，誰にでも対応するベーシックなデザインを心がけている（月泉＆『販売革新』編集部編 2000, pp.47-48）。

　第3に，「ノンエージ・ユニセックス」に対するベーシックなカジュアルウェアを高品質だが低価格で提供するための工夫である。そのため「小売業者でありながら，商品開発や商品調達，あるいは商品の店舗への展開にあたって，各種の生産者や卸売業者などとの間に強力な垂直的ネットワークを形成し，各商圏における店舗の競争力創造を図る小売業の形態である」SPA（Specialty Store Retailer of Private Label Apparel）を基本戦略とする（東 2014, pp.46-47）。こうして絞り込まれた単品を大量に調達することで高品質な商品を低価格で販売することを実現し，ヒット商品を生み出していく。近年では「あらゆる人の生活を，より豊かにするための服。美意識のある合理性を持ち，シンプルで上質，そして細部への工夫に満ちている。生活ニーズから考え抜かれ，進化し続ける普段着」として「Life Wear」を提供している（ユニクロ HP）。

　第4に，売れ残り商品リスクに対応したマークダウンシステムである。ベーシックなデザインかつ普段使いのものを単品で大量に製造するため売れ残りリスクは高くなりがちである。それを解消するために，独自のマークダウン（値下げ）の仕組みを構築し，商品を売り切っていく。週ごとにバイヤーや店舗在庫を管理するコントローラー，店舗運営担当者が投入アイテムの売上状況を分析し，売れ行きが芳しくない商品の値下げのタイミングや値下げ率を見極め対応している（月泉＆『販売革新』編集部編 2000, p.53）。

　最後に，物流面であるが，商品調達に注力する分，「（自社）物流センターを持たず，物流加工も海外工場で直接行う」と割り切り，協力企業との連携によって対応している（月泉＆『販売革新』編集部編 2000, p.21）。こうしてカジュアルウェアという限定された領域での専門性を高め，力を発揮し消費者に支持されている。

3── カテゴリーキラーの経営破綻と今後の経営的課題

3-1 アメリカにおけるトイザらスの経営破綻とその要因

　日本でカテゴリーキラーと称された企業は，現在でもそれぞれの分野で主要な地位を占めている。しかし，アメリカにおいては，2000年代後半以降カテゴリーキラーと称された企業の多くが経営破綻に陥っている。2008年には家電分野においてサーキットシティ，2011年には書店のボーダーズ，2016年にはスポーツ用品分野のスポーツオーソリティが破綻した。カテゴリーキラーの象徴とされたトイザらスも2017年に経営破綻している（葉佐 2018）。

　上述のように，さまざまな分野でカテゴリーキラーと称された企業の経営破綻について，ここではアメリカでの玩具業界におけるトイザらスに注目してみよう。

　経営破綻に至る要因として，第1に業態内，異業態との競争激化である。1990年代に，トイザらスは追随する玩具小売企業との低価格販売競争が激化していった。この競争のなかで同業他社は経営破綻に追い込まれたものの，ウォルマートやターゲットといった総合DS業態との競争のなかで苦境に立たされていく。ウォルマートは，売れ筋商品となる玩具を大量に仕入れ，それらを「目玉商品」として採算を度外視して販売することにより集客を行った。また，玩具市場においてテレビゲームが人気となることで，家電量販店との競争も余儀なくされる。

　結果として，1999年には，アメリカでの玩具業界首位の座を総合DSであるウォルマートに奪われることとなる（週刊東洋経済 2004，pp.50-51）。

　第2に，ネット通販の台頭である。アマゾンなどを代表としたネット通販の台頭により，店舗を中心とする小売企業ではショールーミング現象が生じている。ショールーミングとは，実店舗は商品を確かめる「ショールーム」として利用するだけで，購入については価格の安いネット通販で購入する消費者の購買行動を指す。ネット通販は実店舗のサービスに対して，コストを負担することなく利用できる。このように，ネット化の進展はこれまでのように「"何

でも揃って便利な大型店舗"という小売業態の存立」自体が困難となる（三村 2019, p.2)。そのため，限定された商品分野での深い品揃えを低価格で販売してきたカテゴリーキラーの長所が打ち消されていくこととなるものと考えられる。

　第3に，投資ファンドによる買収とその影響による事業活動に関わる投資の停滞があげられる。トイザらスは競争環境の激化により，1990年以降，苦戦を強いられてはいたものの，倒産するほどの状況ではなかった。しかし，経営困難な状況から2005年にベイン・キャピタルやコールバーグ・クラビス・ロバーツ，ボルネード・リアルティ・トラストの3社の投資会社グループに66億ドルで買収され，トイザらスは非公開企業となった。この買収はLBO (Leveraged Buy-out) という形態で行われた。この形態は「借入金を活用して買収すること」であり，買い手は買収先の「借入金を梃子として投資金額を抑えることで，買い手のリターンの極大化を図る」方法である（日本政策投資銀行HP)。結果として，トイザらスの借入金等の有利子負債が50億ドル程度，年間4億〜4億5千万ドルに及ぶ金利の支払いが発生した。これが既存店舗のリニューアルやオンライン事業などへの事業投資を停滞させることとなったのである（佐藤 2018)。

3−2　日本トイザらスにみるカテゴリーキラーの今後の経営的課題

　トイザらスにせよ，スポーツオーソリティにせよ，経営破綻したカテゴリーキラーは日本においての事業を継続している。特に日本トイザらスは，その後も順調に成長しているが，今後の戦略として3点をあげている（佐藤 2018)。

　第1に小型・都市型の店舗立地である。都心部や郊外の駅前などに立地することで親や祖父母など家族と子供が一緒に足を運び「ともに過ごせる」場所を提供すること，また，店舗においては「子供の目の高さで，商品を見つけやすい位置に陳列」するとともに，おもちゃとの遊びを体験できる「プレイ・テーブル」も多く設置することで足を運んでもらう機会を増やしていく。

　第2にオンラインの拡充である。ネット通販との競争だけでなく，「顧客の購入トレンドや購入パターンなど，顧客が何を必要としているか」を分析する

とともに「最適な商品のレコメンデーション」の提供にも活用していく。

　第3にイベント型・社会共生型の店作りである。ネット通販での購買が拡大するなかで，店舗の役割はより重要になることを意図し，「子供たちがおもちゃを通じて科学やスポーツ，アートなどを学び，より多くの時間をお店で過ごすことができる」ことを目指している。そのために，さまざまなイベントを拡充する。また，「ベビーアドバイザー」などの社内資格を設けることで出産予定のお客に対して必要なアドバイスをするなど，社会に役立つ店舗としていくことを意図している。

　このように，実店舗でしかできない体験を通して売り場の価値ある魅力を提供していく。

【注】

1）　ここでは日本トイザらス株式会社 HP「米国トイザらすの歩み」 https://www.toysrus.co.jp/corporate/CSfHistory.jsp#toysrus-jp（2019年10月10日アクセス）を参照している。

2）　日本経済新聞（1992）「トイザらス視察，大店法改正を米大統領評価」『日本経済新聞』1992年1月8日記事参照。

3）　日経流通新聞（1997）「日本トイザらス，玩具小売首位―独走に国内勢「待った」」『日経流通新聞』1997年3月27日記事。

4）　ここでは青山商事株式会社 HP「会社概要　創業者青山五郎」（古川竜彦（2006）中国新聞朝刊平成18年4月4日～4月14日掲載記事）　URL：http://www.aoyama-syouji.co.jp/about/outline/founder/（2019年11月15日アクセス）を参照している。また，同社の特徴は小川（1998）に依拠している。

5）　ここでは，しまむらグループ HP「沿革」　URL：https://www.shimamura.gr.jp/company/history/（2019年11月15日アクセス）を参照している。また，同社の特徴の多くは，小川（2011），月泉＆『販売革新』編集部編（2000）に依拠している。

参考文献

東　伸一（2014）「商品を買う場を提供する」崔　容薫・原　頼利・東　伸一『はじめての流通』有斐閣.

渥美俊一（1992）「5つの長所と活用法　Toys"R"Us　世界各国で成功した経営の仕方に学べ」『商業界』1992年3月号.

渥美俊一（1998）「チェーンストアの王道を貫く外資系 No.1 のここに注目せよ」『商業界』1998年4月号.

石原靖曠 (1991)『アメリカ流通業革命』商業界.

小川孔輔 (2011)『しまむらとヤオコー』小学館.

小川 進 (1998)「専門チェーンの台頭 青山商事のビジネス・システム」嶋口充輝＋竹内弘高＋片平秀喜＋石井淳蔵編『マーケティング革新の時代4 営業・流通革新』有斐閣, pp.170-192.

月泉 博＆『販売革新』編集部編 (2000)『ユニクロ＆しまむら 完全解剖』商業界.

佐藤 茂 (2018)「日本トイザらスが拡大戦略を始めた―ハーベル社長が語る3つの秘策と米破綻の理由」『BUSINESS INSIDER』(2018年4月12日記事) URL：https://www.businessinsider.jp/post164382?itm_source=article_link&itm_campaign=/post184991&itm_content=https://www.businessinsider.jp/post-164382) (2019年12月10日アクセス)

週刊東洋経済 (2004)「解体へと向かう米国トイザラス おもちゃの「王国」はなぜ壊滅したのか」『週刊東洋経済』(2004年9月11日記事), pp.50-51.

関根 孝 (2004)「第8章 流通政策」石原武政・矢作敏行編『日本の流通100年』有斐閣.

関根 孝 (2005)「小売機構」久保村隆祐編『商学通論［六訂版］』同文舘出版.

商業界編集部 (1992)「初進出の"トイザらス台風"猛威を振るう」『商業界』1992年3月号, pp.59-60.

高井 一 (1996)『アメリカの流通革命児 カテゴリーキラー』日本貿易振興会 (JETRO).

田崎 學 (1996)「アメリカのトイザらスを日本にそのまま持ってきた」『Chain Store Age』1996年12月15日号, pp.20-22.

立石泰則 (2008)『ヤマダ電機の品格』講談社.

立石泰則 (2010)『ヤマダ電機の暴走』草思社.

田村正紀 (2001)『流通原理』千倉書房.

丹羽哲夫 (1996)「トイザらすが変えた日本の流通機構」『Chain Store Age』1996年12月15日号, p.23.

葉佐弘明 (1998)「外資系小売業の頂点に立つ"日本一の玩具店"の快進撃パワーの秘密に迫る」『商業界』1998年4月, pp.131-132.

葉佐弘明 (2018)「販売レポート トイザらす破綻への道 カテゴリーキラーはなぜ力を失ったのか」『商業界ONLINE』(URL：http://shogyokai.jp/articles/-/1128?page=2) (2019年10月15日アクセス)

三村優美子 (2019)「ネット社会における売り場の魅力再発見」『流通問題』2019年11月号, p.2.

横田増生 (1994)「良質の婦人服を低価格で論理的経営でさらなる値下げを断行」『流通設計』1994年7月号, pp.70-75.

ロバート・スペクター (2005)『カテゴリーキラー 小売革命でここまで変わる！ 消費の「質」と「意味」』ランダムハウス講談社.

第*11*章

通信販売

1—通信販売の特徴と発展

1−1　通信販売とは

　通信販売は，カタログや新聞，テレビ，インターネットなどのメディアを通して商品・サービスの販売を行う無店舗小売であり，1980年代半ばから流通業態の多様化の波に乗って急成長をしている。通信販売が急成長している背景には，通信技術の飛躍的な進歩や輸配送システムの効率化，決済方法の多様化などが通信販売の成長を後押ししている（金 2016，p.91）。また，近年の共働き世代の増加などにより買い物の場所や時間の制限が多いリアル店舗をもつ小売業と比べて，それらの制約が少ない通信販売は消費者が自宅にいながら，さまざまなメディアを通して買い物が楽しめるというメリットも通信販売の成長を支える要因となっている。

　こうした通信販売市場も2000年代から大きな転換期を迎えるようになった。インターネットやスマートフォンが普及するにつれて，これまで通信販売市場を牽引してきたカタログ通販やテレビ通販などは縮小傾向に転じる一方，インターネットを活用したインターネット通販（以下，ネット通販）が急速に成長し，2005年にはカタログ通販を抑えて通信販売市場の成長を牽引する主役となっている。

　近年，小売市場が伸び悩むなか，通信販売は品揃えの豊富さや取引の利便

性，商圏の大きさなどを武器にコンビニエンスストア（以下，CVS）などの市場規模に迫るほどの勢いで成長を続けている。このように今日では，通信販売がCVSなどの有力小売業とともに，日本の小売市場を牽引する小売業態として重要な役割を果たしている。特にネット通販の目覚ましい成長は，リアル店舗をもつ小売業にも大きな刺激を与え，リアル店舗のみで商品・サービスを販売していたヨドバシカメラやビックカメラなどの小売業がネット通販に参入する事例も増えている。

1－2　通信販売の種類と特徴

（1）カタログ通販

カタログ通販は，事業者が年に数回提供するカタログを消費者が閲覧し，電話やファックスなどを通して商品を注文する販売形式で，通信販売のなかでも原初的な販売方法である。カタログ通販は2000年に訪問販売などの事業者と消費者間の紛争から消費者を保護する目的で改正された「特定商取引に関する法律（旧，訪問販売等に関する法律）」の適用を受けている。

カタログ通販を利用する事業者はNISSENやディノス・セシールなどの通信販売専業者はもちろんのこと，百貨店やCVSなどのリアル店舗をもつ事業者がフリーマガジンという形でカタログ通販を利用している。この他にも近年ではカーセンサーなどのように雑誌という形で市販されるものもある。

（2）テレビ通販

テレビ通販は，テレビショッピングともよばれる通信販売の一形態である。テレビという媒体を通して視聴者に商品を紹介することにより商品の購入を促すもので，視聴者が電話やファックス，インターネットなどで購入申し込みをすることで，商品の購入契約が成立する仕組みとなっている。テレビ通販は，1970年代にテレビの普及とともに急速に広がった販売方法で，今日でもシニア層から厚い支持を得ている。

扱う商品としては，化粧品や健康食品，学習用品など多岐にわたっている。代表的なテレビ通販業者はジャパネットたかたやQVCジャパンなどがある。

これらの事業者は自社または企画会社がオリジナルのテレビ通販番組を企画・制作し，テレビ放送枠を購入して商品を販売する自社・企画会社制作型とよばれるテレビ通販専用事業者である。この他にもテレビ局が独自にテレビ通販番組を企画・制作し，商品を販売するテレビ局制作型の兼業事業者がある。

（3）ネット通販

　ネット通販は，インターネット上の仮想店舗に商品情報を掲載し，閲覧者がWeb画面上で商品の注文から決済まで一連の購入手続きを行う販売方法である。こうしたネット通販は，取引タイプによってBtoB（Business to Business）やBtoC（Business to Consumer），CtoC（Consumer to Consumer）に分類される。BtoBは，企業同士で商品やサービスを取引するタイプで，ターゲットが限定されている場合が多いのが特徴である。BtoCは企業と消費者が取引を行うタイプであり，アマゾンや楽天市場，ヤフーショッピングなどがある。一般的にネット通販は，BtoCのことを指す場合が多い。CtoCは，eBayやヤフーオークション，メルカリなどのように消費者同士で商品やサービスを取引するタイプである。

　ネット通販は他の通信販売と比べて少ない資金で開業ができるため，開業コストが節約できるというメリットがある。また，地理的な面でもインターネットさえ使用できれば，市場は無限大に広げることが可能であることから事業者からすれば非常に魅力的な販売方法である。そのため，近年ではリアル店舗をもつ小売業の参入も増えており，店舗とネット通販との連携によるシナジー効果が期待されている。

（4）その他の通信販売

　通信販売の媒体としては，上記で述べたものだけでなく，チラシやラジオなどを活用している通信販売事業者もいる。チラシは新聞などの配達時に挟み込む手法で，かつて新聞の発行部数が多かった際には，通信販売の媒体としてよく利用されていた。しかし，近年では新聞などの発行部数の減少に伴い，それを活用する通信販売事業者も減少している。

ラジオは番組内でCMを流す手法で，媒体費や制作費が安いというメリットがある。写真や映像がないため，言葉だけでも商品の情報を伝えやすい健康食品などがラジオ通信販売をよく活用している。

1−3　通信販売の歴史

日本における通信販売は1876年に種苗を販売する手段として用いられたのが最初だといわれている。その背景には，1871年に開始された郵便制度がある（店舗システム協会編2007，p.147）。同制度が開始されたことで，通信販売は新しい販路として成長していった。1890年代末ごろになると，高島屋や三越などの老舗百貨店（当時は呉服店）が次々とカタログ通販を開始するなど，新たな販路として通信販売が広がり，通信販売という用語も定着してきた。

しかし，1940年代には戦時中の物資統制などにより商品の流通が制限され，通信販売は一旦終息となったが（渡辺2008，p.177），1950年代から高島屋や大丸といった百貨店，主婦の友社など出版社が通信販売を再開した。その後，高度経済成長に伴う消費の拡大や消費者ニーズの多様化を受けてさまざまなヒット商品を世に送り出しながら市場を拡大してきた。

1960年代までの通信販売の媒体は，カタログが主流であったが，1970年代にはテレビの普及とともに，民放各局がテレビショッピングを開始するなどテレビショッピングが急速に広がっていた（店舗システム協会編2007，p.152）。さらに1976年にはヤマト運輸による宅配便サービスが開始され，フルフィルメント関連のインフラが充実し，通信販売市場の拡大を後押ししていた。このように通信販売媒体の多様化やインフラの充実などにより，1970年に514億円だった通信販売市場規模が1979年には8倍以上に拡大し4,300億円と急成長を果たした。一方，市場拡大に伴う消費者トラブルも多発し，大きな社会問題となった。こうした状況を踏まえ，通商産業省（現，経済産業省）は1976年に「訪問販売等に関する法律（現，特定商取引法）」を制定し，通信販売などの規制を行っていた。このように通信販売に対する規制が強化されるなかでも通信販売は持続的な成長を成し遂げ，1980年代後半に1兆円を超える市場にまで拡大した（店舗システム協会編2007，p.156）。

図表 11 - 1　通信販売の発展年表

年代	主な出来事
1800 年代	－郵便制度の開始（1871） －種苗の販売手段として通信販売開始（1876） －高島屋や三越などの老舗百貨店がカタログ通販開始（1899）
1900 年代～ 1930 年代	－タキイ種苗がカタログ発売（1905） －通信販売という用語が定着（1908） －三越が電話注文による販売を本格的に開始（1911） －主婦の友が通信販売を開始（1917） －そごうが通信販売を開始（1919） －大丸が通信販売を開始（1920）
1940 年代	－戦時中の物資統制などにより通信販売終息
1950 年代～ 1960 年代	－主婦の友社（1950）や高島屋（1951）などが通信販売再開 －日本通信教育連盟の設立（1955） －割賦販売法の公布（1961） －日本割賦協会および日本ダイレクトメール協会の発足（1967） －高島屋と JCB が提携し，クレジット通販開始（1968） －経済の高度成長に伴い，カタログ通販を中心に市場拡大
1970 年代～ 1980 年代	－民放各局がテレビショッピング開始（1971） －ヤマト運輸による「宅配便サービス」開始（1976） －通商産業省（現，経済産業省）「訪問販売等に関する法律」制定（1976） －市場規模 4,300 億円を達成（1979） －民放連がテレビ通販のガイドラインを作成（1980） －社団法人日本通信販売協会の発足（1983） －割賦販売法・訪問販売法の改正（1984） －市場規模 1 兆円を達成（1980 年代後半）
1990 年代～ 2000 年代	－通信販売酒類小売免許適用基準が決まる（1990） －大蔵省が自動車保険通販を解禁（1996） －楽天市場がネット通販開始（1996） －ヤフーショッピングがネット通販市場に参入（1998） －容器包装リサイクル法の施行（2000） －アマゾンがネット通販市場に参入（2000） －訪問販売法から特定商取引法へ名称変更（2001） － ZOZOTOWN 運営開始（2004） －スマートフォンの普及（2007）
2010 年代～	－アマゾンがお届け日時指定便を開始（2010） －リクルートが EC（Electronic Commerce）モール市場に参入（2013） －セブン＆アイが店舗とネットを融合したオムニ 7 を開始（2015） －宅配事業者の基本運賃値上げおよび総量規制（2017） －デジタルプラットフォーム取引透明化法の公布（2020）

出所：鈴木（2000：114）および店舗システム協会編（2007：147-163）・EC のミカタ編
　　　（2007：26-28）を参考に一部変更作成。

　さらに，1990 年代後半にはインターネットの普及に伴い，楽天市場やヤフーショッピングなどのようにインターネットを活用した通信販売事業者が次々と登場し，ネット通販が急速に広がっていた。その一方，ネット通販による消費者のトラブルも急増した。これを受け，ネット通販を含む多様な商取引形態から消費者の利益を守ることを目的として，訪問販売やネット通販を含む通信販売などについてのルールを定めた「特定商取引法」が 2001 年に施行された。同法律の制定により，消費者の保護と健全な市場形成の観点から，取引の適正化が図られるようになった。また，2007 年には情報技術の革新といえるスマートフォンの普及がネット通販市場の拡大を後押ししており，この波に乗るために，リアル店舗をもつ小売業のネット通販への参入も増加している。

2── 通信販売の概況

2−1　通信販売市場の状況

　1800 年代から始まった通信販売は，当初は三越やそごう，大丸などの百貨店が中心となって成長し，その後の 1960 年代以降，テレビの普及に伴ってテレビ局が通信販売の成長を牽引してきた。しかし，1990 年代半ば頃には通信技術の発展によりネット通販という新たな通信販売の形態が誕生し，通信販売市場の成長をリードしている。

　近年，通信販売市場の現況を見ると，小売市場が一進一退を繰り返しているなか，通信販売の市場規模は，図表 11 − 2 に示されているように，2019 年度は対前年比 8.2％増の 8.8 兆円を記録している。直近 11 年間の平均成長率は 7.5％と 11 年前の 2009 年度に比べて 2.1 倍の規模にまで拡大しており，小売市場全体においても着実に地位を高めている。2019 年度の小売市場における通信販売の市場シェアは，6.0％と，11 年前の 2009 年度に比べて 2.8 ポイント増加となっている。このように近年では通信販売が販売チャネルとして注目されており，流通業界のなかに確固たる地位を築いている。

　通信販売市場が堅調な拡大を続けている背景には，ネット通販の拡大があげられる。近年，スマートフォンやタブレット端末の普及に伴い，時間や場所に

制約されずにネット通販が利用できることから利用客が急増している。こうした状況を踏まえ，商品の新たな流通経路を模索してきたリアル店舗をもつ小売業によるネット通販サイトの開設も増加し，通信販売はネット通販を中心として市場規模を拡大し続けている。

図表 11 − 2　通信販売市場規模の推移

出所：公益社団法人日本通信販売協会「2019 年度通販市場売上高調査」ホームページ（https://www.jadma.or.jp/statistics/sales_amount/：2020 年 11 月 25 日アクセス）および経済産業省「商業動態統計」より作成。

2−2　形態別通信販売市場の状況

　形態別に通信販売の状況を見ると，図表 11 − 3 に示されているように 2000年にはカタログ通販が通信販売市場全体の 78.9％を占めていた。しかし，2000年代半ば以降からカタログ通販の市場は縮小へと転じ，2021 年の予測では 7.8％と大幅な減少となった。この背景には，長らくカタログ通販市場をリードしてきた百貨店がスマートフォンやタブレットの普及に伴うネット通販の成長性に着目し，自社の通販サイトを開設する動きが広がっていることが挙げられる。すなわち，カタログ通販市場を牽引してきた百貨店が市場の変化に対応するため，従来のタログ通販からネット通販に移行したことがカタログ通販市場の縮小につながっている。テレビ通販においては，減少傾向にあるものの，健

康食品や化粧品などの商品がシニア層を中心に市場を獲得しており，4.0％以上の市場シェアを維持している。その他のラジオ通販や DM などは市場の縮小が目立っており，2021 年には 0.6％程度の水準に留まると予測されている。通信販売のなかでも最も成長率が高いネット通販は，2000 年代半ばから急成長を見せ，2006 年にはカタログ通販を抜き，通信販売市場のトップとなっている。その成長ぶりは衰えることなく，2021 年には 87.2％の市場シェアを占めると予測されている。こうした状況を踏まえ，カタログやテレビだけを利用してきた通信販売事業者は，新たな需要獲得を目指し，従来の媒体に加えてネット通販との「メディアミックス戦略」を講じる事業者も増え，ネット通販市場はますます活況を呈している。

図表 11 － 3　形態別通信販売市場の推移

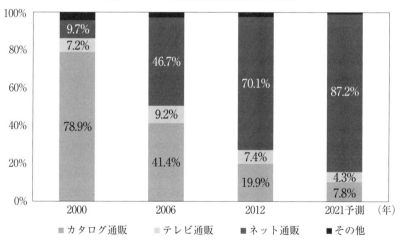

出所：富士経済『通販・e-コマースビジネスの実態と今後』各年度より作成。

2－3　通信販売業界における売上高ランキング

　2019 年度の通信販売の売上高ランキングを見ると，一部事業者の順位に変動があるものの，通販事業の売上高 1 〜 10 位までは前年度と同じ顔ぶれの事業者が上位にランクインされている。そのなかでも圧倒的な存在感を示しているのがネット通販専業者であるアマゾンジャパンで，2019 年度の売上高は

17,444億円を記録し，通信販売業界において圧倒的な地位を築いている。4位には，1998年からネット通販サイトのヨドバシ・ドット・コムを運営している家電量販店のヨドバシカメラが2018年度の6位から順位を上げている。同社は，家電などの小型商品を中心に無料配送や当日配送などの配送サービスを手掛けており，2019年夏からは対象エリアを拡大し，消費者からの支持を得てきた結果，対前年比14.3%増を記録して順位を上げている[1]。一方，2018年度に4位だったセブン＆アイ・ホールディングスは，ネット通販やカタログなどの通信販売の売上高が18.5%減となり，順位を1つ落として5位となった。

伸び率の高さでは，家電量販店を経営するビックカメラが前年度比25.1%増と大幅な増加を見せ，前年度の10位から9位に順位を上げている。同社は2003年10月にネット通販サイトであるビックカメラ・ドット・コムを開設し，店舗とネット通販を融合したオムニチャネル化の強化を進めてきた。この戦略が功を奏して2018年度には前年度比18.5%増を記録するなどの高い成長率が続いている。その一方，セブン＆アイ・ホールディングスやベルーナ，ディノス・セシールなどは前年度よりマイナス成長となり，順位を落としている。

図表11-4に示されているように，通信販売市場において目立っているのがリアル店舗をもっている小売業が商品の流通経路を多様化する目的で通信

図表11-4 通信販売の売上高ランキング（2019年度）

順位	社名	売上高（億円）	前年度比増減率（%）
1（1）	アマゾンジャパン（単）	17,444	14.3
2（2）	ジャパネット・ホールディングス	2,076	2.1
3（3）	ジュピターショップチャンネル（単）	1,634	2.6
4（6）	ヨドバシカメラ（単）	1,386	14.3
5（4）	セブン＆アイ・ホールディングス	1,294	▲18.5
6（7）	ZOZO	1,255	6.0
7（5）	ベルーナ	1,232	▲1.8
8（8）	QVCジャパン	1,118	6.8
9（10）	ビックカメラ	1,081	25.1
10（9）	ディノス・セシール（単）	971	▲2.0

（注）順位の（ ）は前年度の順位で，前年度比の▲はマイナスである。
出所：日経MJ「2019年度の通信販売 売上高ランキング」（2020年7月22日，5面）。

販売市場に参入する事例である。通信販売市場の 10 位までにランクインされ
ている事業者のうち，セブン＆アイ・ホールディングスやヨドバシカメラ，ビ
ックカメラの 3 社はリアル店舗と通信販売事業を展開している兼業事業者であ
る。このように近年では，リアル店舗を運営する小売業の通信販売への参入が
目立っており，着実に通信販売部門での売上高を伸ばしている。

3── ネット通販関連企業の動向と取引環境

3−1　ネット通販の市況

　近年，通信販売市場の成長を牽引しているネット通販が注目されている。経
済産業省によると，2019 年の日本の BtoC 市場は 19 兆 3,609 億円を突破し，
対前年比 7.7％と伸び続けている。分野別の市場規模を見ると，衣類や飲食
料品，家電，雑貨，書籍などの物販分野が 10 兆 515 億円と BtoC 市場全体の
51.8％を占めている。さらに，近年ではスマートフォンの普及に伴い，それを
経由してモノを購入する消費者が増加しており，物販分野の 42.4％である 4 兆
2,618 億円（前年比 16.6％増）がスマートフォンを利用している。また，従来は
テレビ通販やカタログ販売などを利用していた健康食品のメインユーザーであ
る高齢者もネット通販に移行するなど，物販分野のネット通販市場は今後も大
きな成長が見込まれている。

　従来のネット通販は，物販分野を中心に成長してきたが，情報技術の進展に
よりサービス分野とデジタル分野においてもネット通販を利用する消費者が増
えている。旅行サービスや金融サービス，チケット販売などのサービス分野の
市場規模は，BtoC 市場全体の 37.3％である 7 兆 1,672 億円を占めており，オ
ンラインゲームや電子出版，有料動画配信，有料音楽配信などのデジタル分野
も 2 兆 1,422 億円を占めているなど，サービス分野とデジタル分野のネット通
販市場も着実に拡大している。

　このようにネット通販は，モノやサービスなどを消費者に提供する流通チャ
ネルの 1 つとしての存在となっており，消費者にとっても欠かせないチャネル
となっている。こうした状況から，リアル店舗を運営する小売業でも，自社が

図表 11 − 5　日本におけるネット通販市場の推移

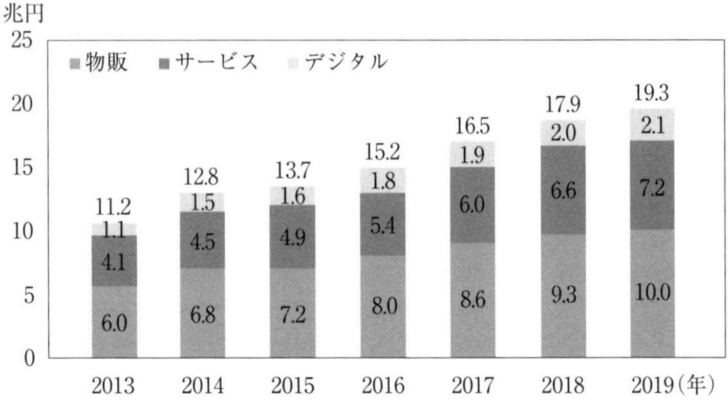

出所：経済産業省「電子商取引実態調査」各年より作成。

もつ店舗との連携を図る事業者が増加している。

3−2　アマゾンジャパンの経営概況

　1994 年にアメリカで誕生したアマゾンは，商品の仕入から管理・販売をすべて自社で行う「直販型」のビジネスモデルを採用しており，商品の配送業務は物流事業者にアウトソーシングしているのが特徴である。2000 年代以降，世界各国で EC 市場の拡大傾向が見られるなか，アマゾンは本拠地であるアメリカをはじめとして日本やドイツ，イギリスなどの 15 カ国でネット通販事業を展開するグローバル企業となっている。日本事業においては，2000 年 11 月からサービスを開始しており，それから 19 年の歳月が経った 2019 年現在においても日本の通信販売市場で首位の座を維持している。

　図表 11 − 6 はアマゾンの日本事業における売上高と全売上に占める日本事業の割合を示したものである。2010 年から 2019 年までのアマゾンの売上高は，年平均 16.6％の高い成長率を見せており，2019 年には 2010 年の売上高の約 4 倍である 1 兆 7,425 億円を記録した。アマゾン全売上における日本事業の割合は，2010 年では 14.7％であったが，それ以来持続的に低下し，2019 年には 5.7％の水準まで低下している。その背景として，本拠地であるアメリカでは，リ

アル店舗の出店による流通チャネルの多様化で売上高が拡大しており，ヨーロッパ諸国でも売上高が拡大傾向となっているなど，アマゾン全体として売上高が大幅に拡大し続けている。しかし，日本事業の割合が減少する傾向となっているものの，2桁の高い成長率を見せるなど，日本においても市場シェアを着実に拡大させている。

　アマゾンの主な収入源となっているのは，自社が仕入れた商品などを販売する直販収入と第三者が販売するサービスに対する手数料収入が最も多くなっている（岡東 2018，p.47）。2019 年における収入の構成比では，アマゾン全体収入のうち，50.4％を直販収入が占めており，これに続いて第三者販売サービスに対する手数料収入が19.2％，AWS（Amazon Web Service）が12.5％と後を続いている[2]。AWS は，データ保存やバックアップ，オンデマンド配信，レンタルサーバーなどの多様な Web サービスを提供するもので，アマゾンは 2006 年から同サービスを提供し，今ではアマゾンの主要な収入源の1つとなっている。これらの他にも定期購入収入（6.8％）やリアル店舗（6.1％）などがアマゾ

図表 11 － 6　アマゾンの日本事業における売上高と全売上に占める日本事業の割合

（注）売上高は，年間平均為替レートで円換算。
出所：Amazon Homepage「Annual reports, proxies and shareholder letters」（https://ir.aboutamazon.com/annual-reports-proxies-and-shareholder-letters/default.aspx：2020 年 12 月 25 日アクセス）より作成。

ンの収入源となっている。

　ネット通販で知られているアマゾンは，2016 年より本拠地のアメリカに「Amazon Books」や「Amazon Fresh Pickup」などといった多様な業態のリアル店舗も出店し，ネット通販とリアル店舗の融合も図っている。

3－3　楽天市場の経営概況

　インターネットショッピングモールとして 1996 年に設立された楽天は，インターネットサービスと FinTech，モバイルの３つの事業を展開している。このうち，インターネットサービスは，楽天が構築したオンライン・プラットフォームに複数の企業が出店する「モール型」のビジネスモデルを採用しており，楽天市場をはじめとした旅行予約サイトやデジタルコンテンツサイトなどのショッピング事業で構成されている。このインターネットサービスは，楽天全体売上高の 56.7％ を占める重要な事業となっている。

　楽天のインターネットサービス事業の売上高を見ると，図表 11 － 7 に示されているように，2019 年度の売上高は対前年比 0.5％増加の 7,925 億円を記録した。このように楽天の主力事業であるインターネットサービス事業が成長している背景には，顧客満足度の向上や自社物流網の整備・強化などが挙げられる。顧客満足度の向上においては，これまで日本国内に拠点をもつ企業に限定して出店規制を緩和し，海外企業の出店を受け入れて顧客に豊富な商品の選択肢を提供したり，楽天トラベルなどで貯めたサービスポイントを楽天市場での買い物にクロスユースして顧客の利便性を高めたりして顧客満足度の向上に力を入れてきた。

　また，楽天はインターネットサービスの収益機会の拡大に向けてグローバル展開を主要な経営戦略の１つとして掲げており，2008 年から海外消費者向けの販売サイトである「楽天グローバルマーケット」を開設し，日本の商品を海外の消費者に提供してきた。しかし，2020 年６月をもって同サービスを終了し，楽天が戦略提携している海外のインターネットショッピングモールに出店する「海外パートナー旗艦店」事業の強化を図っている。このように，楽天は各サービスのブランドを１つに統合するとともに，積極的な販促活動を通じて，海外

図表 11 － 7　楽天におけるインターネットサービスの売上高の推移

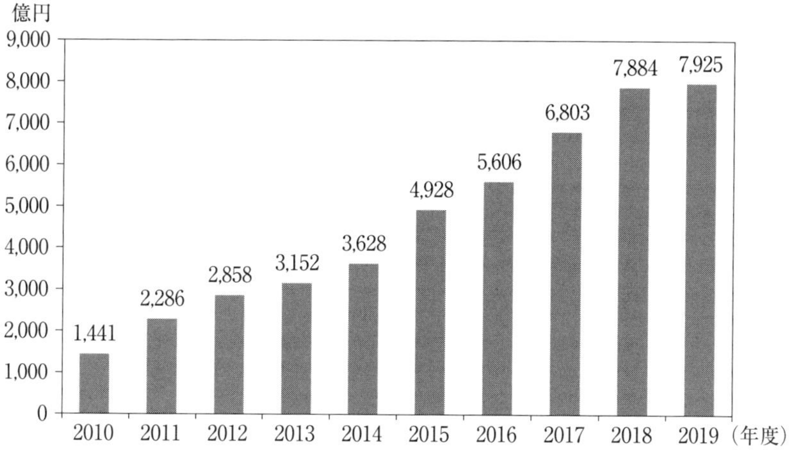

億円

9,000
8,000　7,884　7,925
7,000　　6,803
6,000　5,606
5,000　4,928
4,000　3,628
3,000　3,152
2,000　2,858
1,000　2,286
0　1,441

2010　2011　2012　2013　2014　2015　2016　2017　2018　2019 （年度）

出所：楽天「有価証券報告書」各年より作成。

におけるブランド認知度の向上にも力を入れている³⁾。こうした努力の結果，
楽天のインターネットサービス事業は，2010 年度から 2019 年度までの 9 年間
で，年平均 20.9％という高い成長率を記録している。
　しかし，ネット通販業界の最大手であるアマゾンとの売上高の差は，約 1 兆
円に上る。この背景には，両者が採用しているビジネスモデルの違いが大きな
差を生み出していることが挙げられる。アマゾンは，一般的な小売業と同様に
仕入れた商品に利益を上乗せして販売し，そこで得た収益はすべてアマゾンの
売上となる「直販型」のビジネスモデルを基本としている。その一方，楽天市
場のビジネスモデルは出店者から徴収する出店料やシステム利用料（月間売上
高の 2.0％～ 7.0％）で収益を得ている「モール型」のビジネスモデルを基本とし
ているため，「直販型」のビジネスモデルに比べて収益率が伸びにくい構造と
なっている。さらに，楽天市場では，商品配送はそれぞれの出店者が行うため，
商品が届くまでのリードタイムが出店者によって大きく異なっているが，アマ
ゾンは自社が仕入れて販売する商品はもちろん，第三者販売サービスを利用す
る出店者の商品も自社の物流センターで管理し，迅速な配送サービスを提供し

ている。このように楽天市場は，収益率が伸びにくい構造やラストワンマイル物流の欠如がアマゾンとの差を広げる結果となっている。ラストワンマイル物流においては，2018年からは楽天市場の出店者を対象に，商品の保管から配送までの包括的な物流サービスを提供する「ワンデリバリー」という物流ネットワークを構築している[4]。これにより，商品配送のスピード化や配送コストの削減を実現し，楽天市場の出店者と顧客双方の利便性向上に努めている。

3−4　メルカリの経営概況

　近年，スマートフォンの普及に伴い，人々は常にインターネットに繋がっている状態が一般化されている。こうした状況により個人向けのCtoCサービスも急増しており，そのサービスの1つがメルカリである。メルカリは，スマートフォンに特化したフリーマーケットアプリとしてマッチング型のCtoCプラットフォームサービスを提供する企業として2013年に設立され，翌年にはアメリカにも子会社を設立している。メルカリの仕組みは，図表11−8が示すように，出品者は不用となった商品をメルカリが提供するプラットフォームに登録し，購入者は出品者が登録した商品を購入した後，クレジットカード払いやATM支払い，売上金支払いなどの決済サービスを利用して商品代金を支払う。2019年2月には，スマートフォンで簡単に決済できる「メルペイ」サービスも提供を開始している。これらの方法によって支払われた商品代金は一旦メルカリが預かり，商品代金から販売手数料を差し引いた分が出品者に振り込まれる。商品カテゴリーによっては販売手数料とは別にライセンス料が掛かる場合があるが，一般的には販売価格の10％を販売手数料として徴収している。この販売手数料がメルカリの主な収入源になっている。

　商品配送においては，出品者向けの低価格で手間の少ない商品配送を実現するため，2015年4月よりヤマト運輸と提携して「らくらくメルカリ便」という配送サービスを提供している。「らくらくメルカリ便」は，商品の販売と同時に発行されるQRコードをヤマト運輸の営業所や，同社と提携しているCVSなどに持ち込み，店頭端末で読み込むだけで配送伝票が自動で印刷され，配送手続きが完了する仕組みになっている[5]。また，従来のCtoCサービスは

個人の氏名や住所などを記入していたため，安全面で不安を感じる人も少なくなかったが，「らくらくメルカリ便」では匿名発送を可能にし，利用者の安全性を向上させている。メルカリは，商品配送の利便性をさらに向上させるため，2017 年 6 月には日本郵便とも提携して「ゆうゆうメルカリ便」という配送サービスも提供している。

図表 11 − 8　メルカリのマッチング型 CtoC プラットフォームサービスの仕組み

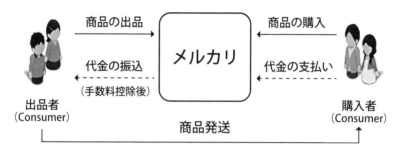

出所：メルカリ（2020）「第 8 期 有価証券報告書」より一部変更。

　メルカリの 2019 年度の売上高を見ると，図表 11 − 9 に示されているように，前年比 47.3％増の 763 億円を記録した。また，2014 年度〜 2019 年度の年間平均成長率は 78.6％で推移し，創業からわずか 6 年間で飛躍的な成長を成し遂げている。メルカリの業績が好調に推移している要因には，リユース品に対する消費者の意識変化が重要な要因としてあげられる。

　2018 年のリユース市場規模は，対前年比 9.8％増の 2 兆 1,880 億円を記録しており，2025 年には 3 兆円を超えると予測されている[6]。リユース品の販売経路のうち，高い成長率を見せているのがフリマアプリである。環境省の「リユース市場規模調査」によれば，2015 年度から 2018 年度までフリマアプリでのリユース品の取引金額は年平均 32.6％増と，インターネットショッピングの 5.9％をはるかに上回っている。こうした背景から見られるように，スマートフォンを介してリユース品を取引するメルカリは，リユース市場が拡大し続けるなかで，急成長を成し遂げてきた。

　また，メルカリのもう 1 つの成長要因は，2014 年 4 月から実施された消費

増税があげられる。1997年4月以降5％を維持してきた消費税が2014年4月
から8％，2019年10月からは10％に引き上げられ，消費者への負担が増して
きた。その一方，個人間取引では消費税が発生しないため，個人間取引が行わ
れるメルカリにおいて消費増税がポジティブに働いてきたこともメルカリの業
績好調につながっている。

　今後のメルカリは，更なる成長に向けて国内メルカリ事業とメルペイ事業，
米国メルカリ事業に経営資源を集中していく計画を打ち出している[7]。国内メ
ルカリ事業では，購入者の多様なニーズに対応するため，出品者の増加に力を
入れている。個人間取引を行うメルカリでは出品者の増加が取扱商品の増加に
つながることから，購入者へのニーズに対応する観点から出品者の増加は重要
な課題の1つとなる。このため，メルカリは同社サービスの使い方に関する講
習会などといった様々なオフラインを活用し，潜在出品者の取り込みを進めて
いる。メルペイ事業では，メルカリが提供する個人間取引サイトでの決済サー
ビスだけでなく，三井住友カードやJCBなどとの連携を通してメルペイが利
用可能な加盟店を拡大し，メルカリとのシナジー創出にも力を注いでいる。さ
らに，メルカリは国内市場の拡大のみならず，海外での市場拡大も成長戦略と

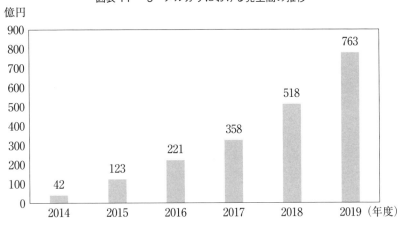

図表11-9　メルカリにおける売上高の推移

出所：メルカリ「有価証券報告書」各年より作成。

して位置付けて精力的に取り組んでおり，2014 年にアメリカ進出も果たして
いる。アメリカ市場ではまだ大きな成果は出せていないものの，ブランドイ
メージの強化や利用者の利便性向上により市場拡大を図っている。

3－5　ネット通販取引の適正化に向けた取組み

　今日の日本では，スマートフォンの普及や取扱商品の裾野が拡大したことな
どにより，ネット通販市場は順調に拡大している。その一方，オンラインモー
ルにおいては，運営事業者が取引上の地位を利用して利用規約や利用料などの
取引条件を一方的に変更するなど，取引の透明性及び公正性が欠けていると指
摘されている[8]。2019 年に公正取引委員会が行った「オンラインモール運営
事業者の取引実態調査」によれば，図表 11 - 10 が示すように利用規約におい
ては，運営事業者が一方的に決める場合が 70.8％となっており，出店者と交渉
のうえで決める場合は，わずか 1.4％に過ぎないのが現状である。また，利用
料においても運営事業者が一方的に決める場合が 80.6％にも上っている。運営
事業者別に見ると，利用規約では，楽天市場とアマゾンでの一方的な変更が多
く，それぞれ 93.2％と 72.8％を占めている。また，利用料についても楽天市場
とアマゾンがそれぞれ 60.1％と 53.7％を占めている。このように，運営事業者
による一方的な取引条件の変更などは，オンラインモールにおける取引の透明
性及び公正性の確保を阻害する要因として働いている。

　こうした状況を踏まえ，大規模な物販総合オンラインモール及びアプリスト
アの運営事業者が提供するデジタルプラットフォームの透明性及び公正性の向
上を図り，より公正で自由な競争を促進することを目的とした「特定デジタル
プラットフォームの透明性及び公正性の向上に関する法律」が 2021 年 2 月に
施行された。同法律の施行により，国内流通総額が 3,000 億円以上の総合物販
オンラインモール及び国内流通総額が 2,000 億円以上のアプリストアを運営す
る事業者は，特定デジタルプラットフォーム提供者として指定され，利用事業
者との契約条件や変更時の事前通知などに関する取引条件情報の開示が義務化
された。また，特定デジタルプラットフォーム提供者は経済産業大臣が定める
指針を踏まえた自主的な手続・体制の整備も実施しなければならなくなった。

これらの実施状況や事項評価を踏まえ，独占禁止法違反のおそれがあると認められる事案があった場合，経済産業大臣は公正取引委員会に対して対処を要請するなど，行政処分も強化されている。

　このように，同法律の施行により，プラットフォームの運営事業者と利用事業者間の透明かつ公正な取引環境の整備が図られるようになった。

図表11－10　オンラインモール運営事業者の取引実態

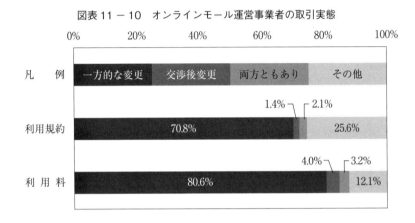

出所：公正取引委員会（2019）「オンラインモール運営事業者の取引実態に関する
　　　アンケート調査（詳細）」より作成。

4── 通信販売における今後の課題

　日本における通信販売の歴史は長く，これまでテレビ通販やカタログ通販を中心に大きな成長を成し遂げてきた。しかし，1990年代末以降からネット通販の急速な成長に伴い，従来の通信販売事業者はネット通販事業者に顧客を奪われ，経営的な面で苦戦を強いられている。こうした状況のなか，通信販売業界ではカタログ通販を中心に事業再編の動きが強まっている。2013年に中堅カタログ通販であるセシールとディノスが合併したことを機に，2014年にはカタログ通販大手のニッセンがセブン＆アイに吸収合併，2015年には千趣会もJ・フロントリテイリングの傘下に入るなど，カタログ通販の再編が進んでいる。

　一方で，新たな販路を模索しているテレビ通販やカタログ通販などの事業者はチャネルの多様化を図るため，ネット通販事業を強化している。しかし，ネット通販の参入障壁の低さにより，新規ネット通販事業者やリアル店舗をもつ小売業のネット通販への参入が増加し，事業者間の価格競争や顧客の争奪戦が年々激しくなっており，倒産する事業者も急増している。帝国データバンクが発表した通販事業者の倒産件数によると，2018 年度の倒産件数は 30 件と前年度と比べて約 2.7 倍に増加している[9]。小規模事業者は，インターネットショッピングモールなどへの出店を進めているものの，品揃えや消費者への対応能力の弱さのほか，コスト増加分の価格転嫁が難しいなど，厳しい状況が続いていた。

　しかし，2020 年の新型コロナウイルスの流行に伴い，巣ごもり消費が急激に増え，ネット通販が注目を浴びている。この影響を受け，ネット通販を検討していなかった小規模事業者を含む中小企業の新規参入の動きも加速している。その一方，慢性的な人手不足に悩まされている物流業界では，急激に増加しているネット通販貨物の処理が追い付かず，配送の遅延などが大きな課題となっている。

　テレビ通販においても通販専門放送局を除いて苦戦を強いられている事業者が増えている。その主な理由としては，テレビ通販が取り扱っている商品は類似するものが多く，特徴のある商品の不在によりマンネリ化を感じる消費者が増えていることが挙げられる。さらに，テレビ局が自社の通販番組枠を増やし，放送枠の確保がしにくくなっているなど，テレビ通販専用事業者も厳しい経営状況に追い込まれている。

　このように通信販売市場での競争が激化しているなか，通信販売の各事業者は競争優位に立つための売れ筋商品の開発や消費者の利便性の向上に努めていく必要がある（日本通信販売協会編 2018，p.82）。また，消費者ニーズの多様化にも対応できるようにチャネルの多様化にも取り組んでいくことが，今後の通信販売業界において重要な課題であると考えられる。

【注】

1）　日経 MJ，2020 年 7 月 22 日版。
2）　Amazon Homepage「Annual reports, proxies and shareholder letters」(https://ir.aboutamazon.com/annual-reports-proxies-and-shareholder-letters/default.aspx, アクセス日：2020.12.25)，p.68.
3）　楽天株式会社「2019 年度 有価証券報告書」(https://corp.rakuten.co.jp/investors/documents/asr.html, アクセス日：2020.12.24)，p.21.
4）　楽天株式会社，同上資料，p.23.
5）　株式会社メルカリ「メルカリガイド」(https://www.mercari.com/jp/help_center/, アクセス日：2020.12.28)
6）　リサイクル通信，2020 年 9 月 25 日版（第 496 号）。
7）　株式会社メルカリ「第 8 期 有価証券報告書」(https://about.mercari.com/ir/library/results/, アクセス日：2021.1.11)，p.12.
8）　経済産業省「特定デジタルプラットフォームの透明性及び公正性の向上に関する法律案」の閣議決定について」(https://www.meti.go.jp/press/2019/02/20200218001/20200218001.html, アクセス日：2021.2.10)
9）　帝国データバンク「通信販売業者の倒産動向調査（2018 年度）」帝国データバンクホームページ (https://www.tdb.co.jp/report/watching/press/pdf/p190502.pdf, アクセス日：2019.11.7)

参考文献

ECのミカタ編（2017）『2018 年版 EC 業界大図鑑』ダイヤモンド社.
岡東　務（2018）「アマゾンの研究」『城西国際大学紀要』第 26 巻第 1 号，城西国際大学経営情報学部.
環境省環境再生・資源循環局編（2016）『平成 27 年度　リユース市場規模調査報告書』.
環境省環境再生・資源循環局編（2019）『平成 30 年度　リユース市場規模調査報告書』.
金　度渕（2016）「無店舗小売業」番場博之編『基礎から学ぶ流通の理論と政策 新版』八千代出版.
鈴木安昭・関根　孝・矢作敏行編（2000）『マテリアル 流通と商業〔第 2 版〕』有斐閣.
店舗システム協会編（2007）『図解 通販業界ハンドブック Ver.2』東洋経済新報社.
日本通信販売協会編（2018）『第 36 回 通信販売企業実態調査報告書―レポート／日本の通信販売 2017』.
渡辺友絵（2008）『最新 通販業界の動向とカラクリがよくわかる本』秀和システム.

索　引

（検印省略）

2020 年 4 月 20 日　初版発行
2021 年 4 月 20 日　改訂版発行　　　　　　　　　　略称─小売経営

流通と小売経営 ［改訂版］

編著者	坪 井 晋 也
	河 田 賢 一
発行者	塚 田 尚 寛

| 発行所 | 東京都文京区 | 株式会社 創 成 社 |
| | 春日 2 - 13 - 1 | |

電　話　03 (3868) 3867　　　Ｆ Ａ Ｘ　03 (5802) 6802
出版部　03 (3868) 3857　　　Ｆ Ａ Ｘ　03 (5802) 6801
http://www.books-sosei.com　　振　替　00150-9-191261

定価はカバーに表示してあります。